现代企业卓越管理方法丛书

WEIJI GUANLI
JIJI YINGDUI QIYE JINGYINGZHONG DE KUNJING

危机管理

积极应对企业经营中的困境

主编⊙舒天戈 邱卫东
本册主编⊙舒 天

四川大学出版社

特约编辑：傅　奕
责任编辑：楼　晓
责任校对：陈　超
封面设计：刘建波
责任印制：王　炜

图书在版编目(CIP)数据

危机管理：积极应对企业经营中的困境 / 舒天戈，邱卫东主编. —成都：四川大学出版社，2015.7
（现代企业卓越管理方法）
ISBN 978-7-5614-8746-4

Ⅰ.①危… Ⅱ.①舒… ②邱… Ⅲ.①企业管理 Ⅳ.①F270

中国版本图书馆CIP数据核字（2015）第162993号

书　名	危机管理——积极应对企业经营中的困境
主　编	舒天戈　邱卫东
出　版	四川大学出版社
地　址	成都市一环路南一段24号(610065)
发　行	四川大学出版社
书　号	ISBN 978-7-5614-8746-4
印　刷	三河市天润建兴印务有限公司
成品尺寸	170 mm×240 mm
印　张	15.25
字　数	250千字
版　次	2016年1月第1版
印　次	2016年1月第1次印刷
定　价	40.00元

◆读者邮购本书，请与本社发行科联系。
电话：(028)85408408/(028)85401670/
(028)85408023　邮政编码：610065
◆本社图书如有印装质量问题，请寄回出版社调换。
◆网址：http://www.scup.cn

版权所有◆侵权必究

前言
Preface

在现代市场环境下，作为企业组织，危机时刻相伴，如影随形。外部环境的错综复杂、变化莫测，加上企业内部决策失误、管理不善、制度缺失、人才流失等影响随时都有可能引发企业危机。鉴于危机对企业生存和可持续发展的重大危害和冲击，危机表现形式的复杂多变以及难以预料的严重后果，破解危机产生的根源，强化危机管理的意识，就成了广大企业在当前情况下实现可持续发展所必须研究的重要课题。

危机，通常都具有意外性、突发性、危险性等特征。企业遭遇危机后，往往会引发连锁反应，给社会经济造成强烈的冲击和破坏。尽管绝大多数企业都或多或少地做了一些防范和准备，但危机的突然到来，还是让不少企业陷入了要么被清场出局，要么被逼入困境，要么生存，要么死亡的严峻考验和艰难抉择。

危机管理，是一种超前的战略管理和积极的应急管理。危机管理表现的是一种行动型管理职能，是企业面对突发情况和困局时一种主动和积极的反应。危机管理追求的是及早和提前发现各种潜在的问题，而后动员和协调企业的一切资源进行正确的处理，以控制事态发展，尽快摆脱困境。

危机给企业带来的最大威胁，不只是利益的损失，还对企业经营者的意志提出了严峻的考验。无论经营什么样的企业，面对危机时，一旦缺乏了斗志和勇气，那就必然会成为市场竞争中的逃兵降将。对目前的企业而言，遭遇危机后，尽管压力重重，步履维艰，但要避免被淘汰出局的生死挑战，就只能勇于面对，沉着应战，动员全部力量，寻找一切机会，生存下来，突出困局。

为了帮助广大企业应对危机，走出困局，我们编写了这本《危机管理——积极应对企业经营中的困境》。书中总结了多年来企业经营的实践经验和危机管理的理论研究成果，从企业应对危机方面为企业所急所想，帮助企业分析时局，判断大势，出谋脱困，献计解难。

全书从不同角度、各个层面为想要防范危机发生的企业，或者已陷入经营困境准备突围的企业提供具体实际的帮助。

一次意外的打击，常常能考查出企业经营者的勇气和胆识。危机的预防与应对，往往能检测出每个企业的应变能力、管理水平与经营智慧。危机管理并非只是处在不景气中企业的应急之举，更是企业面对瞬息万变的市场形势和经济环境中所采取的管理手段和经营智慧。企业经营者唯有了解危机的应对之道，掌握危机管理的精髓，以大智大勇面对一切危机的挑战，才可以带领企业化险为夷，跨越危难，走出困境，在市场角逐中重放光彩。希望这本言简意赅、实用性强的读物，能成为企业经营者有帮助、有价值的管理工具。

编　者
2014 年 10 月

目录

第一章 未雨绸缪,实施危机管理

一、企业危机与产生危机的原因

1. 危机与企业危机的含义与特征……………………………………(2)
2. 企业危机的多种类型………………………………………………(3)
3. 企业危机产生的多种原因…………………………………………(5)

二、企业的危机管理

1. 企业危机管理的含义………………………………………………(8)
2. 危机管理为企业健康发展保驾护航………………………………(9)
3. 企业危机管理的三个阶段…………………………………………(12)
4. 企业危机管理的两大基本职能……………………………………(13)
5. 企业危机管理的五项具体职能……………………………………(14)

第二章 居安思危,做好危机预警与诊断

一、居安思危,培养与提高危机意识

1. 企业危机管理重在预防……………………………………………(18)

  2. 企业需要牢固树立危机意识……………………………（19）
  3. 企业经营者要带头树立危机意识……………………（20）
  4. 增强全员危机意识，加强危机意识教育……………（22）

二、警钟长鸣，完善危机预警系统

  1. 危机预警的含义与功能………………………………（24）
  2. 建立与完善企业危机的预警机制……………………（26）
  3. 建立企业危机预警系统………………………………（27）
  4. 构建完备的危机管理信息系统………………………（29）
  5. 企业危机预警中应该注意的问题……………………（31）

三、精心准备，制定危机管理预案

  1. 危机管理预案的作用…………………………………（33）
  2. 制定危机管理预案的基本要求与步骤………………（34）
  3. 危机管理预案的演练…………………………………（35）

四、及时地进行危机诊断

  1. 企业危机诊断的含义与意义…………………………（36）
  2. 企业危机诊断的主要任务……………………………（37）
  3. 对危机信息进行详细调查……………………………（38）
  4. 提出危机诊断报告……………………………………（40）

第三章 直面困局，以积极的心态应对危机

一、树立信心，企业危机并不可怕

1. 坚定信心，抓住危机制造的发展契机…………………………(44)

2. 危机时期是企业大换血的最佳时机……………………………(46)

3. 向"经营之神"学习应对困境的思路……………………………(47)

4. 独辟蹊径，突破市场困局…………………………………………(49)

二、应对企业危机要有新思维

1. 创新思维是企业生存所必需……………………………………(51)

2. 与其坐以待困，不如突围重生……………………………………(52)

3. 不在危机中沉沦，便在危机中崛起………………………………(54)

4. 冲破牢笼，不换思想就换人………………………………………(55)

三、直面危机，生存下来就是胜利

1. 面对危机，在困局中求生存………………………………………(57)

2. 调整自我，在危机中图谋重生……………………………………(57)

3. 主动出击，采取积极的自救措施…………………………………(58)

第四章　突破困局，精心做好危机处理工作

一、企业危机处理应遵循的原则

1. 快速反应原则………………………………………………………(62)

2. 群策群力原则………………………………………………………(63)

3. 公众利益至上原则…………………………………………………(63)

4. 真诚沟通原则………………………………………………………(64)

5. 维护信誉原则………………………………………………………(65)

6. 成本收益原则……………………………………………………（65）

二、危机处理的过程与程序

1. 建立危机处理的管理机构……………………………………（67）
2. 对危机事件进行调查与评估……………………………………（69）
3. 果断地进行危机处理决策………………………………………（71）

三、危机处理中应采取的策略与重大措施

1. 危机处理中需要采取的策略……………………………………（72）
2. 做好人员配置与物资调配工作…………………………………（75）
3. 及时处理与利益相关者的关系…………………………………（75）
4. 做好危机处理过程中的沟通工作………………………………（76）
5. 与媒体合作，加强媒体管理……………………………………（78）

第五章　应对经营危机、改变困局的措施

一、善做减法，把企业"做小""做实"

1. 把企业"做小"：危机之下的生存法宝…………………………（84）
2. 医治贪大病，让大象学会跳舞…………………………………（86）
3. 简化组织，让企业的身躯减肥…………………………………（87）
4. 卸去重负，实施减法经营………………………………………（89）

二、留住企业精兵，乘"机"培训员工

1. 在危机中一定要留住业务骨干…………………………………（90）
2. 在企业换血中更新中坚力量……………………………………（92）

3. 激发员工事业心，释放员工能量 …………………… (94)
4. 对员工采取有效的激励措施 ………………………… (95)
5. 在培训中有效地提升员工的素质 …………………… (97)

三、留住顾客，留住市场

1. 保住订单，维护企业的生命线 ……………………… (99)
2. 牢牢地把客户"抓"在手中 ………………………… (100)
3. 妥善地处理客户的抱怨 ……………………………… (102)
4. 做好渠道管理，疏通营销脉络 ……………………… (107)

四、蓄水过冬，严防财务危机

1. 蓄水过冬：企业应对危机的胜招 …………………… (109)
2. 保证现金流，企业就有了活命钱 …………………… (111)
3. 激活造血细胞，严防财务危机 ……………………… (112)
4. 在保持稳定中严控资金使用效率 …………………… (114)

第六章 为了生存，必须实施精细化管理

一、以精细化管理应对危机

1. 应对危机，精细化管理不可少 ……………………… (118)
2. 精细化管理是一种系统化的管理技术 ……………… (119)
3. 精细化管理能为企业带来良好效益 ………………… (120)
4. 变经营为"精营"，向管理要效益 ………………… (122)

二、精细化管理要体现在企业经营的各个环节

1. 建立有效的目标管理，把业务做精 …………………… (123)
2. 通过工作细分明确每个岗位员工的责任 …………… (126)
3. 严格把好现场质量管理这一关 ……………………… (127)
4. 财务核算要做到"精、细、准" …………………… (128)
5. 开会也要讲究高效率 ………………………………… (129)

三、把企业的经营成本降到最低点

1. 成本的高低，直接关系到企业的兴衰 ……………… (131)
2. 把降低成本当作企业管理的头等大事 ……………… (132)
3. 在战略定位时就要关注经营成本 …………………… (134)
4. 让节约成本成为企业的一种文化 …………………… (136)
5. "抠门"降成本，"抠门"出利润 …………………… (140)

第七章 危机恢复，全力做好善后工作

一、危机恢复的重要意义与影响因素

1. 危机恢复的含义与重要意义 ………………………… (144)
2. 影响危机恢复的主要因素 …………………………… (145)

二、危机恢复的内容与步骤

1. 企业有形危机的恢复 ………………………………… (147)
2. 企业无形危机的恢复 ………………………………… (149)
3. 制定危机恢复计划 …………………………………… (150)
4. 危机恢复的具体程序步骤 …………………………… (152)

三、危机恢复的策略

1. 动员全部力量，积极参与危机恢复 …………………… (155)
2. 消除企业内部的障碍因素 …………………………… (156)
3. 消除企业外部的消极影响 …………………………… (158)
4. 抓住机遇，以创新抵御危机冲击 …………………… (161)

四、危机总结与危机管理机制的完善

1. 及时地总结发生危机的教训 ………………………… (164)
2. 对企业危机管理进行评价 …………………………… (165)
3. 亡羊补牢，完善企业危机管理制度 ………………… (168)

第八章 棋高一筹，做危机困局中的高明棋手

一、对企业发展做出新的战略谋划

1. 在危机中重新谋划企业发展战略 …………………… (172)
2. 战略谋划需要统揽全局、着眼发展 ………………… (173)
3. 重新进行企业战略态势的选择 ……………………… (175)
4. 改变思路，在突围中果断转型 ……………………… (178)
5. 战略性撤退是一种大智慧 …………………………… (179)
6. 战略谋划需要借鉴集体的智慧 ……………………… (180)

二、寻找"蓝海"，超越市场竞争

1. 面对危机，应当实施"蓝海战略" …………………… (182)
2. "蓝海战略"是一种战略创新 ………………………… (183)

3. 企业怎样实施"蓝海战略" …………………………（184）
4. "蓝海"商机就在市场细分之中 …………………………（186）
5. 超越竞争，赢得新的发展空间 …………………………（187）

三、打造企业的核心竞争力

1. 企业竞争的力量来自核心 …………………………（190）
2. 优秀企业的核心竞争力策略 …………………………（191）
3. 打造核心竞争力的主要措施 …………………………（192）
4. 打造核心竞争力的"三部曲" …………………………（193）
5. 要努力避免核心业务受到冲击 …………………………（194）
6. 通过不断的创新来强化核心竞争力 …………………………（196）

四、重塑企业的商业模式

1. 掀开商业模式的盖头来 …………………………（198）
2. 什么样的商业模式才是优秀的模式 …………………………（200）
3. 企业成功的核心在于拥有优秀商业模式 …………………………（202）
4. 商业模式创新的贡献，远大于技术创新 …………………………（203）
5. 走出危机，企业需要重塑商业模式 …………………………（205）
6. 企业商业模式设计的基本要求 …………………………（207）
7. 企业商业模式设计的基本要素 …………………………（208）
8. 我国优秀企业商业模式介绍 …………………………（211）

五、实施企业的管理变革

1. 面对危机，必须实施管理变革 …………………………（213）
2. 面对危机，善变者才能生存 …………………………（214）

3. 企业家要敢于打破一切常规 …………………… (215)
4. 企业管理变革的主要内容 ……………………… (216)
5. 抓住企业管理中的关键 ………………………… (217)
6. 让企业的组织机构充满活力 …………………… (219)
7. 小企业要特别重视财务管理变革 ……………… (220)

六、在危机中寻找和抓住难得的商机

1. 调整市场目标，以特色经营制胜 ……………… (223)
2. 引入新人改造文化，变革管理 ………………… (225)
3. 千方百计吸引优秀人才 ………………………… (226)
4. 抓住时机实施资产重组 ………………………… (228)

第一章
未雨绸缪，实施危机管理

对于企业而言，危机无处不在，外部环境的变化或内部自身的原因，都可能导致危机的产生。突发的危机也暴露了不少企业管理者缺乏对危机的认识与防范，缺少应对危机的管理素质能力，从而使企业陷入困境。

新的形势下，企业经营者、管理者和广大员工，都必须要时刻提高警惕，积极地预防危机，建立起应对各种危机的机制，有效地开展危机管理。

一、企业危机与产生危机的原因

企业在运营的过程当中，难免会遇到这样那样的负面事件。有些事件会对公司的品牌声誉、经营状况、财务状况，甚至对公司生存造成严重的不良影响，我们把这种事件叫作危机。一般来说，企业危机泛指任何使企业在生产、运营、销售、财务等一个或数个方面受到沉重打击的事件。这些事件在没有成为危机之前则被称为风险。

1. 危机与企业危机的含义与特征

"危机"一词，从汉语字面分析，是"危"与"机"的组合，一方面代表着危险的处境，但另一方面也意味着大量的机会。在企业管理中，**危机一般是指企业与消费者、新闻媒体、政府等公众之间因为某种非常因素引发的对于企业的声誉、形象和发展造成不良影响的非常状态，即危机**。这种危机可导致企业形象严重受损，正常业务受到影响，生存和发展受到威胁，企业形象遭受损害。

危机是任何企业都不希望看到的局面，都会竭力避免，但是危机又无处不在，因此加强危机管理就成为企业经营的重要课题。不少专家指出，**危机是由危险和机会组成的，危机与机会是联系在一起的，危机中也孕育着机会，这是事物发展的必然规律**。将危机与机会联系起来可以使企业在危机中不至于过分悲观，而是积极地面对危机和处理危机，减少危机造成的损失，并尽早地从危机中恢复过来，甚至使企业获得新的发展；如果忽视危机中的机会，那么就白白地浪费了由巨大损失和痛苦所换来的机会。这就是说，如果我们能以危机为契机，精心策划，则不仅能化险为夷，转危为安，而且还可能变危险为机会，变坏事为好事。古人云："祸兮福之所倚，福兮祸之所伏"，讲的就是这个道理。

企业危机一般具有下列几个特点。

一是意外性与不可测性。千里之堤毁于蚁穴，由于企业内部因素所导致的危机爆发前都会有一些征兆,但由于人为的疏忽,对这些事件习以为常、视而不见,因此危机的爆发经常出乎人们的意料,危机爆发的具体时间、实际规模、具体态势和影响深度,都是始料未及的。企业危机的不可测性并不是指完全不可测,而是由于企业内外部环境纷繁芜杂,企业内部各要素众多,加上企业涉及的利益攸关者较多,危机的爆发点、危机的爆发时间、危机可能产生的具体危害不可测。

二是必然性与偶然性。企业作为消费者所需要的服务或者商品的提供者,不可避免地要与消费者、新闻媒体等各种公众打交道。这样一来,危机不可避免,可以说只要企业有经营活动,就可能会有危机。但是危机并不是每一个企业、每一个阶段都会发生的,危机的爆发往往是由偶然因素促成的。**危机是必然性与偶然性的结合体,必然性是企业内外原因综合作用的结果,偶然性则决定于企业生存环境的动态特征。**

三是破坏性与建设性。由于危机来得突然,又有很强的力度,往往使企业措手不及,给企业造成很大冲击,具有不可预料的破坏后果。加上由于危机常具有"出其不意,攻其不备"的特点,而且危机往往还具有连锁效应,会引发一系列的冲击从而扩大事态。**危机产生的后果可能远远超出企业决策者的预料,常常以几何级数放大。**对于企业来说,危机不仅会破坏正常的经营秩序,更严重的是会破坏企业持续发展的基础,威胁企业的未来发展。另一方面,危机既然爆发了,一般足以表明企业中存在不可小看的问题,这就为企业检视自身状况作了最有利的提示,危机的恰当处理也会带给企业新的收获。认识危机的破坏性,企业才不会掉以轻心,麻痹大意;认识危机的建设性,才会采取主动姿态,沉着冷静而满怀信心地面对危机,从中寻找并抓住任何可能的机会,重新树立良好的企业形象。

2. 企业危机的多种类型

研究企业危机的类型,既是为了分析可能形成企业危机的各种因素,也是为了明确企业危机与企业管理的关系。这是进行危机预警控制和危机管理必不可少的前提条件,只有针对危机采取正确的监测和预防措施,危机才能及早得到控制。

(1) 公关形象危机

企业公关形象危机，是指企业的公关形象具有危险性的不正常状态，使企业公关形象严重受损，导致企业与社会公众关系迅速恶化，使企业的正常业务受到影响，企业的生存和发展受到威胁。一般而言，这类企业危机的出现总是以一定的危机事件为标志的突然发生的恶性事件。**公关形象危机主要因错误的经营思想和方式、错误的管理理念和措施、企业领导或职工的不妥当或错误的言行而造成企业的公关形象危机**。由于媒体对企业的错误或恶意报道引发的危机也是公关形象危机的表现之一。媒体对企业、对社会起着一种舆论监督作用，但是如果这种舆论监督出现偏差，可能会对企业造成难以估计的损失。即使企业诉诸法律，法律证明企业是无辜的，社会上负面的影响也往往难以消除。对于媒体有时候所做的道歉澄清等，很多人可能会认为是因为媒体迫于压力而不得不为之。形象危机看似"面子"问题，实则本质危机，可能造成无形资产的巨大损失，从而严重削弱企业的经营、销售和盈利能力。企业形象是一个非常脆弱的东西，一个事件如果在社会上造成广泛的负面影响，可能就会使企业的名誉扫地，难以翻身。

(2) 经营决策危机

经营决策危机是指企业决策者在生产经营方面的战略失误及管理不善造成的危机。**这种危机是一种典型的"人祸"，由于企业在决策中片面追求发展速度，盲目扩张而导致的风险与危机**。比如收购、兼并、重组等资本运营方式可使企业达到迅速扩张的目的，但过快的扩张容易导致企业"虚胖"，从而引发决策危机。近年来，很多国内知名的大企业，一夜之间突然消失，退出市场，大多是经营决策严重失误所引发危机造成的。经营决策危机往往会给企业带来直接的利益损失，甚至是毁灭性的打击。

(3) 市场营销危机

市场营销危机，是指企业由于经营观念落后、市场发展战略和营销策略的失误、市场调查预测不充分和企业严重失信等原因，导致企业产品的市场占有率不断下降甚至丧失，或由于营销不善导致企业的利润不足以弥补成本。从某种意义上说，**市场经济就是一种信誉经济**。在市场经济中，信誉是企业生存的基础，履行合同及其对消费者的承诺应成为企业生产经营的基本准则，失去公众的信任和支持往往意味着企业的衰落。市场营销中失去诚信会使企业的信誉下降，失去公众的信任会造成经营的危机。

（4）企业财务危机

如果企业在财务管理中缺乏危机意识，或因市场条件变化导致企业经营和财务状况恶化，使得企业资产的流动性太低或负债率太高，就有可能发生严重的资金短缺与资金周转不灵现象，导致资金链条断裂，无法偿付债务本息。企业财务危机最常用的有两种确定方法：一是法律对企业破产的定义，企业破产是用来衡量企业财务危机的常用标准，也是最为精确的一个标准，国外学者多以此为标准，但是，它是一种最极端的危机形式，企业在走到破产境地之前，可能已经长期处于财务危机之中。二是证券交易所对于财务危机企业的定义，例如，许多证券交易所都对持续亏损、有重大潜在损失或者股价持续低于一定水准的上市公司进行特别处理或者使其摘牌下市。

（5）突发性意外危机

这是指人们无法预测和人力不可抗拒的强制力量，如地震、台风、洪水等自然灾害，战争、社会动乱、火灾、重大工伤事故、交通事故等造成巨大损失的危机。**这类危机不以人的意志为转移，一般属于"天灾"型事件，会严重影响企业的生产经营活动和业务的开展**。因此企业必须对自己所处地自然和人文环境有一个清醒的认识，尤其是对那些可能出现的突发性危机有一个心理和策略准备。

上述对危机的分类，只是企业各种危机的主要表现形式。任何种类的危机最后都直接或间接反映到企业的生存危机上，都会造成企业价值的损失。作为企业管理者，必须高度重视，提高警惕，认真加以防范。

3. 企业危机产生的多种原因

危机事件的爆发并非一朝一夕所能形成，而是一个诱发因素逐渐积累的过程。危机爆发的驱动因素主要有两大类：一是外部环境因素；二是内部驱动因素。

（1）外部环境因素

外部环境因素主要是指促使危机爆发的变化多端的外部环境，包括政策和法律的变化、经济形势的波动、市场环境的变化、科学技术的发展、媒体的负面报道以及自然灾害的侵害等。当企业所处的自然环境和社会经济环境发生突然变化时，就会给企业的生产、经营和销售等各领域带来意想不到的危害，从而使企业陷入危机之中。这种外部环境突变主要可分为两种情形。

一是由于自然灾害的突然降临造成企业危机。在企业的生产经营过程中，常常会碰到一些无法预测和人力不可抗拒的自然灾害，诸如2003年的非典危机、2004年的禽流感危机、2004年的印度洋海啸、2005年的美国飓风等。这些危机因其范围的普遍性和破坏的严重性而对企业产生很大的负面影响，它会迫使企业暂时关闭工厂，或是造成生产能力上的损失，而这往往需要花费几个月甚至更长的时间才能恢复。

二是由于社会环境的突然变化造成企业危机。随着全球化、市场化、信息化的到来，企业的经营环境日趋复杂多变，外部环境的些微变化都会对企业的经营造成冲击。如政府有关政策法规的改变、员工罢工、银行停贷、经销商中止销售、原料供应商断绝供货、顾客投诉、媒体炒作等突发事件的发生都会严重威胁着企业的生存和发展。在这种背景下，企业危机的出现往往难以避免。外部环境的变化一般属于企业不可控因素的范畴，但企业可以通过观察和监测环境中的变化，做好预防工作，以便在危机爆发时及时做出反应。

（2）内部驱动因素

内部驱动因素主要是指导致企业危机发生的企业战略决策失误、企业管理观念落后、管理不到位、企业结构设置不合理等因素。如因为企业的决策失误而导致的重大事故、由于工人的工作疏忽而造成的安全事故等。

内部驱动因素主要可分为以下几种原因。

一是企业决策失误。企业决策失误包括战略发展方向决策失误、管理决策失误、技术变革决策失误和企业风险投资决策失误等方面的内容。所有的这些决策失误往往归因于一个方面：企业没有长远而明确的发展战略。这也使得相当多的企业对市场经济环境下需求的变化适应性差，经常出现这样或那样的判断失误，最终成为企业危机频频发生的重要原因。

二是企业人员素质低下。企业人员素质低下本身就是一种危机。企业人员素质由员工素质、企业经营者与管理者素质等构成，其中最主要的是经营者和管理者素质。企业经营者缺乏企业经营管理知识和应有的实际经验，管理层的整体素质不高，管理水平低下。在做出重要决策时又不采取民主集中、博采众长的方式，总是独断专行，盲目追求企业扩张速度和规模，最终导致企业因决策失误而出现发展危机，甚至倒闭。企业人员素质决定了企业的生产经营能力，企业人员素质低则适应不了市场变化，经营常处于被动状态，从而就很难避免危机的产生。

三是企业人才流失。人才是企业最重要的资源，是企业竞争力的主要源泉。企业核心人才的大量流失，一方面破坏了固有的企业结构和合作模式，造成了很多部门急需人才的不足；另一方面，流失的人才很可能被竞争对手接纳，不但增强了竞争对手的整体实力，而且容易导致企业的一些核心研发机密及其他商业秘密的外泄，对企业造成更大的损失，加速企业危机的来临。分析企业人才流失现象的原因，与企业管理者素质差有直接关系。在管理过程中，由于企业职位与员工的不匹配，不给员工发挥自己才能的机会，员工的努力得不到相应的回报，都会使员工缺乏安全感和归属感，使企业人心涣散，在其他因素的激发下容易导致危机的发生。

四是企业经营管理不善。包括企业管理理念滞后，对于管理的重要性认识不足，对于最新的管理方法和管理技术了解甚少，拒绝运用，在企业管理上局限于过去的经验，缺乏科学意识和创新精神，企业的经营管理理念严重滞后于市场经济发展的要求，企业的生存意识、危机意识、法律意识、资本经营意识、创新意识和品牌意识等都十分薄弱。企业管理者往往重外部环境，轻内部管理；重企业扬名，轻品牌战略；重眼前利益，轻长远发展；重管理惯性，轻管理创新。这种管理理念的不完善，无疑也增加了企业危机发生的可能性。还有就是企业管理体制陈旧，很多企业的管理方式依然是"人治"、"家长治"，而不是"法制"。财务管理混乱；制度不健全；缺乏有效的企业管理；企业内部矛盾升级，冲突加剧而不能及时解决；机构臃肿，管理层次过多，致使企业管理成本过高；企业效率下降；企业管理机构不完善，等等。这样就无法从企业结构和制度上进行有效管理，企业危机就可能轻易突破其管理防线。

内部管理的失误属于企业可控因素的范畴，企业可以通过改善管理来预防和解决。

二、企业的危机管理

危机管理这一概念最早是由美国学者于20世纪60年代提出的。作为决策学的一个重要分支，危机管理首先应用于外交和国际政治领域，而后才逐渐引入其他领域。危机管理是一门科学，更是一门艺术，因为在危机处理过程中始终需要人的主观能动性的发挥与创造。

1. 企业危机管理的含义

所谓危机管理，是指通过一套有计划、有系统的方法和手段有效防范和正确处理应对各种危机事件的活动过程。

伴随着许多公共危机事件、企业危机事件的发生及其所产生的巨大影响，国内学者开始对危机管理的理论进行研究。国内有关学者指出，**危机管理就是企业不断地寻找应对突发性危机事件的最佳对策**，也就是正确分析和认识危机事件，通过危机预警、危机防范、危机处理等措施来把握和控制危机局面，用最大的努力和最有效的方法减少或避免危机事件对组织和公众带来的负面影响，甚至有可能的话要争取在危机中找到转机。

企业危机管理是指为了预防危机的发生，应付各种可能出现的危机情境，减轻危机损害，尽早从危机中恢复过来，所进行的信息收集与分析、问题决策与预防、计划制订与责任落实、危机化解处理、经验总结与企业调整的管理过程。

危机管理的目的在于在危机未发生时预防危机的发生，而在危机真的发生时，采取措施减少危机所造成的损害，并尽早从危机中恢复过来。由此而言，危机管理是个系统概念，包含的内容广泛，涵盖了危机发生前的预防与预警、危机发生后的处理与善后、危机过后的总结分析与改进，这样就与我们一般而言的危机公关区别开来了。危机公关仅仅是指企业面对危机状态的全部处理过程，即处理危机过程中的公共关系，其具体的内涵是指企业为了解决危机，挽回给公众造成的不良影响和损失而采取的一系列具有减轻、扭转、挽救作用的策略和措施。

越是在危机时刻，才越能昭示出一个优秀企业的整体素质和综合实力，危机管理做得好，往往可以使危机变为商机，公众将会对企业有更深的了解、更大的认同，优秀的企业也因此脱颖而出。因此，**在危机面前，发现、培育进而收获潜在的成功机会，是危机管理的精髓**；而错误地估计形势，并令事态进一步恶化，则是不良危机管理的典型特征。

危机管理是全方位的，是系统的，是为企业更长远发展而进行的战略思考，而不是就事论事，仅仅针对某一次的单一危机。这点是企业管理者应该认识到的。正如美国学者诺曼·奥古斯丁指出："每一次危机既包含导致失败的根源，又孕育着成功的种子。发现、培育、收获这个潜在的成功机会，就是危机管理的精髓。"

2. 危机管理为企业健康发展保驾护航

危机管理的重要职能就是要预防危机的发生或者在危机不可避免发生时，使危机得到妥善的处理，将危机带来的损失和危害尽可能地降低。**企业危机管理的作用是企业危机管理职能在实践中运用的结果，是企业实施危机管理所要达到的基本目标，也是企业危机制胜的目的之所在。** 对于企业而言，成功的危机管理能为企业的健康发展提供重要保证，其重大作用主要体现在以下几方面。

（1）有利于增强危机防范意识，确保企业战略实现

企业的危机管理可以帮助企业增强危机意识，及早地认识企业可能面临的威胁。越是能及时地预见可能产生的危机和外界的威胁，企业越有机会采取行动抑制危机的出现或蔓延，就越有可能"躲过一劫"。若做好充分的心理准备和操作上的预防措施，企业就有更大的机会在危机中处变不

惊，有条不紊地采用应对的方法，使危机不至于给企业造成太大的损失。这也能使企业的危机处理能力得到更大的提升。

企业危机管理与企业的战略有着重大的联系，因为危机的产生会对企业的产品、形象、资产等造成严重的损害，从而影响企业战略目标的实现。如果企业将战略管理与危机管理有效地结合在一起，就能有效地预防、减少或避免危机的产生，确保企业战略的顺利实现。

（2）有利于企业管理机制的完善和发展

作为整个企业管理的重要组成部分，**企业危机管理机制的完善程度也直接影响到企业管理机制的完善程度**。在企业危机管理过程中的一系列举措，从危机预警、危机处理，到危机解决、企业恢复，都离不开对企业生产、销售、财务、人力资源等各个部门、各个层面的分析、诊断和状况评估。通过这些调查诊断和分析评估可以及时地找到企业整个管理体系的漏洞，促进企业管理机制的完善和发展。

首先，企业危机管理能够从战略高度完善企业的整体经营管理机制，确保企业的发展方向和发展目标的正确性。企业拥有健全的危机管理机制，就可以使企业战略分析更加全面、战略制定与选择更加准确、战略实施与控制更加到位，从而从整体上提高企业的战略管理水平，为培育与保护企业的核心竞争力发挥积极作用。

其次，企业危机管理同样能够促进企业日常管理机制的制度化和规范化。当企业自觉建立了企业危机管理机制后，不仅能在企业大的战略管理（如发展战略、技术创新战略、市场营销战略和人力资源战略等）实施方面获得持久的安全保证，而且可以牢牢抓住企业日常管理中的一些薄弱环节，强化和完善对成本、资金、产品质量、售后服务等环节的管理，大大增强企业抵御风险的能力，从而使企业日常管理机制更加完善，保证企业的健康持续发展。

（3）有利于企业形象的建立和维护

企业的形象是指在长期的经营和积累的过程中，公众对企业的整体印象。企业危机的产生对企业的形象产生深远的影响，有效的危机管理会转"危"为"机"，可能使企业的良好形象更深入人心，甚至有可能提升企业形象。但如果企业对危机没有进行恰当的管理，听之任之，就可能会使企业长期积累的良好形象毁于一旦，而企业想再重建起自身的企业形象，将会非常困难。

企业危机管理具有提升企业形象的作用，这一点早已为大量的危机管理实践所证明。企业危机本身就包含着机遇。对于自身管理机制健全的企业而言，从危机爆发前的合理规避，到危机发生中的有力控制，从危机解决时的果断坚决，到危机恢复期的奋发拼搏，每一个时期都是极佳的宣传自身形象的机会，而且其效果也强于花费巨额费用在各种媒体上发布的广告。这正如英国管理专家迈克尔·雷吉斯特所言："对一个公司来说，危机并不一定都是坏事。**危机中可能蕴藏着机遇，可以使公司建立良好的声望，优化本身的企业机构并解决其面临的各种问题，这样危机可以成为公司命运的转折点。**"

（4）**有利于企业核心竞争力的提升和增强**

企业核心竞争力是企业竞争制胜的特殊能力，它不只是指企业所拥有的资源，也不只是指企业的技术专长，企业核心竞争力应具有不同一般能力的特性，如知识性和不易模仿性等。企业危机管理对于提升企业核心竞争力有着不可替代的积极作用。

首先，加强危机管理能使企业转"危"为"安"，使得企业面对危机时能够平稳地渡过难关，保持企业已经形成的核心竞争力，维护企业已经取得的竞争优势，为企业的持续发展打下坚实的基础。

其次，加强危机管理能使企业化"危"为"机"，从危机中寻找到新的发展机会与发展空间，为企业培育新的竞争力提供资源保障。

再次，加强危机管理能够促进企业全面变革创新，为进一步提高企业核心竞争力创造条件。

总之，由于危机给企业带来的损失可能会非常大，如果对危机没有进行恰当的处理，一旦顾客对企业失去信心，就会导致企业的产品滞销，营业利润减少；或是对危机的管理不当，导致企业错过极佳的市场机会，丢失大部分市场份额。长期下去，企业成本持续增加的压力与收入降低的压力会给企业的发展带来严重的阻碍。

3. 企业危机管理的三个阶段

根据危机发展的规律，可以将危机管理分为以下三个阶段。

(1) 危机预警与预控阶段

将危机预警预控作为危机管理的第一阶段，是危机管理中既简便又经济的办法。要预防危机，首先要将所有可能会对企业造成麻烦的危机一一列举出来，分析其可能的后果，并且估计预防所需的投入。这样做可能很费事，但却很有必要，因为任何一点失误或疏忽，都可能将整个企业拖入危机。

这一阶段需要企业通过专门的管理部门来对危机事件的前兆进行监测，对已经积聚一定的能量、即将发生危机的对象，要通过预警来加强防范，采取措施，以防止危机的发生。任何危机事件都有前兆，只不过有的前兆明显，有的前兆则十分隐蔽；有的前兆需要通过仪器设备才能测试出来，有的前兆凭人的理性分析就能发现。因此，预警阶段是十分必要而且可以最大程度上减少危机破坏性的重要阶段。预警阶段是企业危机管理的前提，其作用主要是发现危机的存在，为防范危机提供依据。由于引发危机的原因不同，预警的手段、措施也不一样。

根据预警情况，对可能发生的危机事件进行预先的控制和防范，以防止危机的发生，或者减轻危机发生后的危害后果。**做好预控、预防工作，就等于做好危机管理的 50%，甚至是全部的工作。因为这一阶段如果取得了成果，大部分危机都能被消灭在萌芽状态。**

另外，编制各类危机事件的应急预案，开发各类危机事件发生后的辅助决策系统，也是预控、预防阶段的一项重要工作，将为下一阶段的应急处理提供决策依据。

(2) 应急处理阶段

危机处理，是指企业领导者针对危机采取有效措施，做出妥善处理，以维护企业的良好形象，恢复企业正常状态的运作。危机的突发性、破坏性、急迫性表明，企业危机处理必须要以及时的反应，尽最大努力控制局势，迅速查清原因，积极采取措施，尽力挽回影响。这样，企业就需要首先制定出一个反应迅速、正确有效的危机处理程序，以避免盲目性和随意性，防止危机处理中的重复和空位现象。

在危机应急处理时，企业应该根据事先制定的应急预案，采取应急行动，控制或者解决正在发生的危机事件，减轻危害。

应急处理阶段通常涉及应急指挥体系的协调与效率，信息通信系统的快捷与便利以及运输系统的畅通与快速等问题。一个相互协调、有分有合、能够整合一切应急资源的应急指挥体系对于做好应急处理工作有着决定性的意义。

应急处理阶段是危机管理的核心，对于无法阻止的危机事件，企业必须采取应急行动，才能保护人民的生命和财产安全。但是，应急处理阶段又是整个危机管理过程中最困难、最复杂的阶段，这是因为应急处理阶段是在危机事件发生的紧急状态中进行的。危机事件通常来势凶猛，能够让人做出有效反应的时间很短。

（3）危机评估恢复阶段

危机管理评估是指当对危机的处理暂时完成后，还需要进一步消除社会影响，重塑企业形象，并且认真总结在危机发生期间公关处理的方式、方法的合理性和有效性，给今后的危机管理提供经验和方法上的借鉴。事实上，任何企业都要将危机防范的意识和危机管理的评价专门化、制度化，使其成为企业的一项常规公关工作，这样会使企业尽可能地避免不必要的损失，也能保持企业旺盛的生命力。

评估、恢复阶段是企业危机管理不可分割的组成部分，在整个公共危机管理过程中有着重要的地位。这一阶段的主要工作是对危机事件造成的危害后果进行评估，在评估的基础上做好恢复与重建工作。

危机事件发生后，对危机事件造成的后果进行评估，决定着重建成本，关系着人民生命与财产的安危。

4. **企业危机管理的两大基本职能**

危机管理是现代企业管理科学中重要的组成部分。企业领导者掌握这门管理科学的内容，了解其主要功能和作用，对企业的生存与发展有着十分重要的现实意义。

危机管理有两大基本职能,即预防职能和处理职能。预防职能包括在危机爆发前所进行的一切预防工作。既然事先避免爆发危机是危机管理的最好途径,预防职能就显得举足轻重。处理职能包括危机爆发后处理危机所进行的一切工作,它的目的是减少危机损失。既然危机的爆发难以完全避免,处理职能就必不可少。

危机管理的目的是为了减少或避免危机的危害,因而带有防御性。可以把危机管理看成是一场企业发展中的"防御战争",这样,危机管理的两大基本职能就构成了危机管理的两道基本防线。预防职能是第一道防线,采用的是积极防御的战略;处理职能是第二道防线,采用的是固守防御的战略。所不同的是,在危机管理中,实施处理职能意味着危机已经爆发,企业或个人已经受到一定损害。因此,预防职能就更为重要。

如果把一个人生大病、病重乃至病亡看成是危机,那么,平时锻炼身体,注意饮食营养和足够的休息,生小病抓紧医治等都属于危机管理的预防职能,而在大病、重病后的治疗就属于危机管理的处理职能。有了预防职能,就能使一个人有较好的身体素质,大大减少乃至避免大病重病的发生;有了处理职能,万一得了大病重病,也能迅速得到治疗。对于一个现代企业而言,如果没有起码的危机预防能力,在市场竞争中,危机就会接踵而来,企业就很难生存。而如果没有起码的危机处理能力,当危机突然爆发时,就会失去自我保护的最后手段。

预防和处理这两大职能相辅相成,构成了危机管理的完整体系。其中,**预防职能是危机管理的主要职能和工作重点,具有更重要的意义**。

5. 企业危机管理的五项具体职能

危机管理的两大基本职能可以进一步具体分为五项具体职能。

(1) 危机监测

危机监测包括危机监视和危机预测两项内容。危机监视是指对可能引起危机的各种因素和危机的征兆进行严密的监视。危机预测是指对未来可能发生的危机类型及其危害程度做出估计,并在必要时发出危机警报。监视和预测是相辅相成的。危机监测是危机管理的基础性职能,是进行危机预控和制定危机处理计划的依据。危机监测的内容包括危机监视、信息处理、危机评价和临界判断等。

(2) 危机预控

危机预控是对可能引起危机的各种因素采取措施,从根本上预防危机的爆发。它直接关系到能否有效地避免危机的危害,因而成为危机管理的主要内容和工作重点。危机预控可分为两种形式。一种是经常性的危机预控,另一种是危机爆发前的紧急状态中的危机预控。经常性的危机预控的内容有战略计划、提高素质、宣传教育、实施措施、建立法规、加强监察等几个方面。

(3) 危机处理计划

危机处理计划作为危机管理的一个职能,既是指制定在紧急状态下企业的行动方案,也指已制定的行动方案本身。它包括两方面内容:一方面是在紧急状态下预控危机;另一方面则是在紧急状态下处理危机。危机处理计划对于在紧急状态中科学地做出决策,有效地采取措施,及时控制或避免危机有重要作用。制定危机处理计划的基本方法是全部计划方法和部分计划方法。危机处理计划一般包括危机通讯、危机处理方案、危机处理培训演练和危机处理物资装备等几方面的内容。

(4) 危机决策

危机决策指的是在紧急状态中的危机决策。**危机决策的目的是为了减少和避免危机的危害,或将危机转化为机会,从可行方案中选择比较有效的方案**。危机决策是进入紧急状态后危机管理的关键职能,对有效地处理危机起决定性的作用。危机决策所涉及的一个重要问题是如何正确对待危机引起的决策者心理紧张的问题。提高危机决策水平,可以采取以下一些方法:事先制定危机处理计划,充分运用专业人员的知识和经验,进行应付紧张的模拟训练,应用现代管理技术以及发展、应用计算机危机决策支持系统等。

(5) 危机处理

危机处理是指在危机爆发阶段和危机持续阶段中,为减少危机的危害，根据危机处理计划和危机决策对危机直接采取处理措施。危机爆发后对企业的危害程度以及将危机转化为机会的可能性，最终要看直接危机处理的有效程度。

危机处理有隔离危机、处理危机、消除危机后果、维护企业形象和危机管理总结等工作内容。

对于五个个体职能与两大基本职能的关系，不能作机械的理解。危机监测虽然被归入预防职能，但是，它又是危机处理计划、危机决策和危机处理的基础，从而又具有处理职能。危机处理计划虽然属于处理职能，但是，它不仅是处理危机的计划，同时也包括在紧急状态预控危机的计划，从而又带有预防性。

第二章
居安思危，做好危机预警与诊断

企业在市场中成长，必然要面对各种风浪。任何企业都不可能完全避免危机的发生，因为一些外部力量的干涉是企业无法左右的。管理危机最好的方法就是做好危机预警，提前准备具体方案并付诸实践。对于企业来说，除了不可抗拒的自然灾害之外，几乎所有人为原因造成的危机都是可以预防的。危机预防涉及人员、管理、技术、设备与环境等各个方面，是关系到企业整体素质的综合性工作。做好危机预防，在危机产生的时候，企业就能以最快的速度，集中力量控制问题的蔓延，防止危机进一步扩散、恶化，并能通过有秩序的沟通，有条理地化解危机。

一、居安思危，培养与提高危机意识

企业发展过程中永远无法避免可能发生的各种危机。据有关专家的研究资料，在中国，约45%的企业处于一般危机状态。在现代社会，谁具有强烈的危机意识，谁能有效避免和控制危机，谁就掌握了发展的主动权。

1. 企业危机管理重在预防

现代社会是一个竞争激烈的社会。商场如战场，谁也无法高枕无忧。即便是大名鼎鼎的美国微软公司也曾提出过"微软公司距离倒闭只有十个月"之类的警示口号，其目的就是为了强化企业的危机意识。

危机管理重在危机预防工作。也就是说，要让所有企业员工都明白危机管理的重要性和必要性，提高员工对危机事件发生的警惕性。麻痹大意、因循守旧从来都是危机管理的大敌。

"预防是解决危机的最好方法"，这是英国危机管理专家迈克尔·里杰斯特的名言。未雨绸缪，超前预防潜在的危机本身就是最好的管理。预防危机要从企业创办的那一天起就着手进行，伴随企业的经营而长期坚持不懈。出现危机才想到应对、把危机应急当作一种临时性措施和权宜之计都是不可取的做法。因此，**企业经营者与管理者对危机应该具有高度敏感的防范意识**，使企业远离危机，构筑企业内部的第一道防线，这也是保持企业健康发展与有效预防危机的最好方法。

但是，由于种种原因，有些危机是"防不胜防"的。此时企业的第二道防线应及时发挥作用，即果断采取措施，把潜伏的危机消除在萌芽阶段。一般而言，除了一些自然灾害、火灾等非人为危机外，大多数危机都有一个演进过程，先是由失误而形成危机隐患，由隐患而形成危机"苗头"，由"苗头"而发展演变为危机。优秀的企业管理者不会坐视危机的恶化发展，等危机爆发出来后才着手消除工作，而是着眼于消除隐患，熄灭危机"苗头"。

古人云："安而不忘危，治而不忘乱，存而不忘亡。"这虽然是治国安邦之策，但对于企业管理同样适用。很多著名企业家在总结其企业成功的经验时，都特别强调，长久不懈的危机防范意识和危机管理机制是使企业立于不败之地的基础。而要树立企业的危机防范意识，关键在于领导重视和全员教育。危机防范意识并不是一种一味退守的消极意识，它还是一种进取意识，知危而进，遇难而争；危机意识也并不是一种守旧的保守意识，而是一种超前意识，认识危机，方能未雨绸缪，提前防范；危机意识更是一种凝聚力，它能使整个企业像一个人那样，步调一致，应对挑战。因此，危机防范已经成为一种先进的经营理念，被国内外许多知名企业广泛应用。企业的高层管理者要首先感觉危机，认识危机，方能教育广大员工。要经常地、系统地讲形势、讲问题，将危机意识传达到每个员工。使员工牢固树立危机意识和主人翁责任感，才能常备不懈，保持应有的警惕。

2. 企业需要牢固树立危机意识

企业危机意识，是指企业从长远的发展战略出发，在企业发展顺利时期充分考虑和预测企业可能面临的各种危险的形势，在精神和物质上都做好准备的一种良性的思想和心理状态。企业危机意识包括危机预防意识、危机监控意识、危机识别意识、危机控制意识、危机评价意识和危机处理意识等。**树立危机意识是企业危机管理的第一课，也是危机预防的起点。**

企业危机意识包含这样几层含义：首先，要有一种积极向上的思想观念，更要有一种长远的战略眼光；其次，企业危机意识的着重点还是在于危机爆发前的危机预警与防范，及早发现和解决问题，以便尽可能地将各种潜在危机消灭在萌芽状态；第三，企业危机意识还是科学的企业危机管理机制的重要组成部分，它作用于危机管理过程的每一个阶段。无论是危机爆发前的预防还是危机爆发后的处理，无论是危机恢复期的重整还是企业复兴后的提升，危机意识都伴随在企业上下各个阶层，从管理层到普通员工都得依靠它去谱写企业更新更美的篇章。

在西方管理学中，有一条很有名的定律——"青蛙定律"，这一定律运用"温水煮青蛙"来说明企业对致命威胁总猝不及防的真正原因：造成危机的许多因素其实早已潜伏在企业日常的经营管理之中，只是由于企业管理者麻痹大意，缺乏危机意识，对此没有足够的重视而放松警惕，不对危机进行有效的防范。有时候，看起来很不起眼的小事，经过"连锁反应""滚雪球效应"而恶性循环，有可能演变成摧毁企业的大危机。尤其是在企业取得了一定成绩或达到了一定的发展阶段的时候，往往沾沾自喜，**对危机容易丧失警惕，而一旦危机爆发，一切都太晚了，活路也变成了穷途**。有研究表明，面对突如其来的企业危机，大多数中国企业缺乏力挽狂澜的机制，以至于像三株、巨人、爱多等众多知名企业在危机发生后，由于缺乏应有的防范预警机制，结果不是一蹶不振，便是烟消云散。

而今，我国企业在融入国际经济体系后，机遇和危机同时摆在了它们面前，这种全球经济一体化和竞争日趋激烈的新形势要求企业管理者必须牢固树立危机意识，迅速提升经营管理水平，及时完善危机防范体系，牢牢抓住其中的发展机遇。因此，企业应牢牢树立危机意识，不仅在经营形势不佳的时候，要看到企业危机的存在，而且在企业发展如日中天的时候，也要居安思危，未雨绸缪。

3. 企业经营者要带头树立危机意识

长期以来，我国企业，特别是国有企业受计划经济的影响和传统观念的制约，一直存在着依赖国家的"等、靠、要"的思想，缺乏竞争观念和危机意识，对优胜劣汰的市场法则认识不足。面对复杂多变，竞争日趋激烈的内外部经营环境和形势，特别是面对经济全球化的挑战，**企业经营者必须带头打破旧观念的束缚，提高认识，转变观念，牢固树立危机管理意识，不断增强竞争观念和开拓进取精神。**

对企业经营者来说，要想科学地防范和有效地应对企业遇到的各种危机，就要对企业危机有透彻而深入的认识，树立起科学的危机观。科学的危机观，不仅反映了企业的业务素养，而且也是策略化、实效化、艺术化处理危机的保障。企业要使每一个员工从思想上做好应对各种危机的准备，树立全员危机感，关键是要开展危机教育，让全体员工都了解危机的特征和危害，使他们具有一种危机感，由此增强他们的危机意识，帮助他们形成优化自身行为、预防各种危机的思想。企业可将危机理论指导、危机发生情况和相应的处理措施等以通俗易懂的语言编成小册子，配一些示意图画，将这些小册子发给每个员工。还可以通过各种形式，如录像、幻灯、卡通片等向员工全面介绍应付危机的方法，让全体员工对出现危机的可能性有足够的了解。全员的危机意识能提高企业抵御危机的能力，有效地防止危机的产生，即使产生了危机，也能通过员工的努力把损失降到最低程度。深圳华为公司就是以《华为的冬天》一文警惕着员工："华为的危机，以及萎缩、破产是一定会来到的……谁有棉衣，谁就活下来了！"；"只有偏执狂才能生存。"这是英特尔公司的格鲁夫内省后的感触；海尔公司的张瑞敏则感觉"每天的心情都是如履薄冰，如临深渊。"或许正是因为有了这种危机感，有了这种冷静的"冬天"意识，这些成功的企业才能渡过一个又一个难关。

危机管理不是一朝一夕或临时应急的事情，它是企业管理的重要内容，是企业的核心管理力之一。要使危机管理工作常抓不懈，收到实效，企业领导就必须从人力、物力、财力和企业机构上予以必要的配置和保证，把企业危机管理经常化、制度化，带头把企业危机管理贯穿到企业经营管理工作的各个环节中去。

企业领导要从发展战略的高度来明确企业危机管理的重要性。在市场经济条件下，企业的经营发展难免遇到挫折，甚至危机事件，企业应准确分析和评估内外部环境的危险性与机遇性，充分发挥优势，把握机遇，尽量回避弱势，减少风险，从战略高度来定位企业的危机管理，确保企业的长期、稳定和持续的发展。危机管理机制的建立要有战略眼光。在建立企业危机管理机制时，必须统筹考虑，全盘规划，按照企业危机管理长远目标、年度目标、分期目标的不同要求，有步骤、分重点地进行。同时把危机管理同整个企业的经营管理目标结合起来，并贯彻落实到企业经营管理的实际工作中去。

作为企业经营者，一定要对危机管理的实施有战略眼光。一方面，企业危机管理的实施应完整、有效地体现到危机之前的危机监测与预防、危机之中的危机处理与解决、危机之后的危机恢复与提升等各个阶段与步骤之中，而且要立足长远，面向未来；另一方面，危机管理的实施还应同企业的生产、经营、服务、技术革新等结合起来，特别是要与培育企业的核心竞争力结合起来，真正从战略管理上实现企业的可持续发展。

4. 增强全员危机意识，加强危机意识教育

实践证明：增强全员危机管理意识，提高企业员工参与危机管理的能力，是预防和应对危机的最佳选择。为了使企业员工的危机意识成为企业危机管理的基础，并使之经常化、制度化，就必须做到：

（1）坚持危机教育，强化员工危机意识

企业经营者要从切身利益入手，强化员工的企业危机管理意识。 现阶段我国企业员工的收入，主要来源于所供职的企业。员工的利益与企业的利益是紧密相连的，企业的兴衰成败直接关系到全体员工的切身利益。因而，企业经营者要使大家认识到，一旦企业发生危机，员工的利益必然受到损害，如果企业破产倒闭，大家就可能失去工作，从而使坚持危机管理成为大家的自觉行动。

在企业内部，如果员工觉察不到危机感，经营者就必须创造一种环境，让他们产生不稳定感，不能让他们麻木。因此，企业要让每一个员工都从思想上做好应对各种危机的准备，树立全员危机意识。而这一切关键是要开展各种危机教育，让全体员工都了解危机的征兆和危害，使全体员工都具有一种危机感，帮助他们形成优化自身行为、预防各种危机的思想和能力。正如英国著名危机管理学者迈克尔·里杰斯特在《危机管理》一书中明确指出：**"不管对危机的警戒和准备是自发的，还是法律所要求的，危机管理的关键是危机预防。"**

危机教育，目的是使员工了解危机源的所在，提高应对危机的自觉性，并掌握一定的预测危机的技能，而且可以鼓舞员工应对危机和战胜危机的信心，从而提高企业人员整体应对危机的能力，进而增强企业的凝聚力和承受力。目前，仍有很多企业不注意这方面的工作，员工长期不了解本企业可能出现的危机，也不了解一旦出现危机应采取什么样的措施来自救和保护，这是非常危险的。所以，进行危机预防，做好思想准备，提高"防火意识"是十分必要的。

（2）坚持危机案例教育，提高员工防危能力

采用危机案例教育，能有效提高员工知危、识危、防危的能力。员工

危机观念的确立和培养，离不开经常性的危机意识教育和危机管理操练。危机案例教育可通过对员工的危机管理知识培训、模拟危机情境教育等方式进行；危机操练可运用危机处理心理训练、危机处理基本功演练、危机处理现场实战演习等形式来检验。危机教育常抓不懈，一方面将极大调动全员参与企业危机管理的积极性和主动性，另一方面又能全面提高大家的知危、识危、防危能力和处理危机的能力。

采用危机案例教育也是树立员工危机意识的有效途径。危机管理专家K.米斯拉曾指出了危机案例学习的三个重要来源：过去企业经历的危机、同行业内其他企业发生的危机和类危机事件。

用本企业或其他企业的危机和类危机事件案例进行教育，可以使员工更深切地认识到危机的巨大危害，从而大大提高企业上下的危机意识，避免危机发生时内部可能出现的混乱。

在我国企业的危机教育中，案例教育也是一种常用方法，并取得了较好的效果。对中国企业而言，今后应当加强市场危机、财务危机方面的案例教育，使员工看清个人利益与企业经营危机的关系，从而促进员工搞好本职工作，关心企业经营，**这将有助于提高企业经营管理水平，避免危机发生。同时，即使发生危机，也能同舟共济，战胜危机。**

（3）要经常进行危机应对演练，面对危机时才能正确应对

企业危机处理计划制定出来以后，可能在很长的时间内根本不会被采用。但许多现实的教训告诉我们，制定企业危机处理计划，一个重要的作用是便于事先训练与准备。这样一旦危机爆发就能迅速采取行动，及早控制危机，而不至于仓促应战，一败涂地；同时还可以减轻决策压力，便于正确决策，有利于提高决策质量。因此，企业根据危机处理应变计划进行定期的操练和演习尤为重要，**它不仅可以提高企业危机管理部门的快速反应能力，强化危机管理意识，还可以检测已拟定的危机处理应变计划是否切实可行。**

面对危机，任何愤懑、隐瞒和掩盖，都于事无补，此时企业最明智的办法是面对事实，正视事实，认真对待，敢于公开真相。企业需要及时了解公众的需求和愿望，能解决的尽量及时解决，暂时不能解决的做好解释工作，争取公众谅解，防止因一些细节问题再次引发更为严重的问题。企

业可以采取"三不主义"态度，即对危机不回避，对危机造成的后果不避重就轻，对自己应该承担的责任不推卸，实事求是地解决危机问题。美国许多管理卓越的企业都牢固地树立了这一观念，他们尽量做到以下几点。

- 一旦发现问题，就毫不犹豫地正视它。
- 一旦感到情况不妙，就进行彻底大检查，以便在清理过程中能抓住爆发危机的原因。
- 一旦发现危机来临，立刻通过传播媒体，及时向社会各界通报危机的真实情况。
- 一旦危机已经降临，就集中所有部门的意志和力量去对待它，在关系到企业生死存亡的形势下，没有比求生更重要的了。

古人云："君子之过也，如日月之食焉。过也，人皆见之；更也，人皆仰之。"实际上，如果企业能面对事实，面对公众，"闻过即改"，实施相应的改进举措，仍有可能赢得公众的谅解，这样企业形象不但未受到损害，反而会有升华，赢得更多信任与支持，获得新的发展机会。因此，**危机发生后，企业最需要做的是果断的决策、负责的态度、冷静的处理、到位的措施、有效的宣传，这些将决定企业危机管理的成败。**

二、警钟长鸣，完善危机预警系统

企业在市场中成长，必然要面对各种风浪。任何企业都不可能完全避免危机的发生，因为一些外部力量的干涉是企业无法左右的。但这并不是说我们就无能为力，管理危机最好的方法就是做好危机预警，提前准备具体方案并付诸实践。这样，在危机产生的时候，企业就能以最快的速度，集中力量控制问题的蔓延，防止危机进一步扩散、恶化，并能通过有秩序的沟通，有条理地化解危机。

1. 危机预警的含义与功能

预警是指根据系统外部环境及内部条件的变化，通过现象、危机先兆和危机起因的严密监测,并对所获得的信息进行理,进而对系统未来可能发生的不利事件和危机进行预测和报警。预警是在预测的基础上,利用指标和发展趋势预测未来状况、度量未来的风险强弱程度,并由决策人员及时采取相应措施以规避风险,减少损失。

预警的直接对象是危机现象、危机前兆和危机起因。危机现象是随危机爆发而出现的各种现象。如火灾中的异常烟雾、火光和热辐射,企业销售危机中的销售量急剧下降等。危机前兆是危帆爆发前出现的与危机爆发有着一定联系的一些征兆。每种危机一般都有多种前兆。如企业破产危机的前兆有产品销路长期不通,连续亏损,时常拖延债务等。危机起因是可能引起危机的各种因素。比如企业产品销售危机的起因有社会购买力萎缩,竞争对手大幅度降价和推出有竞争力的新产品,本企业的产品质量下降,产品不对路和价格过高等。这三者当中,危机现象和危机前兆都是危机本质的体现,但危机现象是危机爆发后的表现,而危机前兆则是危机尚处于潜伏阶段的表现。而危机起因则是可能引起危机的另一事件,监视危机起因的前提是已经找到或者猜测到危机与某一因素之间的内在联系。

企业危机预警的功能主要包括以下几个方面。

一是监测功能。**危机预警的监测功能是指通过对企业生产、运作的各个环节进行监控而帮助企业预防危机的一系列活动。**通过监测,并与企业的预期目标进行对比,预警系统可以在观察到异常时向企业发出警示,以便企业的管理者及时进行处理,从而避免企业出现危机。

二是分析功能。危机预警中的一系列定性与定量的方法可以有效地对企业的运作情况进行分析和判断,帮助企业发现问题。

三是应急功能。经过分析判断发现的问题,企业可以通过危机预警系统来寻找合适的解决方法或改进措施,以便对症下药,纠正偏差,使企业恢复到正常的运营轨道,避免危机的发生。

四是规范功能。危机预警工作能够通过对过去经验的总结,或通过对过去数据的积累分析,为企业提供类似问题的解决方法。同时危机预警还能将这些经验教训整理并归纳成为企业的规范,供企业学习、参考,加深危机意识,以帮助企业提高应对危机的能力。

2. 建立与完善企业危机的预警机制

企业危机预警机制对危机预警对象和范围、预警指标、预警信息进行分析和研究，及时发现和识别潜在的或现实的危机信息，以便采取预防措施，避免或减少危机发生的突然性和意外性。企业危机预警机制致力于从根本上防止危机的形成、爆发，是一种对企业危机进行超前管理的系统。同时，如果企业建立了系统而科学的危机预警机制，就可以全面、系统、连续地搜集正在变化中的与企业发展有关的重要信息，发现并预知一切可能的变化，从而可以促进企业决策者预先采取相应措施，制定新的发展战略，寻求新的发展机遇。

然而，**危机预警机制作用的发挥，又必须把它固化为危机管理制度的重要内容，以管理制度的形式来予以保证**。正如前文所讲述的，危机预警机制是复杂的行动集合，同时又是一个连续的、遵循一定顺序的行为过程。危机预警机制的有效运行，它依赖于危机监测体系，特别是危机信息预测管理制度的建立和完善。所以，必须从制度化层面入手，把危机预警纳入企业管理的核心内容中，建立企业主要负责人亲自领导，由企业公关部、市场部、企业管理办公室和信息中心组成的危机预警企业机构，定期开展危机预测工作，分析危机信号，制定危机预防措施。无论是危机监测还是危机判断，无论是危机评估还是危机预控，都离不开预警机制制度化和科学化的保障。**只有建立了比较完善的危机预警机制，才可能在危机来临之前做出及时、准确而科学的分析和判断，从而尽可能地避免企业危机预警机制的失效**。

利用日常化的危机预警系统，对企业的日常运营保持一个不间断的警觉状态，监控企业内部和外部所有可能引起危机的因素和征兆，收集、筛选、整理相关信息并对未来危机发生的可能性和危害性做出合理估计，以此作为企业下一步决策的依据。在它看似平淡的背后，其实隐藏着一条持久的没有硝烟的战线，这就是企业危机预警的日常化管理机制，它对整个企业危机管理系统都有着不可替代的重要意义。

企业危机预警机制的日常化管理工作体现在以下两个方面。

一方面，要经常对企业内外环境的信息进行同步跟踪和监测，利用最新的信息技术手段，对来自生产、经营、服务以及市场、政府、媒体、消费者等各方面的信息，进行及时的搜集、过滤、整理和分析判断，力图将各种潜在的企业危机消灭于萌芽之中。

另一方面要坚持进行企业危机的教育、培训和演练。经常性开展危机知识的教育培训和危机应对的模拟演练对提高应急能力和防范水平具有非常重要的作用。有关调查发现，我国有30%左右的企业没有对内部员工进行危机管理的全面教育和培训。由此看来，有必要在中国企业的危机管理的教育和培训方面补上一课了。此外，危机应对的模拟演练也极为重要，西方危机管理专家布罗德里兹就认为：**"就应对危机事故来讲，模拟演练是在真正的事故发生之前能亲身体验和理解安全和危机管理的唯一途径。"** 模拟演练至少能够使参与者从如下诸多方面受益：一是实地检查安全设施和设备的可靠性；二是发现企业管理体系方面，如沟通、协调、决策、配合等方面的能力和存在的问题，从而及时克服和解决；三是检测和提升现有安全管理战略计划的可行性；四是检测企业与外界各个部门，如警察、消防、新闻媒体等部门的合作、协调及综合反应能力；五是时时提醒人们安全和危机管理的重要性，提高警惕，防患于未然。

总之，企业危机预警机制是一个层次高、结构复杂、相关性强的网络系统。其作用是评估和监测企业内外环境的变化，在制订重大方针、政策和措施时考虑到未来的问题和危机，将环境威胁因素转化为企业的发展契机，以确保企业能够持续向前发展。因此，**建立企业危机预警机制的目的就是预防危机，确保企业预定的战略目标得以顺利实现**。

3. 建立企业危机预警系统

企业危机预警系统的工作流程可以总结为：监控环境并收集信息、对信息进行分析评估、发出警报。在开展危机预警工作时，企业应首先确定预警系统的监测对象，这需要建立在对可能引发危机的风险因素的分析之上。企业应通过初步分析，将风险等级较高的确定为监测对象，并建立相应的预警指标和预警范围。当信息分析的结果显示风险的危害程度在预警范围内时，企业的危机预警系统就应发出警报并提供相应的防范措施进行预控。

由此可见，**预警系统是应用预警理论和其他数据处理工具、预测模型完成特定预警功能的理论和方法体系**。危机预警体系是在风险管理的基础上，对危机的迹象进行监测、识别、诊断与评价，并由此做出警示的管理活动，目的是引起对危机的了解和重视，以便做好必要的应对准备。在外部，警示的对象是与可能出现的危机密切相关的公众，目的是告诉他们危机信息，以便他们及时离开危机险境。

下面着重介绍危机预警系统中最重要的三个子系统，分别是"危机观测系统""危机评估系统"和"危机报警系统"。

（1）危机观测系统

危机观测系统相当于企业的"气象站"，企业管理者要学会看"天气预报"，研究和分析企业生存的"气象环境"。在企业内部，这一系统的观测范围主要是企业生产经营的各个环节或过程，通过大量观察以收集信息。危机观测系统的工作主要有四部分，分别是分析风险、选择预警指标、确定预警标准以及收集信息。

分析风险，要在危机发生前时刻注意外界的"风吹草动"，初步诊断问题的原因，判断其严重程度。对于可能带来大的损失的危机，应马上通知危机应对人员，鼓动全员做好充分的准备，做好预防措施。而选择预警指标，是根据不同的监测对象具有不同的特性，因此，企业还需根据不同的监测对象选择不同的预警指标，以确定在什么情况下向企业发出警报。有效的预警指标应按照科学性、系统性、可操作性的原则进行确定。

（2）危机评估系统

这一系统的主要工作是：在对危机观测系统所收集到的相关信息进行有效整理和分析的基础上，对企业是否会产生危机、如果产生危机其危害程度有多大等问题做出合理有效的估计。**危机评估是企业危机预警的一个重要环节，它对制定新一轮的危机预防措施和开展危机防范工作有着重要的意义。**

（3）危机报警系统

危机预报是指在危机萌芽、发展及危害的过程中，根据危机评估的结果，向企业内外部即各利益相关者及时发出警报以唤起各方的注意，从而采取预控措施，尽力将危机影响的程度降低。

危机报警的主要工作是判断潜在危机的各项指标和因素是否突破了预警标准的范围，根据判断结果决定是否发出警报、发出何种程度的危机信号和应该采取什么样的方式发出预警。此外，危机报警系统还要进一步指引企业如何防范危机、对危机采取何种措施。

4. 构建完备的危机管理信息系统

企业危机管理是通过对危机的监测、控制、处理，达到预防、避免、减轻和消除危机的整个行为过程。企业作为危机管理的主体，能否迅速地对危机做出反应，并有效地控制、消除危机，完备的危机管理信息系统起着至关重要的作用。从组成成分看，企业危机管理信息系统包括生产信息、会计信息、资源信息、环境信息、技术信息等方方面面，它涵盖了企业经营管理的所有环节和领域。**危机管理信息系统是企业危机管理制度化、规范化和科学化的前提与基础，也是企业危机管理有效性作用充分发挥的基本保证。**

在当前的信息时代中，建设企业危机管理信息系统，强化企业危机信息化管理具有十分重要的现实意义。一是全面提高企业的经营管理水平和经济效益，增强我国企业国际市场竞争能力的必由之路；二是建立现代企业制度，促进企业科学管理的必要条件；三是促使内部管理结构更加扁平化，拉近管理层与各基层之间的关系，是提高管理时效的必要措施；四是有效实现企业危机监控与危机决策，提高企业市场反应和应变能力，防范与消除危机的重要手段。

构建完备的企业危机管理信息系统包括以下几项主要内容。

（1）完备的信息搜集和储备系统

信息搜集和储备是企业危机管理的基础性工作。 企业危机管理信息和搜集储备系统应根据企业发展的规律和结构特点，首先对企业外部环境信息进行收集和储备，尽可能地收集经济、政策、科技、金融、市场环境、竞争对手、供求信息、消费者反应等与企业发展有关的信息，集中精力分析处理那些对企业发展有重大或潜在重大影响的外部环境信息，抓住转瞬即逝的市场机遇，获得企业危机的先兆信息。同时也要从内部重点搜集灵敏、准确地反映企业生产、经营、市场、开发等发展变化的生产经营信息和财务信息，并根据初步的整理结果找出企业经营过程中出现的各种问题和可能引起危机的先兆，如经营不善、观念滞后、产品质量、技术陈旧、决策失误、财务危机等信息，进而采取有效的措施规避潜在危机，促使企业健康、持续地发展。

为此，企业危机信息搜集和储备系统应遵循数据采集范围要具有广泛性、数据上报要体现及时性、信息追踪要体现完整性、数据统计要注意动态性这四项基本要求。

(2) 完备的信息分析和整理系统

为有效地预防和应对危机的发生，在企业危机管理中，单是建立了信息搜集和储备系统还远远不够，企业还得建立完备的企业危机管理信息分析和整理系统才能去粗取精，去伪存真，为我所用。

企业危机管理信息分析和整理系统的目标是掌握客观环境的发展趋势和动态，了解与危机事件发生有关的微观动向。从而敏锐地察觉环境的各种变化，保证当环境出现不利的因素时，能及时有效地采取措施，趋利避害。这时，企业必须及时识别、评价企业的薄弱环节以及外界环境中的不确定性因素，观察、捕捉企业出现危机前的征兆性信号。分析它们对危机管理的潜在影响，进而对可能引发突发性危机事件的信息加以防范和疏导，争取把危机消灭在萌芽状态。所以，排除虚假信息，确保信息的客观性、真实性、可靠性，是信息分析的重要内容，也是确保危机管理准确性的重要前提。

(3) 完备的信息反馈和修正系统

如果说企业信息搜集和储备是一种扩散性的行为，企业信息分析和整理是一种收敛性的行为，那么企业信息反馈和修正则是一种兼具扩散性和收敛性的综合整理行为。首先，企业信息管理层必须对分析后的信息做出准确判断，并对各职能部门下达相关的行动指令，这就是发散性行为。同时，当各具体职能部门做出执行行动后，又必须将执行情况及时反映到信息管理部门,从而及时修正信息的偏差和执行的变形。就是在这样一个不断往复的反馈行为中,企业的危机预防也就达到了最佳效果。**即便在危机发生后,这种信息反馈和修正机制仍能准确地指明企业危机的未来发展方向,防止企业决策行为的盲目和无的放矢。**

5. 企业危机预警中应该注意的问题

总之,影响企业危机预警效果的因素有很多,如预警系统的可靠性、信息的清晰度、信息的连贯性、信息的频率、信息源的权威性、过去预警的权威性、危机发生的频率等。管理者必须高度重视预警工作,高度重视预警工作的每一个环节。由于危机预警牵涉面极广,优良的预警系统可以将危机带来的损失降到最低的限度甚至消弭于无形;质量低劣的危机预警系统则很可能造成更大的损失,给企业雪上加霜。

要提高企业危机预警的效率,必须注意以下几个问题。

(1) 确保准确性

要想确保预警信号的准确性,首先要求预报信号必须简单、明确。发出的预警信息必须言简意赅、直截了当、十分确凿。精确的行话和专业的术语要变成简单、朴实、明确的大众语言;而模糊的信号往往容易引发混乱,或者是对模糊的信号麻木不仁,或者是反应过激。通常情况下,危机预警系统要传达以下内容:消息来源、日期和时间,紧急区域所在地,威胁的性质,威胁可能造成的危害,威胁可能持续的时间,威胁冲击的程度,在可能的危情区中需要采取的基本措施。这些内容必须通过准确简练的信息向企业的每一个人发出,还应该通报给企业的利益相关者,并且要不断重复,要让每一个公众都能注意到每个细节,了解其确切的含义。

(2) 防止误报

防止发出错误的警报,对于保证预警的功效至关重要。如果经常发出错误的警报,就会大大降低警报的可信度,人们甚至会对发出的正确警报产生怀疑,出现麻木现象。导致发出错误信号的原因有很多,有可能是由于危机预警系统本身的原因,或者是由于系统没有根据环境的变化及时更新,也可能是由于人为麻痹所致等。由于客观存在的原因,要求完全无误也是不太现实的。当出现错误预警时，必须及时对预警系统、整个预警机制加以检查，以发现问题，及时加以纠正，并在以后的工作中减少误报率。

（3）加强评估

危机预警系统的评估应该是一个动态的过程，要随着企业内外部情形的变化而不断修正，还要建立对系统的定期检查制度，并为系统的维护做好必要的物资储备。管理者应该根据风险情况和危机征兆以及危机发生的实际情况，随时纠正预警系统设计中存在的问题，避免因设计不完善而引发反应迟缓或反应过激。要加强对系统的维护，避免出现系统故障。

（4）加强对预警信号的接收

由于危机的发生带有偶然性，企业在平时必须加强人们对突发事件的防范意识。只有让每一个人、每一个企业真正知道每一种警报的确切含义，预警警报才能发挥最大的功效。每个人大部分时间生活在正常状态下，在预警警报发出后，常常要问危机真的来临了吗？怀疑警报的可信度，并等待更多的信号以证实危机，从而贻误了预防危机的最佳时机。

另外，**加强个人的预警信号接收能力，还要克服传统文化思维，在追求沉稳的同时，鼓励人们果断决策**。提高个人预警能力还有一个最重要的内容，就是要让每一个公民都确切地懂得警报的含义。如果不懂得确切含义，警报的发出也就毫无意义。

三、精心准备，制定危机管理预案

制定危机管理预案，对于危机决策的科学、高效，对于危机指挥的权威、规范，具有重要意义。危机处理预案的制定过程实际上是一个危机信息的获得、整理和使用过程，在这一过程中，危机事件在很大程度上得到预防和化解。危机管理预案的制定，关系到整个危机事件处理能否顺利和有效地进行。企业管理者为此必须高度重视并认真做好这一重要工作。

1. 危机管理预案的作用

危机管理预案的制定，本身就是根据曾经发生的危机情况，按照假设的各种危机类型、规模、程度，配备相应的设备、设施、队伍及确立相应的处置程序，为危机决策与危机指挥提供依据。其重要作用体现在以下几方面。

（1）增强危机指挥的权威性

危机管理预案对指挥人员的指挥程序作出规定，尤其是对法定的指挥人员出现空缺时的替补规则作出规定，凡是按照替补规则可能作为指挥人员的人都必须了解危机处置的内容、程序以及决策方案，基于这个原因，**危机管理预案有助于增强危机指挥的权威性**。危机爆发时，如果指挥人员出现空缺，则按照替补规则进行替补，如此产生的指挥人员也能迅速起到其应有的作用。

通常危机指挥的权威性基于两个前提：一是，指挥人员的专业性；二是，指挥人员的法定性。前者表明指挥人员对业务的熟悉了解程度，后者表明指挥人员权力的合法性。

（2）加强危机管理的规范性

危机管理预案的制定能够加强应急指挥的规范性，减少其盲目性。因为编制危机管理预案，将不同类型、不同层次的危机处置按照精简、统一、高效的原则进行程序编排，不同等级的危机类型由不同层次的指挥机构、指挥人员进行指挥，一旦确定危机的等级，就可以按照危机管理预案，确定相应的指挥机构、指挥人员和处置程序。当危机爆发时，必须由专业人员按照确定的、有条不紊的程序进行处置，才能及时化解危机或者最大限度地减轻危机的危害。

（3）增强危机决策的科学性

编制危机管理预案，在总结以往危机处置经验教训的基础上，按照危机爆发的规模、程度、等级确定相应的警戒等级及处置方式、程序，一旦危机爆发，只需要通过现场监测或者情报监测，就能够比照相应的等级确定相应的处置方案,从而增强应急决策的科学性。可见,**危机决策的科学性本身来源于对危机情况的准确判断,来源于对应急资源的准确了解及科学配置。**

(4) 增强应对危机决策的时效性

编制危机管理预案,将各种类型的危机可能爆发的规模、程度、等级一一列举出来,在危机爆发时,只要了解了危机的基本情况,就能够按照危机管理预案进行处置,这就大大缩短了危机决策的时间,为合理解决危机奠定了基础。一个优秀的危机管理预案能够在最短的时间内做出最优的决策,对于减轻危机的危害,具有重要意义,这就是危机决策的时效性。

2. 制定危机管理预案的基本要求与步骤

企业制定危机管理预案的基本要求有以下三个方面。

(1) 以广泛的调查研究为基础

调查与解决问题在任何类型的管理中都是紧密相连的两个重要环节。制定危机管理预案应在充分调查研究的基础上进行,同时,要把调查研究贯穿于危机管理预案制定与实施的始终,这是我们从事危机管理的重要策略。

(2) 根据变化和需要不断调整和完善

根据主客观相一致的原则,企业及危机管理部门的工作人员必须把危机管理预案的完善当成一项长期工作来做。辩证唯物主义告诉我们,任何事物的发展总是在曲折中前进的,危机管理预案也应该随着内外部环境的变化而进行动态调整,作为危机管理工作者应该对此有一个充分的认识。危机管理预案的完善过程是在舍去了许多隐性危机因素的情况下得出的结论,事实上呈现出波浪式、曲折迂回的发展趋势。

(3) 以适用性为主导

适用性标准是危机管理预案所遵循的基本原则。危机管理实践表明:按照适用性的标准进行预案设计更为合理,因为它在满意要求的情况下,极大地减少搜寻成本、计算成本,简化了决策程序。在危机管理决策中,应调整心态，把坚持"最优化"原则转变为坚持"适用性"原则。

3. 危机管理预案的演练

企业进行危机管理预案的演练，可以提高参与者对危机的熟悉度和提高处理危机的能力。有效的演练可以降低实际操作过程中人为的错误，同时降低现场调配资源的时间耗费。对任何企业而言，都具有核心意义：一是增加对潜在危机的警惕性；二是增加处理危机的经验。具体而言，演练可以显示对人进行基本的技能性演练及反应任务，然后增加演习的复杂程度和现实性，以加强人在处理类似威胁时的熟悉度和及时反应的能力。大部分人仅仅是通过他们遇到过的自然灾害或相似的危机，增加处理危机的经验。**反复进行演练有助于参加者更适应危机突发后的环境，更好地处理他们在危机中遇到的各种状况。**

危机管理预案演练的实际意义，主要表现为克服实际危机发生后应对中出现的基本问题，这些内容主要包括以下 6 个方面。

其一，使每个成员熟悉他们在危机中的任务和位置，并知道如何应付由于危机时可能出现的混乱导致的指挥失灵。

其二，通过演习，调动、组合、部署人员，当危机真正发生时，为管理人员节余更多的时间。

其二，加强互助，熟悉预案的具体实施过程。

其四，找到危机状态下最有效的沟通方式。

其五，体会媒体在危机状态时如何发挥作用。

其六，学习危机告一段落之后如何尽快恢复企业正常状态。

除此以外，进行演练还可以帮助发掘和认识新的人才，对企业成员有一定的激励作用；可以提升企业形象，可以直接运用于现实中的公共关系和社区服务，为企业价值增加得分；还能够帮助改进安全防范工作。

危机管理预案演练的主要内容有三项。首先是心理演练。这是一种值得借鉴的危机模拟实习。这种实习能够创造一种近似真实的危机情景，可以用来进行心理素质的演练，提高心理承受能力。企业可以聘请心理学家等为管理者举办仿真的危机模拟实习。其次是企业培训。培训不仅是必需的，而且是演练之前必做的准备工作之一。培训的目的是要使所有参加危机处理的人员都清楚危机处理整体方案以及本人的具体职责。最后是基本功训练。危机处理时间紧迫，对危机处理人员的要求，不仅是应知怎么做，而且要在短暂时间内准确无误地完成规定操作。经常演练，确保操作熟练准确，这是十分必要的。

危机管理预案演练的基本方式，是实地演练。实地演练也可称为场景演练，可以通过计算机模拟或现场实时演习来完成。计算机模拟可以将决策和反馈输入进去，它广泛应用于演练飞行员、宇航员、军备人员甚至汽车司机。建设和使用这些模拟系统是相当昂贵的，但这些模拟能够使飞行员、宇航员和军备人员学到和提升他们应对危机的技能，相对于这种价值而言，成本的付出是有价值的。

实践或场景演练的方法还包括：在会议室中分析案例、管理团队讨论决策的演练、一份现场情况的描述等形式。

总之，**实地演练可以提高参加者对危机各个方面和结果的熟悉性，同时明了他们在完成任务时可能面对的困难**。而且，演练的现实性能够测试出危机计划中各个因素在压力下是如何结合在一起的。必须注意的是，当制定和运行模拟现实的演练时，企业正常活动不要中断，并且在成本投入上不能超过企业所能承受的范围。

四、及时地进行危机诊断

由于企业危机具有突发性，当经历过危机预警阶段而并未及时预防危机时企业的危机就有可能进入爆发期。在这一时期，为了避免由于危机的迅速扩大而带来的对企业形象的不良影响，企业应该迅速对产生的危机进行诊断，确定其严重性并决定应采取的处理措施。

1. 企业危机诊断的含义与意义

企业危机处理最大的难点，在于能否对危机准确辨识。在危机所产生的重大压力下，常易判断出错，由于辨识不准确而经常发生低估、轻估、高估、错估等现象。危机诊断就是对企业危机的性质、内容、原因等进行分析定性，为企业危机处理寻找解决的方法。所以，危机诊断正确与否，对于危机处理来说，影响极大。判断正确是危机处理成功的基础，诊断错误是危机处理失败的根源。甚至于，错误诊断还有可能将复杂不安的危机变得更为恶化。

危机诊断是指在危机爆发时，企业应该迅速地对有关危机的各个方面进行调查，收集关于危机的综合信息并对危机进行评估，形成基本的调查报告，为企业开展危机处理活动提供基本的依据。危机诊断主要是对危机产生的原因与背景、对公众造成的伤害、对企业带来的威胁等信息进行调查，确定危机的影响程度以及影响范围。

危机诊断是企业根据对危机的研究、评估从而判断企业危机根源的过程。 由于危机可能涉及企业经营管理的各个细节，通过危机诊断就可以辨别企业危机产生的根源。进行危机诊断时，要抱着科学严谨的态度，一方面要多方位收集相关信息和数据，防止遗漏；一方面要对这些信息数据进行细致的分析调查，减少误诊、漏诊，这样才能实现诊断的科学性，确保能为企业的危机处理带来建设性的意见。

危机诊断是企业危机管理的一个重要环节，对企业有着重要的意义。

首先，有助于企业找准"病因"。通过危机诊断，使企业充分了解危机产生的原因，全面、直观地看清是什么导致企业面临危机，从内外部找到根源，从而对企业有更深入的了解，以便企业及时更正错误，采取措施，改变策略，从源头上消除危机。

其次，有助于企业认清现状。**危机诊断可以使企业对危机的现状及影响有一个明确和清楚的认识**。通过有效的危机诊断，可以使企业认识到危机的严重程度以及处理危机的紧迫性，同时也可以使企业在进行危机决策时能抓住其主要方面，制订出更具针对性和执行性的行动方案。

2. 企业危机诊断的主要任务

危机诊断的中心任务首先在于找出危机的真正病源，并辨别危机是由什么原因所造成。只要能找出真正的病源，问题就较易处理。而危机酝酿期是如此，危机爆发期亦是如此，危机处理期更是如此。所以，**从危机的**

产生到危机的发展，甚至危机解决后都需要进行危机的诊断。

企业管理者实行危机管理，在诊断危机现况后，可集中力量针对下列四种任务进行了解。

(1) 辨识危机根源

企业危机表面的症状，大半皆是深层原因导致的表象。危机发生时，为避免病急乱投医的孤注一掷处理法，辨识危机根源极为重要。企业应该辨识危机究竟是由何种病源造成，理清部门与企业全盘任务的关系，进而在调派企业精英支援时，能够清楚知道应该派哪一部门的人加入危机处理的专案小组。

(2) 掌握危机威胁的程度

危机程度的掌握，对于危机的企业部署、战略的执行是必需的条件。否则在不知危机程度的情况下，极易造成盲人骑瞎马，夜半临深渊的险状。庖丁解牛之所以游刃有余，就是因为弄清楚了牛的结构。危机决策也是一样，在决策之前，必须掌握危机威胁的程度。

(3) 请求政府各相关部门协助

政府掌握重要资源，由于企业倒闭会造成不同程度的社会问题，如果能够取得政府的协助，企业沉重的危机负担将会大为减轻。

(4) 搜集社会意见

危机决策小组必须每天搜集大众对本企业危机的态度，然后送专案小组进行分析。如此，企业在提出策略时，就不会与社会预期差距过大。这关系到企业的生存与发展。

3. 对危机信息进行详细调查

危机来临时，对危机相关信息的调查，能使企业对危机发生的情况有一个全面的了解和认识，进而提高企业危机决策的准确性。因此，企业对危机信息的调查是任何危机产生时都必须做的一项工作。

(1) 广泛收集危机信息

其中最关键的是明确搜集危机信息的来源，这是影响危机信息调查的重要因素。对于企业而言，媒体、公众以及权威机构等信息载体的发展给企业提供了极为便利的信息收集渠道。在明确了企业获取危机信息的来源之后，企业就应着手收集与危机事件相关的信息。信息收集的速度、质量与数量都有可能对企业危机诊断的最终结果造成影响。

企业应意识到，由于信息本身的隐蔽性、危机事件的突发性、获取渠道的不固定性等特点，**企业在收集信息的过程中一定要注意信息的真实性、滞后性、干扰性，以免危机信息失真，影响危机诊断的后果，进而影响危机处理的决策。**

（2）深入进行危机调查

对危机信息的调查应该从危机的起源及经过、危机带来的损失情况、危机的成因、危机对利益相关者可能造成的影响等方面来进行调查。

首先，企业的危机管理小组人员应该深入危机发生的第一线，及时掌握危机发生过程的全部资料，如危机发生的时间、地点、周围的环境、当事人的具体反应、围观者的反应等。同时企业还应该对媒体的报道进行调查，如对电视台、报纸、网络、广播等的报道进行调查，还有公众对于事件报道后的评论、传播速度等。通过对这些资料的收集，可以使企业迅速了解危机产生的现场情况，从而判断事态的严重性以及公众舆论对于该危机事件的态度，进而作为企业制定危机决策的参考信息之一。

其次，要了解危机带来的损失情况。损失分为直接损失和间接损失。直接损失是指危机给企业或公众带来的有形损失，如人员伤亡、设备损坏、资产受损、产品销售下降等；间接损失是指危机对企业的一些无形资产所产生的不良影响，如影响企业形象、使员工士气低落等。**企业应该对损失情况做出正确的评估，以避免低估危机的危害程度。**防止企业对危机不够重视，以至错过解决危机的最佳时机，进而造成企业危机决策的失误。

（3）摸清危机的成因及造成的影响

在调查危机产生的原因时，企业的危机管理小组不能只看表面现象，应找到危机发生的根源。在调查的过程中，要找出导致危机发生的外因；同时危机管理小组还应从企业的内部出发，分析企业哪方面的问题或失误导致了危机的发生，找出导致危机产生的内因。通过对两方面因素的调查，能够帮助企业更准确地了解危机的成因。

通过当前收集到的信息，**企业不仅要对当前的状况进行诊断，同时还应分析判断危机可能造成的后续影响**；不仅要分析危机对自身可能造成的影响，更要诊断危机对企业的利益相关者可能产生的影响。

（4）掌握危机调查的方法

危机调查的方法与其他方面的调研方法大致相同，主要包括以下几种方式。

①实地调研。实地调研主要分为两种：一是危机管理小组赶赴事发的现场，通过对现场情况的观察和调研，了解危机发生的相关情况及其后果；二是企业召开一些座谈会、交流会等，将危机发生的当事人、旁观者等集中起来，详细地了解危机产生的情况，并听取各方面人士的意见。

②资料收集。企业可以通过对报纸、杂志、电视、网络等信息的传播渠道中关于该危机的报道进行研究，了解其中所传递的公众意识、反映的社会舆论导向、对企业形象的影响、公众对企业的评价等，使企业更好地了解公众在该危机事件中对企业态度的变化。同时，企业可以通过收集、调查权威机构对事故及隐患的鉴定报告来分析危机事件产生的原因，并从中得出比较权威的答案。

③调查问卷。企业可以通过网络或实地发放调查问卷，询问公众对于企业处理危机事件的态度、企业在危机事件中应如何更好地应对等问题，了解公众对危机事件以及对企业的态度，从而作为企业决策的依据。

④利用"外脑"。利用"外脑"的方式调查危机信息，如聘请专业的调查企业或咨询机构，协助企业做好危机诊断的工作。外部机构可以从企业以外的角度看待危机事件，在危机的起因、危机的影响等方面能够提供更客观的评价。这也正是利用"外脑"的优势所在。

4. 提出危机诊断报告

在对危机信息进行调查和对危机情况进行评估的基础上，企业的危机管理小组应该撰写出危机诊断报告，对危机状况做出明确的判断，供企业的高层管理者在进行危机决策时使用。由于危机诊断对于企业的危机决策有很大的指导作用，因此企业在对危机进行诊断时，还可以考虑是否从外部引入相关的专家来参与危机诊断工作，以保证危机诊断的科学性。

企业的危机诊断报告的内容应该涉及危机诊断的主要事件、时间、地点、人员、调查方式、结论等方面。危机诊断的结论方面应包括危机事件发生的背景、产生的外因及内因、危机事件的影响程度、严重程度、紧迫程度以及危机事件未来可能的发展趋势等。

第三章
直面困局，以积极的心态应对危机

危机是企业经营过程中的一种常态。任何企业在发展过程中，都要经历顺逆起伏、低谷困境的磨砺与考验。身处危机包围中的企业，其生死存亡的关键，就是看企业领导者是否具有坚强的意志、积极的心态和超常的智慧。唯有直面危机困局，以必胜的信心和积极的心态应对化解，才能突出重围，迎来企业发展的春天。

一、树立信心，企业危机并不可怕

危机无法回避，唯有勇于面对。危机并不可怕，可怕的是向危机屈服。危机来临时，缺少敢于面对的必胜信心，任何企业都难以走出困境。很多成功的企业用事实告诉了我们：危机当头，唯有勇于面对，积极应对，才能变危机为商机，为胜机。

1. 坚定信心，抓住危机制造的发展契机

危机的到来，对企业既是一种磨难和打击，也是一种历练和考验。面对无法避免的危机，与其抱怨和灰心，不如在振奋中觉醒，在困境中突围。

每一次危机的本身，既包含着导致失败的根源，也孕育着成功的种子。如果我们无法阻止危机的发生，那么，一定要坚定必胜的信心，想办法转变危机。企业危机管理的最高境界就是树立坚定的信心，以积极的心态化危为机，这才是不败之道。

不可否认，危机的打击可能会给企业尤其是正在艰难爬坡的企业带来最为残酷的生存挑战。

有人曾把危机形象地比喻成严冬中的一条围巾，有的企业也许会被这条围巾勒伤，甚至勒死；但是也有企业将这条围巾用来取暖，抵御寒冬。危机面前，只要意志不垮，精神不懈，管理有道，勇于突围，就能化危为机。从这个意识出发，危机所带给企业的也不全是噩梦，在噩梦中还潜藏着机会，富有远见卓识的企业领导者完全可以借助危机制造的难得契机改变自己企业的前途和命运。

第二次世界大战之前，好莱坞还名不见经传，远不如今天这般在世界享誉盛名。战争期间，给电影界带来危机灾难，欧洲电影企业纷纷倒闭，好莱坞电影却乘虚而入，得到发展的机会。20世纪70年代，由于石油危机，好莱坞电影在海外市场开始碰壁，然而东方不亮西方亮，好莱坞转向国内，挖掘曾被边缘化的黑人消费者，推出符合黑人观众口味的电影，并

从美国国内向非洲进军，成功完成了突围。时至今日，美国电影已占有了非洲一半以上的市场份额。

在危机四伏的今天，很多企业反而满怀信心和勇气欢迎危机的到来，在困境中抓住机会，在危急时刻果断出击，在低迷的市场上仍旧赚得盆盈钵满。这，便是心态的重要之处。

对于今天的企业而言，常年在市场竞争中搏杀，岂有不带伤挂彩的，又怎么可能保持长盛不衰？关键在于怎样面对失败和危机带来的困局。是顽强地斗争，在重围中寻找转机？还是耐心地等待，在苦苦坚持中积蓄爆发的力量？这都是企业变危机为商机的正确选择。

危机，是企业在发展中避无可避的生死检验。要赢得生存，企业就要学会寻找突围之路，力挽狂澜，扭转败局。危机总有一天会烟消云散，在生死线上苦苦支撑的企业，一定要以坚定的信心和不屈的斗志"熬"下去。只要坚持下来，就能赢得未来的复苏与更大的发展。那才是真正的所谓"剩"者为王！

就像四季中的"冬天"，寒冷的同时也是孕育着生机的开始。而且恰恰是有了"冬天"，万物才有了储蓄能量的可能。可以说，没有"冬天"，就没有"春天"。

在危机中，害怕是没有用的，恐惧不能解决任何问题。面对危机，企业必须做出选择，要么杀出一条血路，要么等待死亡。而后者只属于懦夫。企业领导者唯有直面困局，沉着应对，迅速调整好思路，以顽强的斗志、科学的管理，寻找自救的生机，认清转机的方向，一步步坚持走下去，才能在严冬中迎接春天的到来。

总结多数企业的成功发展史，我们看到，当一场危机到来之际，凡是信心坚定、心态积极、乘机而上、果断出手，并采取了各种措施救企的企业都在危机中寻找到了难逢的发展良机。当然，光有信心和勇气还不够，还要有科学的应对措施，正确的管理方法，才能真正把危机转化为企业重新崛起的发展良机。

总之，处在这样一个不断变化加速发展的时代，环境不确定性的加大、变化速度的加快、竞争激烈程度的加剧，企业要在动荡之中寻求生存发展之路，首先要坚定信心和勇气，否则就只能让企业被危机吞噬。

2. 危机时期是企业大换血的最佳时机

危机并不可怕，可怕的是向危机低头。一个企业由小变大、由弱变强的发展过程，注定要经历多次换血的阵痛。对于在夹缝中生存的企业而言，更时刻面临着变化频繁、竞争持续加剧的内外环境。而危机的产生，会促进企业急剧提升自我变革的速度。企业领导者若不具备变革的能力，企业可能会在风云变幻中遭遇灭顶之灾。

换人如换刀，有的企业力图用不断换人的车轮战法，来抵御危机的袭击，而危机中的企业生存状况却不见起色，甚至在市场上还有被其他企业逐步打压的趋势，渠道的骤变也归结于此。其实，适时输入"新鲜血液"是一个方法、时机的问题。危机下的企业要生存的话，就自然要在市场、研发及管理水平上不断创新，从而获得利润。**换血很有必要，关键是掌握好血型是否恰当，更换的时机是否适合。**

由于危机的发生，要求企业必须转型，企业形式必须变革，企业发展战略必须有意识地调整，所以企业的换血，在不同程度上已上升到品牌、渠道、队伍、制度等核心要素的整改，并且决定着未来的动向。经历危机的生死考验，企业的大换血既能增强企业活力，换血强身，又能疏通企业的血脉，使之畅通无阻。

企业换血的选择，首先要抛弃以前积尘的习惯，改变一些旧有规律，一个新的理念是一个新的起点，在新的起点创造新的企业。

企业作为一个生命个体，发展也有生命周期，企业的生存、发展也是一个新陈代谢的过程。一旦它的运营机制老化，市场萎缩，其盈利能力下降，就会不可避免地步入衰退期，企业的生命也就停止了。

有关统计资料显示，我国企业的平均寿命不超过 3 年，如此短命，除大环境因素外，主要原因恐怕在企业本身：新陈代谢的不及时。

企业的新陈代谢，包括许多方面，如人才的更替、技术的创新、管理思想的转变、企业制度的变更等。一个完整的企业成长历程包括创立、生存、扩张、发展、鼎盛、成熟几个阶段，其中危机潜伏在每一个阶段中。

初创时期，企业的新陈代谢实际上是自我造血过程。倘若在创业期不能够自我代谢，其能力不足以让企业转动起来，企业也就死于襁褓之中。

中国多数企业就因此而亡。这也是许多创业者之所以失败的根本原因。

扩张时期企业的新陈代谢加大加快，于是企业及时输血，能够引进一批推动企业发展的人才，那么，企业扩张指日可待。这个阶段往往是输血、造血、换血引进人才，培养人才，淘汰部分跟不上的员工同时进行，但以输血为主。如果不及时，企业也许会半路夭折。

企业发展到成熟阶段，由于发展的要求，需要一批行业精英，于是职业经理人等高层人才被引进。自然的优胜劣汰把部分跟不上企业发展的员工甚至是一起打江山的患难兄弟淘汰掉。否则企业虽然强盛，但很快就会开始老化，所以必须得换血，不换血只有死路一条。

危机时期，若是企业的老化日益严重，人才老化，技术落后，管理机制、经营模式老化，新陈代谢严重不通，不及时地进行大的变革，全方位地换血，企业可能会因此而暴毙。

当然，换血也是有风险的，但却是危机中企业的重要选择。

3. 向"经营之神"学习应对困境的思路

如果把危机比作寒冬，那么，危机到来之后，其寒气或许会冻僵许多曾经激情四射的企业领导者，甚至会让不少企业冬眠乃至冻毙。那么，要使企业在危机的严冬里安全生存，为早日突出困局而迎接企业的春天，最重要的是以一种积极的心态和正确的思路去应对危机。在这方面，已经故去的台湾"经营之神"王永庆，给所有企业领导者做出了宝贵的示范。

（1）冰淇淋哲学

王永庆曾说过一句话："卖冰淇淋必须从冬天开始，因为冬天顾客少，会逼迫你降低成本，改善服务。如果能在'冬天'的逆境中生存，就再也不会害怕'夏天'的竞争。"这就是有名的冰淇淋哲学。

王永庆的冰淇淋哲学给企业的危机管理者这样一个启示：商业环境处在不断变化和改革中，市场竞争必会带来商业行情的波动，不同的企业在发展阶段中有繁荣也有萧条，人不是神，对于突发的危机，谁也无法预知，但是，却可以改变。因为，有了信心和勇气，总有机会是我们可以把握的，若想把一个企业做大做强，经营管理者要在危机冲击下，在发展困境中把握住机会，在市场萧条时**保持探索精神，发现"冷门"商机，并为复苏后的发展奠定基础。**

（2）瘦鹅理论

王永庆还有一个瘦鹅理论，这一理论来自于他自己的真实经历。第二次世界大战时，世界经济都不景气，在乡下做大米和木材生意的王永庆，发现每户人家养的鹅，在冬天时都因为没有食物而骨瘦如柴，而它的忍饥挨饿，是为了等待春天的到来。到了春天，有了青草，它就能吃饱和肥壮起来。王永庆冬天里把瘦鹅买回家，到了春天，把鹅养得肥肥胖胖再出售，结果发了一笔小财。

养鹅的经历给王永庆带来了一个重要启示：**企业经营在困境中，要像瘦鹅一样能忍饥挨饿**。只要企业垮不掉，一旦形势好转，企业就会像瘦鹅一样，迅速地成长壮大起来。

瘦鹅理论与冰淇淋哲学其内核是相似的，商机往往在逆境中出现，能够在逆境中抓住机会并坚持住，顺境时才会有大的发展。王永庆就是一个践行这两种思想的人，直到去世之前，他还是这样做的。

1954年，王永庆成立了台塑企业，企业刚刚成立就碰上了市场低迷期。当时，中国台湾地区对聚乙烯化合物树脂的需求量少，再加上日本也向中国台湾地区的一些加工厂供应廉价的聚乙烯化合物树脂，面对竞争与市场不景气，台塑一度到了倒闭的边缘，一个月才卖出去了1吨聚氯乙烯。在这种尴尬和困境面前，王永庆最终做出了一个大胆的决定：继续扩大生产。他认为在困境中更需要去创造市场，通过增加生产来降低成本，吸引顾客。

今天，当国内中小企业面对同样的困局时，王永庆的思路也许可以帮助我们打开局面，突出重围。

在王永庆的坚持下，台塑的产量扩大了6倍，同时，王永庆继续投资创办了加工公司，即南亚塑胶工业公司，专门负责生产和加工产品。虽然一开始状况不是很好，但是经过不断摸索和总结，台塑和南亚的业务都开始好转，慢慢地台塑在行业内站稳了脚跟。

2008年上半年，越南的经济遭遇寒冬，股市大幅下挫，外资纷纷逃离，王永庆却一掷81亿美元，在越南投资建设全东南亚最大的钢铁厂，为越南带来史上最大单笔外资投资。这是92岁的王永庆人生旅途中最后一次践行自己的思想。

王永庆在长期的经营实践中领悟到了一个经营诀窍：经济不景气的时候，可能也是企业投资与展开扩展计划的适当时机。他认为，企业在锻炼中才能成长，而产品滞销与市场萧条时期，恰恰是企业锻炼拼搏的最好时机。作为掌管企业命运的经营者，需要有一个冷静的头脑，有条不紊地去推进企业的改革和升级，努力地降低生产成本，提高企业的竞争力。同时把握适当的时机，做长远的战略性的投资。

凭着"卖冰淇淋应该在冬天开始"的经营思想，王永庆在企业面对一个个危机中总是充分自信，以积极的心态去应对，做了一项又一项正确的经营决策。虽然这在当时可能并不被人看好，但后来的事实证明，王永庆的决策是英明的。

4. 独辟蹊径，突破市场困局

危机对企业的冲击最终会集中体现在市场上。近年来，我国从事加工制造的企业，对海外市场尤其是欧美市场的依赖性逐年增强，而一旦被危机波及，所受到的冲击就非常明显。

然而，虽然世界经济普遍不景气，但也不都是旋涡，除了欧美是重灾区，中东、南美与非洲市场仍有发展的空间，如果企业面对危机时稍稍改变市场的风向标，也能在危机冲击下的市场站稳脚跟。正如这几年的金融危机和经济不景气，让不少做出口贸易的企业大受影响。但国内却有不少进出口企业在危机中独辟蹊径，把海外市场重头戏转移到中东、南美、非洲等地，避免了与危机的正面交锋，使得国外市场的销售额有了明显增长。

可见，在危机来临时，中小企业只有改变单一的市场方式，避免市场过于狭长化，学会独辟蹊径，"狡兔三窟"，才有生存的可能。

在我国浙江省义乌市，近年来受经济危机影响，虽然有大批中小企业倒闭，但也有逆势飞扬者，很多企业转而开拓俄罗斯、德国、西班牙市场，给自己留下了转身的空间。因而，义乌市外贸部门的统计数据显示，

2008年1月至9月，金华海关接受义乌小商品出口报关单21.25万份，还比2007年同期增长了28.38%。

同时，国际经济危机到来时，出口企业往往忘了，还有另外一个非常广阔的国内市场，也等待着众多曾依赖出口海外市场的中小企业去开发。当很多企业虎视眈眈盯着世界的市场版图亮剑海外，甚至连一个犄角旮旯都挖空心思要占领时，却犯了"骑驴找驴"的错误。**与疮痍满目的欧美市场相比，稳健的中国市场才是最大的避风港**。正因为认识到这一点，有不少出口贸易企业已经开始尝试"两条腿走路"，内销外销两手抓。

武汉服装出口大户爱帝服饰，原来把大部分精力都放在开拓海外市场上，受次贷危机影响，他们开始放眼国内市场，并一口气在国内开了五六百家店。外贸巨头美尔雅也跃跃欲试，在保证不丢掉出口贸易的同时，向国内市场试水。

山东皇明太阳能集团有限公司是生产太阳能热水器的大户，主要靠向海外销售昂贵的太阳能设备赢利。这些昂贵设备之所以在国外畅销，在于很多欧美国家对绿色环保设备的大宗采购有补贴。由于经济不景气，一些国外政府砍掉了这部分支出，没有政府撑腰，海外客户也不那么财大气粗了。皇明借坡下驴，借中国的环保热向国内市场转移，如向基础建设部门推广太阳能交通灯、草坪灯等产品。

进入21世纪之后，一场全球性的经济危机，惊醒了中国制造业的"世界工厂"梦，也让中国不少企业感受到了依赖海外市场所带给他们的惨痛教训。这次危机，对一些企业来说，"出口转内销"是一个大好机遇。

当然，外销转内销并不是包治百病的灵丹妙药，一些100%依靠外销的中小企业，在国内不但叫不响自己的牌子，甚至因为做OEM，连牌子都没有，也没有足够的渠道，内销无疑是白手起家，风险也不小。所以，中小企业要突破困局，还有很多具体的工作要做，还有很长的路要走。但只要坚定信心，办法总是有的，危机也一定可以战胜。

二、应对企业危机要有新思维

危机发生后，处在"寒冬之季"的企业，不患"感冒"的是那些早有准备、打好"预防针"的企业，不会冻僵的是那些穿上了御寒棉衣的企业。危机当头，企业生存的正确抉择，当是调整战略，转型过冬。只有以新的思路、新的变招应对，才能在困境中求生，才能转危为安。

1. 创新思维是企业生存所必需

对于任何一家企业来说，出现经营危机并不奇怪。然而令人担忧的是，一些企业，当出现危机时，就似乎失去了曾经的激情与创新求变的能力。

究其原因，是思维仍旧停留在危机之前的状态中。**改变企业命运，必须先从改变企业经营者的思维开始。**

外部经济环境好的时候，企业可以生存。但外部经济环境一旦变得恶劣，思维的僵化会导致原有的企业内在的"死亡基因"就会像病毒发作一般，使企业顷刻间倒闭。

所以，**危机是诱因，内在"病毒"才是根源。**

由于经营观念与战略的偏离，很多企业也已经出现了越大越亏的现象，这其实就是一种征兆，意味着现有企业的经营思路要在危机的冲击中觉醒、转变与升华。身陷困局的企业，如果经营思路不进行彻底的改变，那么，迟早都会被市场所淘汰。

历史是个舞台，你方唱罢我登台。危机让一批企业和企业家离开了这个竞技场。**创新的过冬思维，是企业安度严冬所必需的。**严冬之下，企业当以怎样的思维在危机发生后安全过冬呢？

有学者提出了以下两种思维的转换，值得企业的领导者参考借鉴。

(1) 将"旺季思维"转换为"四季思维"

许多曾经春风得意的企业家，常常为以往的成功陶醉，而不愿想到日后可能遭遇寒风刺骨的"冬天"。一旦当冬天来临时，就像童话里的"寒号鸟"，因准备不足而忍饥挨冻，甚至倒毙在寒风中。

"聪明人"犯错误的原因之一就是自以为高人一等，不愿承认自己的缺点。因此，这种意识必须转变，在花红柳绿的春天就要想到落叶缤纷的秋天，在骄阳似火的夏季就要思考到千里冰封的冬季。提前做准备，才能于冬天到来时，随季节变化调整经营方向和策略。

我们国内的许多企业家也是如此，他们虽然不断地强调危机感，但似乎这种危机感不属于自己，自以为企业发展可以永续下去。结果，随着经济气候的转变而被无情淘汰。

当企业处在旺季的时候，企业家应当时刻提醒自己："四季轮换是自然的规律，冬天迟早会来临。"一位著名学者说得好："对现在无知和对过去无知都可以原谅，但是对我们无知到何种程度的无知却不可原谅。"

一位学者提出企业家要培养"谷底思维"。这种观点认为，很多企业活得很久，并不是他们对机会把握得有多好，而是控制风险的能力胜人一筹。

（2）将赌博性思维转换为战略性思维

长期以来，很多企业对经营战略不屑一顾，视有多大胆、挣多少钱为赚钱圣经。在他们看来，经营似乎不需要什么战略，只要有资源、有关系就行了。正是这种思维培养了许多老板的赌性，将"不按常理出牌"变成了常理。

在经营危机的逼迫下，很多企业家意识到，只有拥有战略思维、主动适应环境的变化成长，企业才能继续生存。

严冬下的企业遭遇，教训了不少好"赌"的企业经营者。**战略生存时代来临了！拥有战略意识的人才能成为企业家，赌博性思维只能催生投机家。**

2. 与其坐以待困，不如突围重生

美国管理大师彼得·德鲁克在20世纪80年代就曾说过：今天的企业正处于一个非连续的时代。从现实看，一个企业的成长实际上是在跳跃中成长的，成长的过程中有很多"断茬"，也就是表现出非连续性的特征，尤其是在危机时代，这一点看得最清楚。由于非连续点的出现越来越频繁，要想找到一种不是正在发生的或隐隐出现的非连续行业越来越困难，正是由于行业发展的非连续性，才造成了一些企业的迅速崛起，也导致了一些曾经的行业龙头的消失。

危机的来临证明了大师们的伟大预言。今天处在危机中的企业，无论大小，都在经历着生与死的考验。

是坐以待困，还是突围重生，企业必须要做出自己的抉择。

其实危机只是个导火索，在当今这个动荡巨变的时代，始终要求每个企业有足够的毅力、勇气和信心，挑战任何突如其来的变化与危机。缺少这样的准备，前途必然凶险无比。

在这个危机四伏的全球化浪潮中，即使那些曾经多次登上《财富》杂志封面的公司，也可能突然崩塌，比如美国的雷曼兄弟、美林等。当然还有富豪榜以及企业"明星们"，突遇危机，可能会在几个月内就走向了破产清算。三鹿奶业就是最典型的代表。就连日本东芝、日立、丰田这样的企业也曾大幅度亏损，最终被迫裁员。出现这些问题的原因在于：当面临危机变化的时候，这些企业缺少准备，在企业内逐渐累积起来的种种致命因素突然爆发，吞噬掉整个企业。

三星电子CEO尹钟龙曾深有感触地说：**"生存不属于那些最能适应目前环境的企业，而是属于那些最能够适应变化的环境的企业。"**

现实告诉我们：企业的成长过程不会是一条平滑的曲线，量变积累达到一定程度会发生质变，企业在质变时期必然要经历人员、观念、企业等方面的动荡。所谓质变，实际上是企业成长过程中的一个危机点（或叫战略转折点），是危险与机会并存的地方，也是决定企业能否持续生存的关键点。而这种质变往往发生在危机深重的时期。

在这样一个非连续性成长的环境中，企业必须保持敏感，警惕可能出现的危机。通过战略、企业和文化上的变革，推动企业新一轮的增长。

在这样一个重大危机来临的今天，企业必须以积极的心态和主动的出击去逃生。对内要及时换血，果敢变革；对外要寻找机遇，谨慎突围。只有如此，才能从低谷中走出，从困境中恢复。

经验表明，危机时只是被动地坚持的企业，危机过后仍会开始走向衰退，很少能重现当年的昌盛。企业要突出困局包围，主动求变并果敢行动是必要条件之一。如果在面临危机发生转折时，企业仍在防守，很可能使企业陷入失败的困境。

3. 不在危机中沉沦，便在危机中崛起

在研究企业的成败与得失中，人们往往对企业的成功研究得很多，而对企业的失败研究得却很少。然而，面对今天的经济危机，不幸被困的企业毕竟是多数，有的企业更是在遭遇危机时走向了失败。所以，研究失败比研究成功更重要，研究失败可以知道一个企业如何避开危机，如何生存下来，这对今天的企业生存更具有现实意义。

对于企业来说，危机是一种常态。西方企业家们有一句名言：**"企业危机与死亡和税收一样不可避免。"**

一个成功的企业家说过："企业经营过程中，更多的是看到失望，而不是看到希望。更多的是承受打击，而不是喝彩。"企业和人一样，只有经历危机，并且能够妥善处理危机，才能够健康成长。看看世界500强，哪个没有经历过危机呢？翻开他们的发展史，找不出一个没有经历危机磨难的企业。以1997年的亚洲金融危机为例，很多企业倒下来，同时也有很多企业活下来了，比如三星、索尼、台塑、通用、西门子，活下来的有更强的生命力，将活得更好。因而，面对危机，企业不在危机中沉沦，便在危机中崛起。

微软公司的创始人比尔·盖茨说：**"微软离破产永远只有18个月。"**

德国奔驰公司董事长的办公室里挂着一幅巨大的恐龙照片，照片下写着这样的一句警句："在地球上消失了的、不会适应变化的庞然大物，比比皆是。"

海尔集团的张瑞敏用一个"惧"字来形容这几年对海尔集团发展的感受。他对"惧"的诠释是"如临深渊，如履薄冰，战战兢兢"。他认为市场竞争太残酷了，只有居安思危的人才能在竞争中获胜。

大企业尚且如此，中小企业更应如履薄冰，战战兢兢。尤其是在面临宏观经济剧烈变化的时候，更要加强员工的危机教育，更应让每个员工都从思想上做好应对经济危机的准备，全力以赴，同心协力，与企业同舟共济，共渡难关。危机中也有契机，有眼光的企业也许此刻就在暗下功夫，把握机会，准备着下一步的扩张战略。这无疑是高人一等的表现。

应对危机关键在于行动。作为企业，面对萎靡的市场，要制订出一个

企业的整体"过冬"方案，按照方案做一些准备。比如：业务量减少，是否应该立即裁员？是裁高工资的员工，还是裁低工资的员工？企业是否可以转型，生产新产品？财务上如何保证稳健的现金流？如果资金不足，可以去哪里融资？

总之，**处在危机中的企业，无论是加强危机管理也好，强化危机意识也好，能够化危机为契机才是危机管理的最高境界。**可以预测的是，虽然现在经济形势严峻，但中国经济基本良好，8%的增长速度仍然让世界吃惊，中国政府和中国人民有信心和能力战胜危机，中国经济绝不会一蹶不振。今天的企业管理者不但要思考应对眼下危机的正确策略，还要思考未来经济形势好转后，企业如何适应高速发展的需求；思考在"冬天"时如何对产品进行改良，生产出让顾客更满意的产品；思考产品在危机时期是不是发生了新变化。

今天的企业在危机中，除了想办法生存，还应该想着以后如何做大做强。这才是一个未来强者的英雄本色。

4. 冲破牢笼，不换思想就换人

观念更新是推动社会进步的重要因素，思想解放是促进社会变革的巨大力量。面临严峻危机、身陷困局之中的企业，最需要的是解放思想、更新观念。

作为企业的经营者，**让思路冲破牢笼，要学会用熟悉的眼光看待陌生的事物，用陌生的眼光看待熟悉的事物。**通过解放思想，使企业全体员工进一步增强忧患意识、机遇意识和奋发有为意识，进一步增强发展的使命感和紧迫感，增强持续发展能力；增强发展动力和活力，以新的视角、新的理念，把主要精力、主要力量、主要措施集中到企业发展上来，不断促进企业和谐发展。

企业突破困局，首先要有一个正确的思路，要用正确的方法，在正确的时机，做正确的事。同时，做出改变性的决策之前要多换思想少换人。一旦决定下来做了，就要不换思想就换人。危机中的企业，换血往往是先换人，真把人换了，头脑观念就变了。无论是在顺境还是逆境情况下，让思想解放，冲破牢笼始终都是推进企业生存发展的内在动力。

换思想或换人都有一个时机问题。这就像在足球赛场上，领先时不断给予激励、在思想意识上打气；比分落后时改变阵行，没有效果的话换人；遭受猛攻时适当换人可缓解危机，扭转形势；对方变阵时，知己知彼，做出相应的换人决定；接近终场换人力挽狂澜……

那么，陷入困局的企业怎样才能突破思想的牢笼呢？应采取如下措施。

(1) 用变化的头脑应对变化的事物

面对危机，一般人观察和思考事物时，大都会着眼于事物发展趋势比较明显的特征，因为它容易被看出来。对于很难注意和捕捉到的不明显的趋势，就要采取非常的角度来观察和认识了。企业只有用变化的思维来应对眼前时刻都在变化的事物，才能不断地创新，不断地进步。对于危机中的企业，只有不断地打破自己思想中的旧东西，才能创造出新的理念。

(2) 转换角度看问题

思维的定式对于人来说是不可避免的，但是对于危机中的企业来说，思维定式头脑僵化则足以毁灭一个企业。这时，要改变经营的思维和判断方式，跳出思维定式设定的牢笼，学会从多种角度去观察问题。**只要视角改变，企业的经营困局往往也会在新的发现中得到突破。**

(3) 逆向思维

面对困局，当我们顺着某一个方向的思路不能找到突破口的时候，不妨换一个思路，进行逆向思维，也许就会柳暗花明又一村了。逆向思维是一个当正常的思路打不开局面的时候最为理想的思路。

三、直面危机，生存下来就是胜利

对于陷入困局的企业，聪明的选择就是活下来、坚持下去。就在不少企业挥手向市场告别之际，仍有许多在严寒中傲然挺立的企业，在用一股勇气、一种精神向人们昭示："剩"者为王，坚持就能突围，就能取得最终的胜利。

1. 面对危机，在困局中求生存

处于危机困境之中的企业，最为紧迫的任务，就是要确保自己能够活着，**危机之下，企业的生存高于一切**。存在是其他一切活动的基础，失去了这个基础，一切都是空谈。

深陷困局的企业，首要的选择是保存自己，能够"活"下来，不要成为被大浪冲走的沙子。同时要学会保护自己，减小受到的伤害，最大限度地保证自己在经济危机中的安全，为未来的重生和崛起进行宝贵的积累。毕竟，能在危机四伏中做到这一点并不容易。所以，独善其身的企业值得钦佩。最后也是最关键的，危机下的企业活着，也有不同境界、不同层次的追求，是委曲求全，一味退守忍耐？还是主动出击，以化危为机的魄力与勇气，善于开发危局下的新市场，完善困境中的自我定力，从而突出困围，在风险危机中实现企业的转型、升级？可以肯定，能做到后者的企业，必是市场复苏、经济新兴后的行业领军。

2. 调整自我，在危机中图谋重生

危机并不可怕，可怕的是没有应对危机的积极主动的精神。调整好自我，就可以获得新生。有关专家和高明的企业家指出：面对危机，一定要积极地自我调整，在调整中图谋新生，图谋未来的发展。

(1) 积极地寻找新的出路

危机的到来不能成为畏惧与投降的借口。当危机成为经营环境时，危机已经是经营的条件而非制约因素。在任何危机中都有企业获得巨大成功的契机，因而当危机成为必须面对的经营环境时，企业必须去寻找新出路。危机让企业乘机进行自我调整。通过改变原有的战略策略，整合现有的资源，强化企业队伍，而获得增长的动力之源。这是企业直面危机并获得成功的前提条件。

(2) 在危机中实现转身

危机并不都是有害的。当市场环境很好时，企业对自身的要求都普遍放松，人们也会很浮躁。而当危机来临时，人们开始愿意认真探讨解决市场风险，思考危机中经营与管理的对策，这往往是企业自我升级和转型的最佳时机。通过危机的处理能引发企业自身的转变。

企业可以在危机中获得增长的良机，而且已经有太多的企业用实际业绩证明了这一点。如果谋求增长是从内心激发出来的，它就不受危机的影响，不受环境的制约。所以企业经营者只要能够激发出增长的信念，并和成员达成共识，增长就可以成为必然，特别是度过危机之后企业增长将更为迅速。

3. 主动出击，采取积极的自救措施

能否在这场危机中活下去而不是被消亡，甚至是在困境中成长，这绝不是一个简单的经济命题，这是对每个企业的考验，也是对企业经营者能力的考核。

事实证明：面对残酷的危机考验，坐以待毙不是良策，除了坚持别无选择。经济危机不会遥遥无期，总有一天会云散日开，企业唯有坚持到最后才能笑到最后，才是最后的胜者。当然，坚持不是不作为，而是积极进行危机处理，以保持企业的生命力。

当前，危机下的企业，最迫切需要做的事情就是生存自救。为此，需要采取下列措施。

(1) 上下同心，同舟共济

企业经营者、管理层和全体员工，都要树立与企业同舟共济的生存意识。

企业要"过冬"生存，首先要求企业的经营者树立"过冬"意识。对于企业经营者尤其是决策高层来说，危机时刻首要保证决策不能失误。尽量减少大型投资，做好销售账款资金的回笼，减少各种不必要的支出。同时要做好对基层员工的说服工作，在自己的工作岗位尽职尽责，保持饱满的情绪和高昂的斗志，以自身的表率作用影响和团结广大员工。

同时企业的各个部门都要坚守岗位，履行职责，比平时更加努力，以更高效率地完成工作，以上下一心的努力共渡难关，平安"过冬"。

特别需要指出，很多企业的经营者和高层管理者在行动中的态度和模范作用很重要。只有高层领导做出表率，全体员工才能真实地感觉到企业的态度。

　　同时，企业应该对有贡献的员工和有利于企业生存的行为给予及时的肯定与鼓励，从而达到鼓励先进、鞭策落后的目的，最终推动企业在"过冬"的道路上顺利前进。

　　（2）积极主动，力戒消极

　　在困境下绝不能消极地等待，而是要积极地主动出击。

　　很多企业遭遇经济危机后的第一反应就是自我冬眠，被动地等待，以停产停业来减少损失。这是消极的"过冬"办法。正确的"过冬"办法就是在艰难中积蓄力量，在艰难中寻求发展。

　　一个充满前景和希望的企业，危机之中一定先学会在困难中积累力量，在困难中寻求更大的发展突破。其实，企业困难的时候，在储备能量过程中，加强内部建设是一种积极的态度。面对困境的时候，企业员工更容易团结在一起，激发出高昂的斗志。此时要因势引导员工的情绪，化不利为有利，化消极为积极，激发员工的斗志，众志成城，万众一心，最终战胜困难。

　　（3）苦练内功，以图未来

　　乘着危机困难之时，应当抓紧时机苦练内功。

　　金融危机紧缩了市场，减缓了企业发展的脚步。此时，有眼光的企业正好可以利用休整的机会，完善企业内部建设。

　　比如建立一套更完善更科学的规章制度；去掉生产经营环节；简化企业的生产工序和业务流程；对企业员工进行精简；加强骨干的培训等等。

　　事实证明，危机后留下的员工都是企业未来需要的精英人才。经过困难洗礼的人才能够成为企业再次腾飞的助推剂。

　　虽然，市场"严冬"的到来使得不少企业步履维艰，处境凶险。然而无论如何，生存都是压倒一切的头等任务。只有在三九严寒中傲然立住、坚持活下来的企业，才有可能在春暖花开之季悄然怒放，争艳群芳。活着就是胜利！

第四章
突破困局，精心做好危机处理工作

危机发生后，企业处理危机的过程就是解决问题的过程，也是危机管理最核心的部分，这一环节的成败取决于企业应急管理的能力。危机事件突发或者紧急情况发生时，从时间地点到性质及涉及的人数等，都有极大的不确定性，针对这些情况所采取的处理方法也必然各不相同。而且特定的危机往往具有不同的难点，为危机处理带来难度。这时，除了事先计划好的有效措施之外，还需要管理者凭着管理经验和个人胆识来解决问题，其中最重要的是要从危机处理的关键点入手。

一、企业危机处理应遵循的原则

掌握危机处理的基本原则并迅速加以处理，不仅能够减少或防止紧急情况下生命和财产的损失，而且能为危机处理提高效率和争取更多的时间。其中，快速反应、群策群力、公众利益至上、真诚沟通、维护信誉等，都是企业在危机处理应要遵循的主要原则。

1. 快速反应原则

由于危机事件往往具有突发性和极大的危害性，在危机爆发时，如果企业不能及时应对或控制，就可能导致危机的不良影响迅速扩散，进而对企业造成更大的危害。因此，在危机事件爆发后，企业必须以最快的速度做出反应，通过开展危机处理工作来将危机带来的损失降到最低。

突发性是危机的本质特点之一。正因为突发，导致事情发展的不确定性大大增加。危机的突发表面上具有很大的偶然性，实际上是风险和矛盾长期累积的结果。

快速反应原则的具体含义，**即在风险或危机发生的第一时间采取措施，以求控制危机的进一步扩大，尽量减少危机造成的损失。**

快速反应原则在应用中有四点要求：一是企业需要建立风险及危机信息的快速预警机制；二是企业需要建立风险及危机信息的快速传递机制；三是企业需要建立风险防范的快速反应机制；四是企业需要建立危机应对的快速反应机制。

在具体实施过程中，企业内部要保持高度警觉，及时向高层通报危机事件的发展状态使其尽快掌握情况、做出决策；同时，企业要对外界公众或各利益相关者迅速做出反应，避免因信息不对称而产生的谣言损害企业的声誉。快速反应原则还能体现出企业负责任的态度，为企业妥善处理危机争取良好的外部环境。

危机的突发性特点要求危机处理必须迅速有效。危机一旦发生，伴随着大众媒体的介入，会立即引起社会公众的关注。企业必须以最快的速度设立危机处理机构，调集训练有素的专业人员，配备必要的危机处理设备或工具，以便迅速调查、分析危机产生的原因及其影响程度，全面实施危机管理计划。由于公众对危机信息了解愿望是迫切的，他们密切关注事态的发展。**企业发布信息必须及时，以有效地避免各种谣言的出现，防止危机的扩大化，加快重塑企业形象的进程。**

2. 群策群力原则

群策群力原则即企业在危机管理过程中应该相信团队的力量，在风险防范和危机管理乃至后期管理的各个环节，都应当紧紧依赖企业团队的经验和智慧。

群策群力原则是管理的重要原则之一，也毫无疑问是企业危机管理的基本原则。

企业风险防范和危机管理绝不是企业一把手的事情，也不仅仅是高管层的事情，而是全体员工的事情。在具体危机管理过程中，应用群策群力原则企业应该注意到以下三点。

一是在决策阶段，紧紧依赖团队的力量，在重大决策进行之前，要充分发扬民主，进行谨慎而全面的调研，先民主后集中。

二是在建立风险防范体系的过程中，要充分依赖管理体系的力量，要充分发挥管理体系的核心——人的主观能动性和创造性，对所有可能出现的风险，做到早发现、早应对。

三是在危机出现以后，也要紧紧依赖企业团队的力量，积极寻找和探索稳妥的危机处理方案，而不能"抱薪救火"，使矛盾进一步激化。

3. 公众利益至上原则

危机发生后，公众之所以反抗企业，给企业"制造"更多麻烦，最基本也是最重要的原因就是公众感到在利益上受到了一定程度的损害，他们要运用新闻、法律武器保护自己的合法利益。因此，**利益是公众关心的焦点所在。**

在危机事件中，危机处理人员如果能以公众利益代言人——公众利益的保护者、争取者公众利益的代表的身份出现，那么，对于整个危机事件的处理来说，就奠定了良好的基础。在这样的指导思想下，企业往往都是用眼前很小的损失换取长远的大利益，换取客户对企业的尊重，从而保护企业的品牌。

危机发生后，不论是什么原因，企业都应该遵循公众利益至上原则，即把公众利益放在第一位，而不一味顾及自身付出的经济价值。如果是由于产品质量的问题而引发的危机，如问题产品给公众造成了损失或使用带来了不便，这时企业必须承担全部责任，向公众道歉以示诚意，必要时要不惜一切代价予以补偿，以表明企业对公众负责的态度。

4. 真诚沟通原则

真诚沟通是危机处理的基本原则之一，这里的真诚是指"三诚"，诚意、诚恳、诚实。如果做到了这三诚，则一切问题都可迎刃而解。

"诚意"：在事件发生后的第一时间，公司的高层应向公众说明情况，并致以歉意，从而表明企业勇于承担责任、对消费者负责的态度，以求赢得消费者的同情和理解。

"诚恳"：一切以消费者的利益为重，不回避问题和错误，及时与媒体和公众沟通，向消费者说明事情进展情况，重拾消费者的信任和尊重。

"诚实"：诚实是危机处理最关键也最有效的办法。人们会原谅一个人的错误，但不会原谅一个人说谎。

当危机发生之后，大众媒体和社会公众最不能容忍的事情并非危机本身，而是企业千方百计隐瞒事实真相或故意说谎。企业应尽快与大众媒介取得联系，公布事实真相，不能利用记者不熟悉某一专业的弱点弄虚作假，也不能遮遮掩掩，像挤牙膏一样，否则会欲盖弥彰，不利于控制危机局面。为大众媒体设置障碍是愚蠢的，因为记者可以在最大范围内揭露疑点，从而引起人们的种种猜测，加大危机处理的难度，对恢复企业形象极为不利。由于有些危机本身就是由于公众误解造成的，向公众提供真实的信息，通过大众媒介广泛宣传，误解自然就会消除。如果由于各种原因企业不能完全讲出有关危机的各种细节，最起码也应保证所披露的内容是完全真实的。

5. 维护信誉原则

全力保护企业的信誉，这是危机处理的出发点和归宿。危机的发生势必会对企业的信誉带来一定的影响，使企业形象受不同程度的损害。因此，尽管危机可以得到妥善的解决，但解决并不意味着危机的结束。企业管理者要做好危机善后工作，要通过大量细致入微的工作，采取必要的措施，如总结经验教训、做出相应的人事调整和企业机构调整、处理有关责任人、增强企业对抗危机的免疫力等，来弥补因危机造成的各种损失，从根本上改变公众对企业的不良印象，恢复和重建良好公众形象。**只有当企业的公众信誉和形象重新建立之际，企业才能真正谈得上转危为安，企业危机的解决才能有完满的结局。**

当危机本身缺乏客观性或形势最终演变为公众对企业的经营能力表示怀疑时，维护企业的信誉和形象便显得更加重要。

1996年，香港一家名叫维他的公司被诉产品出现中毒事件。形象危机悄然而至。维他生产的豆类系列饮料，除在香港占有95%的市场份额外，还出口国际市场。1996年1月，接到公司产品发酸的投诉后，公司立即收回3000万盒。然而，同样的事情再次发生，公司却只将焦点放在了解决内部问题上，没有及时做出对消费者的保证。

维他最初的快速反应并不坚定。1995年10月24日，第一次投诉与产品回收事件（5万盒）发生。而1996年1月4日发生的产品污损事件则需要回收800万盒饮料。于是，保障过程受到指责，股票价格下跌了8.5%。1996年1月9日，公司停止生产盒装豆类饮料，投诉停止，这时已回收了3000万盒饮料。由于处事不力，市场份额丢失。然而，最糟糕的是公司在此次事件上表现出的不坚定与主次不分给人留下了很坏的印象。这种给消费者以及投资人造成的消极形象意味着维他公司需要花费更大的力量才能收复失地。

6. 成本收益原则

企业不能只顾眼前的经济利益或得失，但又不能不考虑经济利益或得失。但凡企业行为必须考虑成本与收益。危机处理的（长期）潜在总收益（包括损失的减少）应当高于危机处理的成本。也就是说，危机处理投入的净现值应当为正。

前面谈到了公众利益至上，但企业的最终目的是赚钱，**本质上来说，公众利益至上其实是企业实现自身价值的必然途径。企业进行危机管理，必然要遵守成本和收益的原则。**一方面不能只顾眼前的经济利益，另外一方面也要保证危机处理的潜在总收益高于危机处理成本。那么危机处理的最优点在什么地方呢？这要从危机发生之后的两项成本入手。

危机发生以后，企业一方面要面临危机可能带来的损失，另外一方面又要承担处理危机的成本，这二者之和构成了企业为危机付出的总代价。一般来说，企业处理危机的强度越大，也就是危机处理的支出越高，危机可能带来的影响和损失就会越小，反之亦然。企业要做的其实就是使二者之和达到最小，也就是使企业最后的总支出达到最小。为了做到这一点，企业必须估计危机处理成本和相应的危机影响，就像估算投资收益一样，对二者之间的相互关系进行估算，最终选择损失最小的点。这就是所谓的成本—收益原则，它也是企业处理危机时需要关注的一个基本原则。

以上介绍的危机处理原则，尽管说起来容易，但是做起来相当不易。企业在贯彻这些原则时，应结合具体情况和企业实际，采取对应的措施以有效实施这些原则。

二、危机处理的过程与程序

危机发生后，企业应该在危机进一步扩散之前，采取相应措施，快捷、准确、有效、有力地控制危机。危机处理的过程与程序，就像是驾驶员的方向盘，它把各个相关部门和危机管理计划中所预定的目标紧密地联系在一起。其要求是自上而下地建立专门管理机构，展开调查评估，做好恢复工作。同时要求企业管理高层深入现场亲自指挥，从监督、检查到指导都必须抓住重点，统一认识，以最快速度将危机的不利影响逐步消除，减少企业损失。

1. 建立危机处理的管理机构

危机管理需要通过一个核心来执行（通常是一个危机管理者或事件主管）。当某一事件规模很大或影响较广时，应当建立一个危机管理机构来协调或控制危机及其产生的影响。但是，采取什么样的企业结构及企业规模是大还是小，这取决于人们对危机管理的重视程度。危机管理机构强调企业内每个关键环节都有人参与，这容易找出问题所在，避免拖拉、扯皮现象，及时采取措施。但是，危机管理机构的成员组成并非多多益善，从国外的经验看，一般以6~9人为宜。如果危机范围影响很大的话，可以在危机管理小组下面设立若干个项目小组，如专门的媒体联络小组、消费者咨询小组等。注意，**在核心决策层要绝对保持知识结构的全面与人员的精简能干。**

危机应急管理机构可以是企业常备的危机管理机构的原班人马，也可以适当添加一些企业的骨干人物，比如管理层中的某个领导人、部分中层管理人员等。如果企业没有建立专门的日常危机管理机构，那么在危机发生之后，应立即根据危机的类型，按照预先制定的危机管理计划，迅速组成由高层管理者、相关的职能部门乃至外部专家组成的危机处理小组，并明确规定危机处理小组成员之间的职责分工、相应权限和沟通渠道。

对于尚未制定危机管理计划的企业或危机管理计划中未曾提及的危机类型而言，企业应根据同一产业中其他企业的经验或比照类似危机的情形，组建危机处理小组，配备素质较高的人员，并注意人员的知识结构和素质技能的合理搭配。

借鉴国外企业的实践与经验，企业可以根据实际情况灵活、具体地设置危机管理小组。危机管理机构可以隶属公共关系部，也可以独立以影子内阁（没有明确的机构与设置，但是在人员配备、经费保障方面都有明确规定与日常运作）的形式出现，但必须拥有足够的权力和相对的独立性，在企业内部有相应的发言权，专职负责未来可能发生的危机事件。危机管理机构成员应包括以下人员。

①企业领导。**企业领导是企业重要问题的最终决策人物，有利于尽早做出权威决断。**之所以要最高管理层参与危机管理，就是要保证危机管理

的权威性、决策性。由于在危机情境下，领导者会面对很大的压力。因此，危机中的领导人必须是一个能够经受得住考验的人，临危不惧，处变不惊，具备良好的心理素质。领导者应该具备的素质是：有领导他人的意愿、情绪稳定能够承受压力、果断，控制危险发生、自信、谨慎持重。应该具备个人能力包括领导能力、沟通技巧（总结和倾听）、委派能力、管理团队的能力、在时间紧迫和压力下的决策能力、对危机情境的评价能力、计划和执行计划的能力、预见能力。

②公关专业人员。作为专业人员，他们是危机公关的理论参谋和具体执行者，负责危机公关程序的优化和实施，发挥着使危机管理程序更合理和富有操作性的作用。

③生产、品质保证、销售与售后服务人员。这些人员是企业的业务专家，熟悉生产流程与流通程序，容易把握生产、流通过程出问题的环节，便于应付来自消费者及媒体的疑问。

④律师。作为企业的法律顾问，律师熟悉企业日常运作过程中可能出现的法律问题，便于在法律程序上保证企业行为的正确性，知道怎样减小法律责任，万一出现特别情况，如恶性事故等，律师知道怎样通知政府机构才符合法律要求。

⑤消费者热线接待人员。这些人员是接受消费者投诉、沟通信息和对外树立形象的重要环节，是危机公关的第一道门户，**如果消费者的问询与投诉处理得当的话，往往会把由投诉引起的危机消灭在萌芽状态**。如果咨询处理不当，也有可能会成为导致危机恶化的信息源。

⑥行政后勤人员。应对危机是一项艰巨的任务，可能需要大量的人力、物力、财力的投入，这时企业需要在行政后勤保障方面给予足够的重视。根据情况，可以在危机管理小组中配备包括人力资源、财务管理方面的人才。

⑦新闻发言人。在设立危机管理小组时，指定其中的企业危机公关的新闻发言人十分重要。新闻发言人专门负责与外界沟通尤其是与新闻媒体的沟通，及时、准确、口径一致地按照企业的对外宣传的需要把公关信息发布出去，形成有效的对外沟通渠道。这样，就可以避免危机时刻对外宣传的无序、混乱以及由此可能产生的公众对于企业危机公关的猜疑。

危机应急管理机构组建后，首先需要明确负责人，即首席危机执行官。首席危机执行官和新闻发言人可以同时由一人担任，也可以由不同的人担任。

应急管理机构的组建工作一经落实，应迅速使成员各负其责并积极展开工作。

2. 对危机事件进行调查与评估

调查与评估工作是危机应急管理的第二步，一般来讲，在企业发生危机之后，企业人员应及时奔赴现场，深入公众，了解危机的各个方面，收集关于危机的综合信息，在对调查结果进行评估的基础上，形成基本的调查报告，为制定危机处理方案提供基本依据。

调查评估对危机处理非常重要，如果企业不了解情况，就没有办法对危机进行处理。后面将要谈到的可口可乐在法国与比利时的中毒事件，其处理过程中的重大决策失误，主要就是可口可乐公司对事件调查不够充分、评估的不够准确所导致的。

（1）对危机事件进行调查

调查危机事件首先应该收集信息，并形成基本的调查报告，为处理危机提供基本依据。危机调查要求有关证据、数字和记录准确无误；对事故的原因和影响进行深入调查，认真收集、了解事件各有关方面的意见和反映；对事态的发展和处理后果及时地进行跟踪调查。危机事件的专案人员在全面收集危机各方面资料的基础上，应认真分析，形成危机事件调查报告，提交企业有关部门，作为制定危机处理对策的依据。

危机调查能增加危机决策所需要的有效信息量，提高危机决策的准确性。危机调查强调针对性和相关性，要求有关证据、数字和记录准确无误。

危机调查主要应该从以下5个方面入手。

①调查危机起源和经过。企业人员深入现场，掌握危机过程的全部显露情况，包括危机发生的时间、地点、周围的环境、当事人的具体反应等。

②调查损失情况。通过调查，企业应确认危机涉及的受害者对象，包括直接的受害者、间接的受害者，调查危机对他们的影响程度和他们对企业的态度和要求。其中重要的一个环节就是了解危机的直接损失和间接损失程度。这里的直接损失包括危机所造成的伤亡情况及人数，损坏的财产种类、数量及价值以及危机导致的企业产品市场销售萎缩等间接损失包括危机所造成的企业形象受损以及员工士气低下等。一般而言，直接损失较为直观，也很容易受到企业的重视，而间接损失的调查则很难，往往被许多企业所忽视，尤其是看不到危机对员工心理的负面影响。因此，经常出现企业对危机的危害程度低估的现象，相应的危机处理措施也不到位。

③分析危机成因。**只有把危机爆发的真正原因调查清楚，危机当事人各自所应承担的责任才能有一个明确的界定。**在寻找危机成因时，危机处理小组成员除了要认真进行现场勘察外，还要广泛听取危机现场的受害者、反应者与旁观者的情况介绍与说明。值得注意的是，危机的成因往往隐藏在一系列表面现象的背后，只有找到危机发生的真正原因，才能制定针对性强的危机处理方案，达到事半功倍的效果。

④查明导致事件发生的当事人与责任人，特别要关注是否存在故意破坏行为，这样有助于了解事件的真相与性质。

⑤查明事件涉及的公众对象，包括直接的和间接的受害者、与事件有直接和间接关系的企业和个人、与企业有利害关系的部门和个人、与事件的处理有关的部门及新闻界、舆论界的人士等，还要与事件的见证人保持密切的联系。

危机调查的方法和企业的其他调查方法大体相同，主要包括现场调查、询问、观察以及文献分析等几种。

(2) 对危机进行评估

对于危机调查所取得的结果，需要由危机应急管理机构和有关专家进行评估。危机评估应对如下事项作出判断：基于已经取得的危机信息，判断危机进一步恶化或扩散的概率有多大；确认危机调查结果的可信度，以确认危机的实际损失程度如何；确认危机可能给企业带来的后遗症，其影响程度如何；确定利益相关者和公众未来可能对企业做出何种反应，其变数如何。

危机事态发展到一定程度，往往表现出一定的趋势，很多危机事态的发展过程是很难控制的，这就需要我们在此之前对其做一个大概的预测和估计，分析危机潜在的威胁。 一般地说，危机评估方法可以从三个标准来衡量：事情的严重性、紧迫性和发展趋势分析。事情的严重性指的是发生的危机事件对危机中需要处理的各项事宜会带来破坏性的影响和严重的后果，比如：危机事件情节轻的，能够造成人员伤亡和经济损失；性质严重的，甚至可以影响国家的政治、经济和社会的稳定。一般来说，危机管理人员应当集中力量解决那些严重影响民众安全与健康的重要问题。事情的紧迫性主要指的是在发生危机事件时，时间要素对于危机中需要处理的各项事宜的影响程度，有些事宜是需要立即采取措施加以解决的。比如，发生核爆炸的时候必须尽快疏散人群，迅速转移受害人使灾民脱离危险。而发展趋势分析主要是凭借历史危机事件和管理经验对事态的发展做出一个大致的判断，并尽快通过一定的措施减轻危机的破坏程度。

在完成危机评估的基础上，出台危机调查报告，对危机状况做出明确的基本判断。鉴于危机评估最能反映出企业高层管理者和危机管理小组的判断力和决断水平，为了提高评估的准确性，企业有必要从外部引入相关专家加入危机评估工作。

3. 果断地进行危机处理决策

危机决策实际上是一个非程序化决策过程，不仅很困难，而且决策的结果具有一定的风险性。这里的风险性主要体现在危机过程中由于缺乏对危机信息的了解和危机无序化演变迅速，此时的非程序化决策很难体现它的科学性和准确性。

危机爆发时，现场的紧迫情况需要应急机构在很大的时间压力和事态发展很不确定的情况下，对其做出恰当的决策，在混乱中恢复一定的救援秩序，以提高现场救援的效率。危机突然发生时，绝大多数情况下事故现场是十分混乱的，应急救援的指挥系统和人员也容易由于缺乏对危机的判断和来不及协调而使救援行动显得忙乱。这时，管理者的决策能力显得尤为重要，在关键时刻往往起着决定性的作用。

危机决策成败取决于决策人的素质（科学决策能力、驾驭全局能力和

开拓创新能力三个方面）和经验。

面对突如其来的危机，危机管理者首要的反应是保持镇静。既不要过分勇猛直往，也不要畏缩不前，而是要在镇静之中积极寻求处理或避免危机的最佳方法，以期降低损失和解决危机。正如美国管理学专家格林所指出的那样，**若想在危机管理中取得最佳的效果，镇静是最为重要的事情。** 企业危机管理者切不可受公众激愤情绪的影响而惊慌失措，而应镇定自若，保持清醒的头脑。一方面沉着面对现实，查清危机诱因，确定危机的性质、趋势及发展后果，找到解决危机的有效办法；另一方面要系统地而不是孤立地看待危机，将危机事件处理与企业的长远发展紧密结合在一起。尤其要注意关注消费者、公众的心态，通过有效的沟通和切实的措施，平息和稳定消费者、公众的情绪，这样不仅有利于处理好危机，甚至可能把握住危机中的机会。需要注意的是，不要轻易打官司状告用户或媒体以证明自己没有责任。从公关学的角度看，即使官司赢了，企业在公众心目中的形象也受到严重的损害，得不偿失。因此应采取化解矛盾，赢得公众谅解的公关策略。

解决决策难的有效手段是，应急管理机构接手后，相关负责人应迅速抽调所属各部门的代表组成"前线指挥部"，根据预案判断和现场规模程度等及时做出决策，并强化非程序化决策的有效性。

三、危机处理中应采取的策略与重大措施

危机处理策略是对危机处理的整体性思考。选择适当的危机处理策略，有助于危机管理者理清思路，改善危机处理的效果，减少危机的危害程度，甚至可以使危机转变为机遇。

1. 危机处理中需要采取的策略

危机发生后，企业应在处理过程中采取以下策略，以尽快控制事态恶化。

（1）中止策略：防止危机扩散

危机中止策略针对的是危机诱因，这在危机尚未曝光或者负面影响尚

不严重之前尤其重要。如果危机的根源在于企业产品的质量出现问题、企业的生产经营过程造成污染等问题，企业就应立即实施中止策略，如停止销售、回收产品、关闭有关工厂或分支机构等，主动承担相应的损失并进行赔偿，防止危机进一步扩散。例如，当香港维他奶在欧洲市场发生变酸事件之后，立即回收并销毁了当地市场上的全部产品，并请权威的研究机构进行化验证明产品变酸是由少量无害细菌导致的，并不影响健康。为此，维他奶公司花费了6600万港元的处理费用，相当于公司半年的利润，但却维护了公司的形象。

(2) 隔离策略：避免危害冲击

由于危机的发生往往具有"涟漪效应"，如果不加以控制，危机影响的范围将不断扩大。隔离策略旨在将危机的负面影响隔离在最小的范围内，避免造成更大的人员伤亡和财产损失，殃及企业其他的生产经营部门或相关公众。隔离策略的内容主要有两种。

一是危害隔离。危害隔离即对危机采取物理隔离的方法，使危机所造成的财产损失尽可能控制在一定范围之内。比如，当火灾发生之后，采取果断措施切割火场，以避免"城门失火，殃及池鱼"。对于一些多元化经营的企业，在某一产品线发生信誉危机之后，要采取有效的隔离措施，避免对其他产品线造成不利的影响。

二是人员隔离。危机发生后，应进行有效的人员隔离，即在人员资源上让以危机管理者为首的危机管理小组成员专门负责处理危机，让其他人继续从事企业正常的生产经营活动，以防止危机对企业正常的生产经营活动造成巨大冲击。

三是优先隔离。危机一旦爆发就会如脱缰的野马一路狂奔，难以控制。这时，整个事态发展无章可循，危机信息杂乱无章，企业决策者往往不能完全掌握相关信息，以至于无法确定哪个环节才是最重要的。这就会延误危机处理，错过最佳时机。因此，**确立优先隔离措施就显得尤为艰难而重要。**采取优先隔离危机策略，等于在信息、人力、财力、物力资源有限的情况下，抓住了危机处理的关键环节，就能以最快的速度和最小的代价，达到防止危机蔓延和扩大的目的。

(3) **消除策略：减少负面影响**

消除策略旨在消除危机所造成的各种负面影响，转变人们的态度和看法。这种负面影响既可能包括物质财富上的损失，如企业生产场地遭受破坏、产品大量积压等。也可能包括精神上的损失和打击，如员工士气低落、股东信心不足、企业形象受损等。

(4) **利用策略：变被动为主动**

利用策略是指企业在危机发生后，动员各种力量，利用各种资源转变不利形势，树立正面形象。事实证明：越是在危机时刻，越能反映出一个企业的整体素质、综合实力和胸襟。若是企业在危机中处理得当、表现得体、诚实负责，往往有可能变坏事为好事。

(5) **控制策略：最大限度减少损失**

危机控制策略是指企业应该在危机进一步扩散之前，采取相应措施，迅速、准确、有效、有力地控制危机。控制管理的依据是控制论和系统论，就像是驾驶员的方向盘，它把各个相关部门和危机管理计划中所预定的目标紧密地联系在一起。危机控制策略的实施要求自上而下地建立一整套行之有效的行动方案，并以文件的形式确定下来。它同时要求企业管理高层深入现场亲自指挥，从监督、检查到指导都必须抓住重点，统一认识，以最快速度将危机的不利影响逐步消除，减少企业损失。必须看到，危机控制管理是一个系统性的工程，需要企业各个部门的密切配合，以便把控制的主要目标锁定，而锁定主要目标的前提应是更多关注公众的利益而不是企业的短期利益。与此同时，由于导致危机扩大化的因素错综复杂，要想控制局面，减少损失，必须从引起危机扩大的根本因素入手，才能达到预期的目的。

以上5种危机处理策略并非彼此割裂的。**在企业危机处理过程中，往往综合运用不同的危机处理策略，以达到相辅相成的效果。**在危机处理的不同阶段，以不同的处理策略为重点。通常而言，中止策略和隔离策略在危机处理的前期广泛被采用，消除策略和利用策略则在危机处理的后期使用较为普遍。

2. 做好人员配置与物资调配工作

人员配置是应急管理中的又一个难题，对危机管理企业的要求也很高。正确的决策，如果没有相应的人员去投入和执行，救援就是一句空话。

危机发生后，急需大量的救援人员参与对现场滞留人员的疏导转移、对伤亡人员的救助（现场急救和转移）、对灾情的控制、对财产的抢救和转移等。因而救援人员应包括：专业的抢险救灾系统人员、专业医疗救护人员、工程抢险人员、训练有素的志愿人员等。

危机处理工作不是应急管理企业单方面的事，还应该吸收企业内外部其他相关人员或志愿者的参与。这一点可以从两方面着手：第一，建立有关人员应召制度。例如，志愿人员的应召制度，确保紧急情况下人员就近调配和投入。第二，提高企业全体成员的救灾意识，并且在平时对他们进行救灾知识教育和技能培训。

物资短缺是危机现场处理存在的一个普遍现象，由于危机现场的救灾物资是短时间和规模化投入，现场附近的物资一般满足不了需要，必须在日常就有所准备。危机管理机构中的装备技术和后勤保障部门就是针对该难点而设立的。

缺乏的物资包括：专业人员的装备、通信设备（危机现场的原有通信设施可能遭到破坏）、抢险必备的工具、抢救伤员的担架和药品等。物资的缺乏必将影响救援的进度。日常后勤保障部门的工作应包括两方面内容：一是建立战略物资储备；二是建立战略（救灾）物资的应急征召制度。

3. 及时处理与利益相关者的关系

对于一个企业来说，其利益相关者涉及的层面非常广，包括社会公众、媒体、政府、供应商、经销商、投资者等各个方面。企业的行为影响着利益相关者对其印象及态度，而利益相关者对企业的感受则影响到企业的生存和发展。因此，一旦出现危机，企业的危机管理人员甚至可以同媒体、政府等利益相关者联系，共同制订危机管理方案。

在这个过程中，各个利益相关者由于缺乏共同的知识背景，往往会站在不同的角度思考问题，因而各方对关键事件或概念缺乏共识，从而导致在危机事件后产生更多的冲突和矛盾。这时，**从群体的角度出发来考虑问题就是一种有效消除沟通障碍和对立情绪的方法。**

企业应首先明确的是，企业的各个利益相关者与企业看问题的角度可能存在冲突。与利益相关者保持良好关系的关键在于强调沟通，以及通过沟通建立起相互理解、相互信任的关系等。如在危机处理小组成立后，企业应迅速进行与各利益相关者的沟通，表明态度。对于事态不太严重的危机事件，危机小组向受害者及相关公众表态即可，向他们表示企业处理危机和承担责任的积极态度，缩小影响范围。对于事态较严重的危机事件，危机处理小组的负责人应指派发言人向社会大众表态。企业可以采取召开记者招待会的形式，告知公众企业的信息，回答公众的疑问，并向公众表明企业诚恳、负责的态度，使危机事件的事态尽量稳定。

4. 做好危机处理过程中的沟通工作

危机沟通是指以沟通为手段、解决危机为目的所进行的一连串化解危机与避免危机的行为和过程。危机沟通可以降低企业危机的冲击，并存在化危机为转机甚至商机的可能。如果不进行危机沟通，小危机则可能变成大危机，对企业造成重创，甚至使企业就此消亡。

危机沟通既是一门科学也是一门艺术，它可以降低危机中的危险成分。

企业危机沟通的对象主要包括：被危机所影响的群众和企业、影响企业运作的企业、被卷入在危机里的群众或企业、必须被告知的群众和企业。依据此种划分，企业的危机沟通对象其实也就是企业的利益相关者，即投资者、员工、工会、政府及社会中介企业、媒体，另外还包括顾客、供应商、经销商、竞争者等。如果不能够与他们进行很好的沟通，企业必然会产生不同层次的危机。

做好企业危机沟通工作要注意以下几项要求。

(1) 树立全员公关意识

**在危机发生后，企业应让全体员工树立危机公关意识，使他们掌握必要的危机公关技巧，与企业的对外态度保持一致，并通过员工的言行举止感染外部公众。在危机处理中，尽管有专门的发言人负责对外沟通工作，但企业对危机的基本态度却实实在在地体现在每位员工的精神面貌上，落实在员工的具体行动中。

（2）对外统一口径

在危机沟通中，前后矛盾、数据冲突等问题往往在公众中造成很不好的影响。并表明自己正在着手开展调查或制订方案，而不能随便表态，以免陷入被动的局面。企业危机管理小组不但要明确专门的发言人，还应明确危机沟通的具体内容，确定统一的危机沟通口径。

（3）渠道选择要多样化

企业应综合运用多种形式的危机沟通渠道，以使公众对危机的实情有正确的认识，避免公众的误解。高效的危机沟通渠道应当具有全方位的特点，因此，渠道选择上要多样化。

在今天的网络时代，要特别注意充分利用网络资源优势。在危机处理期间，网络资源是必须利用的重要渠道之一，网站上的相关内容要注意及时更新，并加强后续报道。危机伊始，企业必须通过网络澄清危机的有关事实，发布危机处理的最新进展，并就公众关注的各种问题予以明确的答复。

（4）注重互动交流

在危机处理过程中，一些企业十分注意将危机发生的经过、处理过程、处理结果及时告知公众，但过分依赖这种单向的沟通方式，没有建立有效的信息反馈渠道，结果事倍功半，效果很不理想。事实上，危机沟通应该是双向、互动的。企业及时向公众沟通信息可以帮助公众了解危机的实情，避免谣言的产生，使公众认识到企业为解决危机所付出的巨大努力。**企业建立公众发表自己意见和建议的渠道，有助于企业了解公众的真实想法，使企业明确危机症结之所在，找到合适的危机解决途径。**同时，也可以为公众提供一个情感宣泄的机会。

（5）加强情感沟通

在解决直接的、表面的利益问题的基础上，注重与公众的情感沟通就显得非常重要。企业应根据所面对的公众的心理特点，采取恰当的情感联谊手段，解决公众深层次的心理问题，平息公众的怨恨心理，强化企业与公众的情感关系。因为按照马斯洛的需求层次理论，感情和归属的需要是人最重要的需求之一。在危机发生以后，公众除了利益抗争之外，还存在着强烈的情感对抗。如果企业不注意危机对公众情感造成的影响，就很容易使公众的情绪进一步激化。

（6）语言通俗易懂

加拿大化学公司的唐纳德·斯蒂芬指出："堆积数据令公众烦躁，唯有用带有感情色彩的语言，简洁明了地概述关键性事实，才能使你的信息传播主动，并显示出企业对公众的关心。"可见，**在对外部公众开展危机沟通时，一味从技术上对危机进行解释，使用大量生僻的技术术语，往往会招致公众的反感和厌恶。**

（7）确保公关活动的持续性

持续沟通是增进企业与公众的感情、确保企业尽快从危机中恢复过来的有力保障。许多企业往往犯这样的错误，在危机爆发之初，迫于社会公众强大的舆论压力，很注重沟通，希望通过频繁的危机公关尽快控制事态的恶化。但随着危机激烈程度的缓解，它们便减少乃至停止了沟通。事实上，采取合理的途径将危机处理结果向公众传播才能够给危机处理过程画上一个圆满的句号。

5. 与媒体合作，加强媒体管理

在当今信息社会里，新闻媒体的作用越来越大。对于企业来说，危机处理常常是成也媒体，败也媒体。一对面，危机的恶化很大程度上来自于媒体的推波助澜，一旦一家公司名誉扫地，它就会在媒体竞相抢发的曝光报道中一蹶不振；另一方面，成功的媒体管理可以消除误会和冲突，弱化公众及媒体对企业危机管理中所产生的消极印象，从而排除各种压力集团的干扰，抑制消费下滑和经营的恶化，增强股东信心，防止股价下跌，甚至也会很大地影响政府的态度与方式。因此，**正确认识和对待媒体，加强媒体管理是企业危机处理的第一要务。**

结合危机管理实践，有效的媒体管理策略包括以下几个方面。

(1) 引导正确的舆论导向

危机发生后，企业应当迅速建立统一的信息发布机构，如企业信息发布中心、新闻办公室或者媒体管理职能机构，通过召开新闻发布会、媒体恳谈会等渠道，表明企业对于危机事件的关切态度和立场，说明企业正在采取和即将采取的措施等等，引导舆论，变被动为主动。**企业其他人员不要随意接受采访，而是要有礼貌地告诉媒体去找信息发布机构，以避免因对外发布的信息口径不一致而造成外界更多猜疑。**为此，企业新闻发言人一方面要充分考虑媒体记者可能提出的敏感问题，并拟定好维护企业利益的答复；另一方面，企业新闻发言人应把采访引向自己圈定的话题上。具体方法是提出些问题，如"我认为你想问的问题是……""尽管我目前还需要更多的信息以给你一个全面的答复，但是我还是要向你指出我们现在应该做的是……"

美国联合碳化物公司的有毒气体在印度泄漏后，它马上召开新闻发布会，告诉记者公司正向印度方面提供积极的帮助，如送去医疗设备、防毒面具、派出医务人员等等，用有利于维护企业形象的种种消息占领新闻阵地，从而使有效的传播沟通工作在控制危机方面发挥了积极作用。

(2) 及时诚实地报道危机真相

危机出现后的 24 小时被称为危机处理的"黄金 24 小时"。这时企业必须尽可能及时、诚实地向媒体通报情况，向公众提供其所关心问题的相关信息，消除他们对危机事件的神秘感，防止产生误会和谣言盛起，争取公众的理解和信任。有时新闻媒体也会有夸大事实的报道，但是如果企业隐瞒真相或者用"无可奉告"来回答记者，只会引起媒体的捕风捉影，以及公众更多的猜测和不安，不利于企业本身的形象。在公布事件真相的时候要注意三点：一是要发挥舆论领袖的作用，如企业最高领导人、行业协会、政府等，利用他们独特的权威性来消除不实信息的影响；二是要从正面阐述真相，并在必要的情况下适时对公众做出必要的承诺；三是要尽量避免重复谣言本身，以防公众片面接受公布信息中的谣言片段而强化对谣言的信任。在危机发生早期，即使企业自己暂时也不清楚危机的原因及来龙去脉，也可以正面宣布发生了什么危机，向媒体提供背景材料，介绍企业正在采取的各种积极的补救措施，显示企业处理危机的积极负责态度。

(3) 避免与公众及媒体产生敌对态度

尽管企业与媒体之间存在冲突，但是，真诚、坦率、合作、引导始终是危机发生时企业与媒体合作的最佳态度。

由于媒体与企业之间在利益和关注点上的分歧，使得企业常常感到媒体是企业危机的推波助澜者，或者是企业处理危机事件的妨碍者。面对公众、媒体的指责、投诉，企业不要一味地开脱自己的责任，极力为自己辩解，不要对媒体说"无可奉告"。因为这种对媒体以及公众知情权和公众利益的漠视态度只能激化企业与媒体之间的矛盾，导致企业丧失公众话语权和公众信任。

在接受媒体采访时，被采访人需要心平气和，开诚布公，不要情绪化和离题万里，这可以避免记者的尖刻提问。

(4) 选择和培训媒体沟通人员

企业危机管理者和媒体沟通人员需要培训，以提高和媒体打交道的技能。这样可以避免因多种声音对外而造成说法不一，使不良媒体有机可乘，做出不准确的报道的情形。企业媒体沟通负责人最好由企业公关人员担当，选好的沟通负责人不能随意调换，在整个危机过程中他都应当与企业老总、事故总指挥在一起，反复检查事实的准确性并及时修正和协助媒体。

(5) 控制媒体的活动范围

企业需要尽可能地确定禁止媒体涉及的范围。如果危机情境不严重，媒体反应仅限于当地，且一般程度也较轻。大规模且可预测的危机情境一般会引起当地和区域媒体的关注，如果没有媒体控制的准备，就会引发混乱。

经验告诉我们，**企业危机管理者能够通过确定媒体参与和不能参与的领域来控制现场记者**。这在具体场合或危机情境有望消除的情况下尤为有效，切尔诺贝利（1986年）、海湾战争（1991年）就是例证。

（6）控制和利用好各种与媒体的沟通渠道

企业与媒体的沟通渠道有现场访谈、随机或秘密的采访、当面采访、新闻发布会和媒体会议等。企业应控制和利用各种沟通渠道。

网络媒体，是目前越来越不可以忽视的一股媒体力量，也应是媒体管理不可或缺的突破点。互联网、媒体技术和数码摄像机、相机等新媒介的普及，使得在危机事件现场的任何个人都有可能目击、抢拍到现场状况并立即通过网络发布。这种时效性，加之在舆论导向方面政府对其限制比较少且控制比较难，以及网络信息检索方便、具有多次传播效应等特点，都使网络媒体越来越成为今后企业危机媒体管理的一个重点。

（7）谋求与媒体建立长久的良好关系

企业举办各种活动时应该告诉媒体并邀请媒体来采访。同时，企业要善于发掘自身的新闻点来吸引新闻媒体，例如企业产品革新、售后服务好、热心公益事业、职工做了好事等，都可以为媒体创造新闻价值，吸引媒体对企业做正面报道。

第五章
应对经营危机、改变困局的措施

作为企业经营者，无疑都希望自己所领导的企业长泰久安，然而市场无情，危机时时会降临。因此，一个精通管理之道的企业领导者，一方面必须在瞬息万变的市场中，时时保持警惕，强化危机意识，注重危机管理，居安思危，防患于未然；另一方面当危机一旦发生，也能及时采取积极有效的措施沉稳应对，巧妙化解。在应对危机改变困局的危机管理中，最大的考验是企业经营者是否具有临危不乱的心态和绝地重生的智慧。

一、善做减法，把企业"做小""做实"

经营企业，多不如专，大不如强。而当企业陷入困局时，虚不如实，加不如减。危机让企业都深刻领会和真正懂得了：困难时期的企业"做小""做实"虽然只是生存的特殊策略，但要在未来把企业"做大""做强"却绝对需要这样的坚实基础。

1. 把企业"做小"：危机之下的生存法宝

把企业做大是每一个企业家的梦想，因为只有把企业做大，才能证明企业的成功和企业家的能力。随着危机的袭来，市场的不断变化逼得企业家总结和反思经营中的经验教训。由此发现，大并不代表"强"，"大"并不适合所有企业。企业的壮大，只说明了它在过去的经营中或者走对了路子，或者用尽了力气，甚至撞上了好运。往往企业扩大之后，问题便会接踵而来，管理上的，经营上的，市场上的等等。危机中倒下的许多企业究其根源，一味扩张做大是致命要因之一。

企业的发展有其自身的规律。从一个企业的固定资产、投资数额、员工数量、生产量、销售量、销售渠道等方面，并不能完整地判断一个企业的实力。有许多大企业，常常在管理模式陷入僵化、经营渠道增多、质量下降、忽略的许多细节问题暴露之后，逐渐走向了没落。

危机带给各个企业的冲击，最终让企业经营者们明白，大企业有大企业的优势，小企业也有小企业的优势。**企业无论大小，只有发挥自我优势，始终坚持不断创新，才能生存，才能成长和壮大。**

海尔是世界500强企业，但张瑞敏说，我们要把企业做小。这种做小是把海尔的各项工作尤其是那些细小的方面要做得更好。在当今社会这种竞争激烈的形势下，谁不把工作做到更细更强，就注定了他这种粗放的经营最终会给企业带来损失，而这种损失如果不及时弥补，便会发展成更大的损失。

危机让所有企业从另一个角度出发，更注重把企业做小的问题。在困境中的企业更要以一种做小的态度来处理好当下的各项工作，真正做到大处着眼，小处着手，来推动企业的发展。

把企业"做小"，不光是危机下的权宜之计，也是图谋企业长远发展必须始终坚持的一种经营理念。真正做到如此的企业，也许从表面看并不是发展很快，但越是接触得久，便越是能够发现其内在的精华，越是能够感受到它的价值，这是一种踏实。这种踏实，表现在个体上就是一个人的内涵，表现在群体上还可以是一个企业对一个品牌的不懈经营。总之，这些企业都有这样的特征：做事踏实，一步一个脚印，没有投机取巧的打算，也没有超速增长的奢望，而是很认真地做着最实际的努力。不图形式上、规模上有多大，而是注重细节，勤奋而内敛地经营企业。

因此说，**把企业做大是一种气势，一种目标，而把企业做小则是一种内功，一种智慧。**

如果再深入地分析一下企业的大与小，会让我们有更多的发现。

大企业：规模较大，资金较多，业务条线较多，渠道多，涉及跨行业操作。

小企业：规模较小，资金较少，业务单一，多是垂直业务，或者业务仅为产业链中的一个环节。

从中看出，企业大与小是在外表形式上有所区别，在当前市场竞争中小企业同样独立存在着，并且不会引起太多的关注。正是他们自身的这种"小"的特点，危机中最容易逃生，竞争中最容易利用优势，发展中最容易出其不意地获得机会，而一旦当企业的冬天到来时，最容易避冬御寒的，一定是那些平时专注于做"小"、做细的企业。做"小"企业，是危机下生存的经营法宝，也是未来把企业做大做强最需要、最有效的扎实基础。

一个小企业经过自身努力，最终发展成为一个大企业。其中的付出与艰辛，只有经历过才会深有体会。处在困境中，经营好一个小企业已经很不容易，由小企业变成大企业，那就更不容易了。

把企业做小，就是要在保持企业规模的前提下，以深入细致、扎实、高效的工作，让企业像小企业一样保持内在的活力、竞争力以及对市场的快速响应能力，即使是"大象"也要学会跳舞。

所以，"大"和"小"的背后，其实是"旧"和"新"。绝大多数小企业都是成长性企业，企业今天的困境和他们的"再造"努力，为未来企业的成长提供了一个重要警示：企业的未来发展应当遵循这样一条法则，即使是努力做大，也必须学会"做小"，做细的扎实基本功，否则无论做到多大，企业也会被他人代替。

对于企业的经营，我们要注意的是专一的问题。企业规模小，业务量少，那么只有从一点一滴做起，才能推动企业的发展，才能离大企业越来越近，才能使自己的企业越来越经得起市场的考验。但企业想要成长为大企业，同样要以"做小"作为方法，产品单一，但要保证优质；市场比较窄，就要尽力保持渠道畅通；要找到自己的特长，不要盲目跟风，见异思迁是经营的大忌，要利用起自己现有的资源，按照自己的战略目标和策略，以耐力与恒心一步一步走下去，哪怕自己的业务再小也要精心发展起来，将来就能为企业的做大做强奠定基础。

2. 医治贪大病，让大象学会跳舞

贪大，是企业经营中最容易犯的毛病，几乎成了所有企业朝思暮想的目标。但经济危机的到来却震醒了所有痴迷贪大的企业，原来贪大本身也会酿成危机。无情的市场警示着企业经营者，经营企业必须务实。一味贪大而不切实际，迟早都会吞苦果。

今天，医治贪大的通病，需要同时从以下两个方面下手。

（1）企业需要梦想，但不能经常做梦

梦想是行动的指导，企业能在一个伟大的梦想中去干自己的事情是一件很激动人心的事情。有梦想的企业才会有活力，才会使员工充满激情地去工作，整个企业才会生机勃勃、欣欣向荣。

（2）企业需要发展，但切忌盲目扩张

企业要发展，要壮大，要做业界的精英，这都无可厚非，无论是大企业还是小企业，都是希望能够越来越大的。扩张就是一种可以实现由小到大的方法，但是，我们主张的扩张并不是那种盲目扩大。不管是不是自己适合的领域都要有自己的脚印，这样的结果一定是必败无疑。**企业扩张要从实际出发，要把市场和自身的特征相结合，找到属于自己的范围，这样**

才能使扩张收到效果并得到利益。

然而，做企业当然不是永远停留在不变的规模水平上，所有的企业都面临着一个向大企业转型的问题。如果说大企业做小是为了更大的发展，那么小企业的做小则是本身发展的一个需要和必然。小企业从自身的力量出发来考虑，没有大规模，没有充足的资金，没有一流的人才，没有广阔的渠道，所以，小企业就有必要从自己手里的东西做起，就要能够忍耐长时间的孤寂，一步一步地走，踏踏实实地去发展。

企业要做大做强，这是目标，也是理想。做大也不是一件太难的事情，可以通过各种手段方式来加大资金投入，这样在规模上是很容易做大的，但是，做大做不强，大反倒成了一种负担，成了一种形式，而对于一个不强的企业来说，大并不一定就是优势，弄不好，还会成为劣势！所以说，要评估一个企业的实力，并不一定要看它的规模，而是要看看它的运作模式、经营方法、客户群体、合作伙伴等，而不能只看那些外在的东西。

经营企业，一定要保持一个健康的心态和标准。虚荣心绝对不能有，如果把企业做大或者保持大的规模仅仅是为了满足虚荣心，或认为规模的扩张可以降低企业风险，那么其行动的结果也必是相当不令人满意的。同时，要积极认清自己的企业目标、企业状况、在市场竞争当中的位置，能够在面对危机时，实事求是，自我认知，盘点企业，把那些多余的、阻碍企业成长的东西统统砍掉，让企业有一个精干而健康的体魄，这样才能在危机中安全突围，正常发展下去。

3. 简化组织，让企业的身躯减肥

当企业面对危机身陷困境中，一个普遍采取的应急之策便是通过组织结构的简化来减轻企业负担，最大限度压缩开支降低成本。

企业的高效率来自减法经营。精简机构的好处，一是降低成本，另外，也会让那些剩余的部门提高工作效率，能够插手更多的事情。这样让员工有一种个人价值感，而又能提高企业的效率，是一种必要而有效的方法。

那么，怎样来精简机构？通常的做法如下。

（1）理顺管理体制

紧紧围绕企业中心任务这一核心，规范机构设置，理顺职责关系，建立体系完整、机构精干、运转协调、办事高效的管理体制。

（2）完善运行机制

全面有效地履行各部门的职能，明确和强化责任，形成权责一致、分工合理、决策科学、管理顺畅、监督有力的管理运行机制。

（3）转变管理职能

实现企业管理职能向创造企业良好的生存环境、适应市场变化要求、提供优质服务的根本转变；实现机构设置及人员编制向科学化、规范化、高效化、精干化的根本转变；实现管理运行机制和管理方式向规范有序、精简高效的根本转变；实现企业管理从分散向集中、从分割向整合的根本转变。

（4）裁减合并部门

机构设置要通过整合达到精简的目的，坚决裁减合并办事效率不高的部门机构，简化工作程序，减少管理层次，优化人员结构，提高办事效率。根据企业需要既要推行同类合并的横向结构组织模式，又要适当保留条块结合的纵向结构模式，将企业的经营管理机构，整合成为一个综合高效的组织机构，以便更好地履行管理职能。

（5）确保管理到位

在精简机构、简化组织过程中，确保精简机构后经营管理到位，做到有权必有责，用权受监督，违章受追究，实现权力和责任的统一。

同时，在企业简化组织和精简机构过程中，要坚持探索创新，稳步推进。同时处理好企业内外的关系协调，不能因减少机构而影响正常的经营活动，建立和完善适合企业发展需要的管理模式和运行机制。

在精简机构的过程，必然会遇到精减人员的问题。对这个问题应当怎样处理呢？

必须说，这是一个十分敏感、十分棘手的问题。从企业的社会责任角度看，企业在危机中不能随意裁员，但从企业自身的生存角度看，裁员又是必需的。处理好这一矛盾的原则是：**尽可能地不裁员，尽可能地让其转岗和培训**。但如果企业都无法生存了，那就不得不走裁员的道路。这也是简化组织、精简机构一项迫不得已的选择。

4. 卸去重负，实施减法经营

面对突如其来的危机，有关专家为企业指出了三条路：一是"跑"，赶紧卖掉项目跑开；二是"死"，死守不变，坐以待毙；三是"忍"，在挺住中减肥瘦身，卸去重负，实施减法经营转型过冬。

许多历经磨难、曾经差点被冬天"冻死"又缓过来的企业家对此都深有体会。其中一个共同的感受就是，面对危机的袭来，需要实施"减法战略"，即抓住主攻方向把其他多余项目砍掉。"卸载过冬"是一个最基本选择。

今天的地产大鳄万科集团，多年以前，曾经是一家以电器贸易起家的多元化公司。对于"减法战略"，万科有着近乎宗教般的执着。在20余年的历史中，成与败，得与失的经验教训让万科坚定不移地执行"减法战略"，砍掉了所有与住宅不相干的业务，从录像机到汽车模型，从模特公司到超级市场，从遍地开花式的扩张收缩到聚焦"三大经济圈"。今天对于突破困局后越做越强的万科来说，减法是个与时俱进的经营主题。"做减法"其实就是给企业卸载，也就是选准主业，专一经营。

这个经验对今天正处困境中亟待突破的诸多企业而言，无疑是个有益的启示。那就是经营好企业，要拥有资源利用率达到最大化的核心主业。而要做到如此，及时给企业进行"减负"十分必要。在将五花八门的副业关停并转的同时，就是看家主业也要适时地收缩战线，产品线不宜拉得过长。这种"减法经营"和轻装卸载做得越是到位，企业的经营风险就越小，实现企业的经营目标就越有保障。

面对在国内愈演愈烈的企业倒闭风潮，企业除了卸载重负，实施"减法经营"，保存实力，积极寻找和等待时机，恐怕已别无选择。

如果万科作为主动卸载的典范，那么更多的企业却是由于过于超载而造成的被动卸载者，其中的典型就是宁波波导。据《华夏时报》2008年8

月 30 日报道，作为上市公司的波导股份，为防止"戴帽 ST"关停了 29 家子公司，目的是减少销售的中间环节，降低销售成本。公司的目标也很明确，就是为了不让波导股份戴上"ST"的帽子。

其实，面对经济危机造成的强烈冲击，企业中被动卸载的还有很多。这既是一种无奈，也是熬过寒冬度过危机一种有效的方式。**毕竟，对于企业而言，在"冬天"里活下来才是最重要的。**

二、留住企业精兵，乘"机"培训员工

危机的冲击，使企业不再是"铁打的营盘"，让员工更似"流水的兵"。企业出于生存需要，不得已也会减人裁员，而员工出于自身利益的考虑，有人必然会另谋高就。其实，有战略眼光的企业一定会深知：有人就有一切。留住精兵强将，未来的发展就有了资本。借机淘汰、精选和换血，为企业留下真正的有用人才。

1. 在危机中一定要留住业务骨干

业务骨干是企业的财富，可以帮助企业增加收益，创造价值，特别是获得很多订单的优秀销售人才，更是如此。

任何一个企业都想留住业务骨干，可是当企业遭遇困境和危机时，如何留住这些业务骨干却成为一个大问题。据报道，从 2008 年下半年起，我国南方许多企业因停产限产，造成效益下降，员工薪酬大幅缩水，使得很多业务骨干离开原企业，另谋出路。这反过来又加重了企业的危机。

对于业务骨干的去留，很多企业是以防为主，以留为辅，觉得他们要走的时候想留也留不住。这是本末倒置的做法，正确的做法应该是以留为主，以防为辅。

业务骨干离开公司无非就是如下几个原因：发展空间不够大、工资待遇不够高、生活不顺心。企业针对业务骨干离职的原因，可以有针对性地采取措施。

首先，企业要为业务骨干提供更大的发展空间。这是一个激励业务骨干为公司工作的重要动力。企业发展的空间越大，为业务骨干提供的空间和舞台也就越大，即使工作比较辛苦，比较累，很多业务骨干还是愿意为公司努力工作的。企业有远大的理想，有长远的规划和目标，等于是给了员工职业生涯一个重要目标和方向，这是留住业务骨干的必要条件。

其次，企业要完善薪资制度，给予业务骨干优厚的待遇。业务骨干的离去，很多是因为在同行业之间比较收入后，发现自己的薪酬在同行业中处于低位时发生的。当骨干的薪资、工作待遇、福利不如其他公司的时候，仅靠感情很难长时间留住人。因此，企业给予业务骨干的待遇要与行业工资水平持平甚至略高。

最后，公司要给业务骨干创造学习、提升专业技能的空间。有些公司在员工教育培训方面做得很好，通过多种方式、多种渠道，给员工创造一定的学习机会。这不仅使员工的业务能力得到了提升，更重要的是提高了员工的综合能力，使员工可以更好地发挥其潜能为企业贡献力量。虽然企业在员工教育培训方面要付出一定的财力、物力和人力，但这些小的投入，却可以得到大的回报。而且，每位员工都有成长的愿望，希望公司为自己创造一定的学习机会，提高自身工作能力，以适应本职岗位的要求，更好地服务于企业。**满足企业员工的成长欲，有助于稳定人心**。

如果"留"的方法没有用，怎么办？为了应对业务骨干突然离去造成的影响，企业还得有所防备，防患于未然，才能免除企业因此而受到不良影响和损害。防止人才流失的办法有以下几种。

一是唯才是举。目前，在国内很多企业里普遍存在着用人唯亲的现象。在企业的核心岗位和管理层，几乎全是企业老板的家人、亲友或同乡，很多优秀的员工却被排斥在外。

随着危机的发生及市场环境的变化，企业这种用人方式逐渐暴露出它的弊端，仅依靠原有的家庭成员已无法满足企业对技术、信息、管理等的需要。因此，为了超越竞争对手，必须要唯"才"是"举"，不拘一格选拔人才。只有这样，才能有效地留住人才。要让每个有才能的员工觉得，只要具备实力，就可以超越前辈，步步高升。这样他们才会充满激情，力争上游。

二是用人情拴住精英。精英人才是企业最重要的战略资源，也是企业价值的主要创造者。企业能否留住并重用这些人才，将是一个企业能否持续成长的决定性因素。因为该类人才一旦流失会对企业造成重大损失，因此，留住精英，是每一个企业管理者都必须重视的事情。

人是感性的动物，人与人之间的关系也主要是靠情感维系着。企业和员工的关系也一样，要想留住精英，人情策略必不可少。物质可以满足人，爱心可以征服人，让员工感受到爱和温暖，会使企业和员工的关系纽带更加牢固。

三是为企业人才营造好的工作环境与文化。美国《财富》杂志曾以"为什么你留在现在的公司"为题，对美国工作环境最佳的100家公司的骨干员工做了调查问卷，结果所有的人都提到留在公司与钱无关，企业良好的文化氛围和工作环境对员工留在企业的作用比钱更大。所以，企业文化是现代人力资源管理思想的核心和最高境界，也是企业致力追求的思想内涵。因此，企业需要营造一个健康、和谐的工作环境，以及自主创新、具有团队精神的文化氛围，充分调动员工的积极性，促使所有员工和企业共同进步，共同发展，变员工对企业的被动忠诚为主动忠诚。在经济不景气时，卓越的企业文化环境会成为留住核心员工最好的利器。

2. 在企业换血中更新中坚力量

危机对企业经营的冲击，既是对企业经营能力的一次检测，也是对企业管理弊端、经营漏洞、人员使用缺陷的一次补防机会。企业一线员工是企业生产的主力，也是企业生存的基础力量，这些人的技能水平、工作效率、服务质量、职业道德，都直接与企业的效益密切挂钩。危机中的企业在开发人力资源中可以通过"换血"措施来强化这方面的工作。

以下四种方法可供企业经营者参考。

（1）重用优秀员工

这类员工通过观察期的引导和磨合，会很快适应工作环境，充分发挥出自己的聪明才干，全身心地投入到该职位的工作中。在此情况下，企业经营者应制订出重点培养计划，并帮助其做出与企业愿景相匹配的职业生涯规划，在满足其物质需求的基础上增加精神激励，用有价值的个人目标和组织目标促进其成长，使其认同企业文化，逐渐把企业的发展等同于自己的事业。同时，**此类员工也是管理层接班人的最佳人选。**

(2) 筛选一般员工

面对向往该职位却因能力问题无法取得高绩效的员工，管理者应该侧重于工作技能的培训，甚至与该员工一起深入一线找出实际操作的不足和偏差，因为现场培训和指导的效果要远远强于事后的总结。经培训后仍无法胜任岗位要求的员工不宜再留用。

但有时这类型的员工也许本身只是不适合某一岗位的工作，管理者应及时调整其位置，扬其长避其短，**把最好的钢用在刀刃上，让该类员工向更高层次迈进。**

(3) 培养忠诚员工

有些员工虽然也具备出色的能力，但个人的具体要求企业可能没有满足，或是个人的发展愿望与志趣可能与所在职位或企业愿景存在差异，因而他们也许不会与企业同心同德，只把现有职位当作跳槽的跳板。倘若一个企业出现太多的这类员工，那么则应该反思一下薪酬制度、企业文化和企业愿景是否出现了问题。从马斯洛需求层次看，拥有越高职位的员工对精神层面的追求就越强烈，企业在满足其物质需求如工资、福利的情况下，还要考虑其个人的梦想和成长的需要。

因此，企业对有能力的员工要经常关注其精神层面的需要，使其精神层面的需求不断地得到满足，真正体现人性化管理的真谛，大大增强员工与企业同呼吸共命运的信心。让他们觉得自己的发展愿望正在不断地得到实现。

(4) 淘汰不良员工

或许这类员工本来就不应该进入到企业中来，倘若是企业发现了此类员工，应该立即调动岗位甚至给予辞退，即使是技能出众或是立过战功的"开国元老"也不能例外。因为这种员工在工作态度和行为上，会给其他员工带来不良影响，甚至可能带坏整个团队。

在企业中，不论职位高低，大多数人都希望被关注、被尊重，企业管理者应该分析员工失去工作兴趣的原因，是因为无能力而丢失工作热情，还是因为被忽略而造成低绩效？正如垃圾可以循环再造一样，世界上不存在没用的人，而是人没有用在合适的位置上，或者，企业没有合适的职位。所以，辞退该类员工是为了杀鸡儆猴、奖优罚劣，铲除"一粒老鼠屎坏掉一锅汤"的隐患。在这方面，尤其是非常时期，企业经营者不能心慈手软。

3. 激发员工事业心，释放员工能量

员工的事业心，是支撑企业渡过难关、突破困局最有力的保障。一个处在困境中的企业，如果危难时刻员工们仍在坚守岗位并努力工作，能让企业更有信心战胜危机。因此，**在危机当头，企业更需要围绕释放员工的能量来行动，激发员工事业心，尊重员工的贡献。**

（1）激发员工的事业心

当一个企业的员工只想为事业而不仅仅是为了谋生而工作时，这个企业是无坚不摧的。怎样使员工做出他们能够做到的贡献，又怎样使他们奋勇争先地成长和发展，这是企业经营者必须考虑的问题。

公平而又充满竞争的报酬是实现愿望的第一步，这还远远不够。还必须留意倾听员工的想法，了解他们的关注点，明白他们的感情和抱负，必须给予他们尊重。此外，还必须给他们一种承担任务、为事业而工作的感觉。在一个企业中，事业集中体现在企业的发展目标中，这些目标是所有员工渴望的目标。

（2）给员工提供施展才能的机会

给员工以事业平台，是释放员工能量的关键行动。企业如果能够用事业的认同来引领员工，也就是说，如果员工能够站在事业的角度来看待工作，认为自己的绩效将影响到事业的兴衰存亡的时候，他们就会承担起全部的责任。

（3）尊重员工的贡献

认可并尊重员工也是促进员工释放能量的一个重要方面，即便企业员

工取得了突出成就，他们仍然需要企业的尊重和认同。为此，**企业应该借助于任何一个机会，表达对员工付出的尊重**。尤其是对于一线员工来说，如果企业经营者不能够及时肯定他们的贡献，就会影响到员工工作的情绪和结果。也许有人会认为这不是什么重要的事情，但对于员工的事业心却有很大的影响。

作为企业的共同伙伴，企业经营者不仅要关心员工现在正在做什么，员工的感受和想法，还必须关心员工的自我价值感和成就感。当经营者和管理者对员工表现出不仅仅是关心他们工作任务本身，还关心其他东西的时候，他们就会对这个企业更加忠诚，也会贡献得更多。

正确地理解员工所承担的任务，不管这项工作多么简单，让管理人员帮助员工，使得员工完成这项任务后仍保持他们的自我价值的感觉。经营者的挑战就在于如何去定义一项任务，使得员工们都明白这项任务对企业的整个事业是如何重要，借由这样的定义，经营者可以让员工感受到尊重和付出的价值。

对于每一个员工来说，工作并不是按部就班，流水线上的步骤而已，工作应该是不可或缺的，极具价值和贡献的。**经营者和管理者对于员工工作的分配，仅仅向他们解释如何像机器一样按部就班去做是绝对不够的，还必须向他们解释为什么要这样做**。

比如把一项任务放在大局中考虑，突出工作的重要性，能够体现出任务的品位和意义。如果不为任务赋予这些品位和意义，员工们只会机械地完成它，而不会富于创造性并尽力改进工作，或者不能对意外做出积极的反应。因此，尊重员工自我价值的实现，是培养积极而且高效率员工的关键。

4. 对员工采取有效的激励措施

员工是企业最基本的元素，是团队的主体。一个企业要想在危机中存活下来，并在难关渡过之后取得长足的发展，最基本的任务是采取多种有效的激励措施，保留住企业骨干和精英，让留下来的员工与企业同舟共济。

(1) 攻心为上

企业经营者应时刻牢记，企业的员工是有思想，有感情的，你帮助他，他也会帮助你；你亲近他，他也会亲近你。

在困境中，企业即使再困难，也要抽出精力去主动关心员工，关心他们的疾苦，更为重要的是关心他们自我价值的实现，要让他们觉得在公司里干也是在为自己干，而不是为你干或者为董事长干。**让他们觉得企业是他们自己的事业，他们也是企业的主人之一。**

(2) 利用"鲶鱼效应"

有经验的海上捕鱼者都知道，沙丁鱼捕捞上来后，很快就会死亡。要在船上的鱼槽里放一条吃鱼的鲶鱼到处乱窜，使沙丁鱼们紧张起来，加速游动，因而它们才能存活下来。

同样的道理，如果一个企业的人员长期安于现状，不求进取，就会缺乏新鲜感和活力，以致产生惰性。发生危机时企业想要调动员工的积极性，也可以请来一条"鲶鱼"，即建立危机机制，使企业上下的"沙丁鱼"不自觉地产生紧张感，发挥"鲶鱼效应"，进而促进企业的发展。

(3) 赏罚公正

企业经营者必须做到赏罚公正，即按功行赏，论过处罚；不赏私劳，不罚私怨。这样做，不仅为员工提供了一个公平竞争的环境，而且可以避免人与人之间的隔阂。如果不坚持"功"奖"过"罚，员工难免有亲疏之感。而员工一旦产生这种情绪，相互之间的隔阂便会随之而生。

因此，在赏罚上不能搞平均主义，不能随心所欲，搞无原则赏罚，必须坚持功过分明。**无功受禄，罚不当罪，都是企业管理的大忌。**

(4) 合理授权

由于企业的事务有大有小，经营者不可能有足够的时间处理妥当所有的事情，因此，他会优先处理最重要的事务，而把较次要的事务交给下属去处理。还有一种情况，就是管理者根本没有处理某些工作的能力，因而必须授权给下属。这样做不但能缓解企业经营者的压力，而且，合理的授权能充分调动员工的积极性，并促使其为企业贡献聪明才智，忘我地工作。

授权并不是把事务交给下属就行了，授权需要有效，要使每个授权都应为达成企业目标出一分力。否则，那可能是一项无效的授权，反而误了大事。

在授权的同时，经营者还需要建立一套有效的控制措施，即发生差错时能立刻采取补救办法。因此，授权者要定期听取汇报，以便在关键的时候，能马上插手，化解任何可能出现的问题。

5. 在培训中有效地提升员工的素质

员工素质和技能水平的高低，是企业竞争力的一个重要体现。一个专注于培养竞争力的企业，绝对会高度重视对员工素质的培养和训练。其中一种主要形式就是员工培训。

危机的到来，使企业的生产经营任务不饱和，这种状况，反而为企业加强员工培训提供了契机，提供了难得的机遇，因为在过去企业开足马力生产经营时，很难有足够的时间组织员工培训。每一个企业经营者都应当认识到：**员工培训是企业发展的新动力，是现代人力资源开发的主要手段之一。**

目前，企业培训的内容很多，有助于提升员工素质和技能水平的主要有三个层次的培训：第一层次是知识培训，第二层次是技能培训，第三层次是素质培训。

（1）知识培训

这是企业培训中的第一层次。听讲座、看书都是很不错的知识获取途径。知识培训简单易行，操作方便，因此，这是企业的一个经常性的工作。然而，培训不能只停留在知识培训层次上，还应不断深入。

（2）技能培训

这是企业培训中的第二层次。知识加技能再加应用才会体现出力量，产生出效益。所以，企业应重视员工技能的培训，主要是培训与员工业务有关的技能。当然，如果企业经济条件允许，也可以开展诸如开车、操作电脑、演讲、写文章等技能培训，让员工掌握更全面的知识。

(3) 素质培训

这是企业培训中的第三层次。素质的解释有很多种，我们要讲的素质是指：个体是否有正确的价值观、积极的态度、良好的思维习惯和较高的目标。素质高的人才，可能暂时缺乏知识和技能，但他会为实现目标去有效地、主动地学习知识和技能；而素质低的人，即使已经掌握了知识和技能，也不会好好运用。

通过培训，可以使人才的素质与技能提高，带动企业的发展。有研究资料表明，**这是一种投资少、见效快、作用持久的企业成长源泉**。

为了更好地培训员工，企业要有组织来负责培训工作。

首先，企业需要建设一个合理的员工培训组织机构。在企业内部要形成人事部门牵头负责，有关部门密切配合、协力推进的工作体制。充分调动一切积极因素，并及时根据企业发展实际，修改完善培训内容。

其次，要把员工培训工作纳入各部门领导的考核范围之内。各企业要把培训工作纳入各级领导干部任期目标，并作为考核其业绩的主要内容。把培训确定的总体目标和措施，分解到年度工作计划中，纳入各部门领导的年度业绩合同，逐步落实，定期进行考核。企业各部门根据培训工作的总体要求，制订各自的人才培养目标，制订出年度培训工作计划和措施，责任落实到人。

再次，要坚持"统一指导、分级管理"的培训工作管理原则。企业要侧重抓好经营管理层的培训和专业技术层的专业培训，二级单位要侧重抓好专业技术层的日常培训和操作层员工的培训。对于人数不多的小企业来说，可以全体员工一起来培训。

最后，还要建立任职资格系统，使考核与激励相结合。建立了完善的培训、考核、评估体系之后，企业应建立一套培训与绩效考核制度、薪酬奖罚制度以及晋升制度相挂钩的激励制度。建立任职资格系统，与员工自身的实际行为能力作对比，找出差距，从而激发员工的内在潜力，发挥其主动性和积极性。

值得注意的是：**在应对危机时，不少企业首先想到的是减员裁人，而不想办法留人用人，这绝不是一个图谋未来与长远发展的明智之举**。也许恰恰是企业失败的一个主要原因。我们看到，国内不少企业，包括大量民办的私营企业，即便面对严重的困难，也在想法留住人，并抽出时间培训。有这样的企业经营者，员工能不与企业共存亡吗？企业能不会重铸辉煌吗？

三、留住顾客，留住市场

市场是企业的生存基地，失去了市场，企业就失去了生存的根本。客户是企业的衣食父母，留住了客户，企业就留下了财富之源。尽管危机使得市场走向低迷，客户个个捂紧了自己的钱袋，然而凭借比以往更用心、更周全的经营与服务，仍可能把客户牢牢地抓在自己的手里。

1. 保住订单，维护企业的生命线

任何时候，企业生存都要靠订单。在经济"寒流"袭击的市场萎缩中，订单更成了企业的生命线，如果这条线断了，那么企业的生命也就走到了尽头。

在寒意渐深的危机形势下，企业不能束手被擒。**越是在困难的环境中，企业越是要依靠客户的订单；越是在困难的环境中，企业越是要关注客户。**给客户提供优质产品，加强与客户的沟通，赢得客户的信任，进而赢得订单。客户不仅是上帝，而且是衣食父母，在应对危机困局中，企业手中最重要的王牌，就是留住客户。

客户对于任何企业来说，都是绝对的上帝。如果企业把这个上帝得罪了，那么，企业的生存也就受到了威胁。要知道，**客户是困境中的企业手中最重要的王牌。**

今天，我们每个人都会以客户的形式存在于这个世界，当你作为客户，作为消费者出现，你是怎样做的？你是不是也在压低人家的价格，是不是也对人家的质量或者数量提出过置疑？是不是也对售后服务反复咨询？企业在这些方面就应当学会换位思考，这是企业经营的第一要务，因

为只有换位思考才能更接近客户的心理，才能更明白他们的需要，生产经营才会更有目的性和针对性。不要只把客户看成是拿着钱来换物品的人，他们同时更是决定企业生死命运的人。

当前，赢得市场订单的首要选择，就是要把维护老客户的稳定关系摆在第一位。因为，企业的老客户只需投入20%的成本，却能给本企业带来80%的收益；新客户要投入80%的成本，却只能给企业带来20%的收益。可见，一个企业要发展，一定要重视企业的老客户。优秀的企业都十分重视老客户的管理工作。目前在经济危机冲击下，市场竞争越来越激烈，企业稳住老客户，就抓住了市场订单，就保住了企业生命线。

2. 牢牢地把客户"抓"在手中

有了客户就有了生存的本领。在危机中，拥有了客户，就拥有了生存的希望。

那么，企业该如何把客户紧紧地抓在自己手中呢？方法有很多，这里主要介绍以下几点。

（1）注重产品质量以品质求胜

一般而言，企业留住老顾客的前提条件就是不断地向他们提供优质产品。老顾客都希望：企业产品品质更好一些，产品能够为自己解决更多的问题，带来更多的利益和实惠。

产品质量是问题的关键所在。这是一个大关，这一关不用客户帮你把，而是你自己就要把好了。把不好这一关，你也就不要到客户那里张罗着买卖的问题了，不然，最终亏的东西会更多。

这是一个经济高度发达、竞争日益激烈的时代。在这种大环境下，竞争就要从各个方面去做。产品、服务、资金、管理……但是，不管比什么，产品的质量问题绝对是第一大问题。因为，产品才是最直接的交易对象，无论企业在其他方面做得有多好。

如果以次充好企业没有回头客。

（2）全心全意地做好客户服务

现在的顾客更加看重企业能否提供优质服务和满足顾客特殊需求，如一系列的售后服务、技术培训、维修保养、付款支付方式的便捷性以及交货时间等。如果已有顾客所期望的各种服务得到了满足，那么他们肯定会继续购买企业的产品；否则，他们就会考虑转移到竞争对手那里。最可怕的不是减少一个顾客，而是他会把这些告诉周围的朋友和同事。这样一来，企业就不仅仅是失去一个顾客，而是一批顾客。因此，即使企业的产品在市场中存在某些优势，即使现在经济形势下滑，赚钱不容易，企业依然要给顾客提供良好的售后服务。此时企业的口号应是："**宁愿少赚钱，服务不打折。**"

（3）与客户互利双赢

双赢是目前比较流行的一个概念。通俗地说，就是在交易活动中交易双方都有钱可赚、有利可图。市场法则告诉企业：成功的买卖是双方满意、共同获得利益的买卖。**事实上，当企业为客户提供满意服务的时候，自己也在赚钱。这就是一种双赢。**

一般而言，顾客在购买产品时都期望获得某种益处。如果在购买产品时，顾客这种期望得不到满足或与实际支出不相符，顾客就会转而寻找新的商品供应者。在这一点上，企业一定要保持清醒的头脑。在市场经济条件下，企业要挽留顾客，交易时决不能见利忘义，过于计较得失，更不能算计对方，搞一锤子买卖。

作为企业，把产品给经销商时，一定要有比较合理的利益分配，尤其是进入经济的"冬天"与行业的萧条期时，可以考虑让经销商占利益的大部分，而自己只占小部分，以确保市场份额。

（4）对客户实施人性化管理

维护已有客户，对所有客户建立客户档案，建立健全客户的数据库，掌握客户的详细材料，并注意更新客户信息。这有利于了解客户动态，便于及时向客户提供企业最新的产品信息。建立档案还有助于人性化管理，比如在客户生日的时候寄上贺卡等等。

（5）扩充关系价值，提供"额外"服务

对于企业的产品，客户真正重视的是什么？我们企业提供的产品价值

和竞争对手有什么不同？我们如何根据客户的不同需要创造不同的产品或服务组合？这些都是企业要不断思考的问题。

企业经营有一句名言：**"我们的产品不是最好的，我们的技术也不是最好的，但是我们的服务是最好的。"** 虽然我们的服务是免费的，但是免费的服务比收费的服务还要好。"现在，企业的产品同质化现象较多，比如等离子彩电，似乎各家都在开发生产。但是，有的企业卖得红红火火，有的企业却卖得冷冷清清。很重要的原因就是企业要提供超过客户期望的服务，即"额外"服务，以赢取客户。如宾馆为旅客提供订火车票和机票的服务，家电企业负责送货上门和安装等。

另外，企业还要注意利用网络、电视、报刊等传媒进行广泛宣传，增强企业的品牌效应，给客户以信心。对内也要积极宣传，使企业员工增强"客户至上"的意识，确立"服务至上"的经营思想。

3. 妥善地处理客户的抱怨

要做到使客户真正满意，在营销中除了要重视上述几个方面外，还要处理好客户的抱怨。

抱怨是客户不满意引致的结果，简单说来抱怨就是客户对产品或服务的不满或责难。客户的抱怨既意味着经营者提供的产品或服务没有达到他（她）的期望，没有满足他（她）的需求。另一方面，也表示客户仍旧对经营者具有期待，希望能改善服务水平。

过去，在经营者的观念中，客户一抱怨经营者总是认为他们在找麻烦，而且只认识到抱怨给经营者带来的负面影响。但实际上这种观念是偏颇的。从某种角度来看，客户的抱怨实际上是企业改进工作、提高客户满意度的机会。

有研究发现，**提出抱怨的客户，若问题获得圆满解决，其忠诚度会比从来没有遇到问题的客户要来得高**。因此，客户的抱怨并不可怕，可怕的是不能有效地化解抱怨，最终导致客户的离去。相反，若没有客户的抱怨，倒是有些不对劲。哈佛大学的李维特教授曾说过这样一段话："与客户之间的关系走下坡路的一个信号就是客户不抱怨了。"

从客户抱怨处理的结果来看，客户抱怨可能给经营者带来的利益：是客户对经营者就抱怨处理的结果感到满意，从而继续购买经营者的产品或服务而给经营者带来的利益，即因客户忠诚度的提高而获得的利益。

美国一家著名的消费者调查公司TRAP公司曾进行过一次"在美国的消费者抱怨处理"的调查，并对调查结果进行了计量分析，以期发现客户抱怨与再度购买率、品牌忠诚度等参量之间的关系。

TRAP公司的研究结果表明，对于所购买的商品或服务持不满意态度的客户，提出怨言但却对经营者处理抱怨的结果感到满意的客户，其客户忠诚度要比那些也感到不满意但却未采取任何行动的人好得多。具体来说，他们的研究结果显示，在可能损失1～5美元的低额购买中，提出抱怨但却对经营者的处理感到满意的人，其再度购买比例达到70%。而那些感到不满却没有采取任何行动的人，其再度购买比例只有36.8%。而当可能损失在100美元以上时，提出抱怨但却对经营者的处理感到满意的人其再度购买率可为54.3%，但那些有抱怨却未采取任何行为的人其重复购买率只有9.5%。这一研究成果一方面反映了对客户抱怨的正确处理可以增加客户的忠诚度，可以保护乃至增加经营者的利益。另一方面也折射出这样一个事实：要减少客户的不满意，必须妥善地化解客户的抱怨。

另有研究表明，一个客户的抱怨代表着另有25个没说出口的客户的心声，对于许多客户来讲，他们认为与其抱怨，不如减少与经营者的交易量。这一数字更加显示出了正确、妥善地化解客户抱怨的重要意义，只有尽量化解客户的抱怨，才能维持乃至增加客户的忠诚度，保持和提高客户的满意度。

有许多成功的企业在为客户提供服务时，由于十分重视处理客户的抱怨，从而增加了客户满意度和忠诚度进而推动了事业的进一步成功。

（1）处理客户抱怨必须把握的要点

处理客户抱怨是一项复杂的系统工程，尤其需要经验和技巧的支持，要真正处理好客户抱怨绝不是一件易事。

台湾学者谢耀龙就处理客户抱怨曾提出过五点建议，他认为要妥善处理好客户抱怨要做到以下五个"多一点"。

①耐心多一点。抱怨处理人员如果不能很有耐心地听完客户的抱怨，

不能让客户发泄出心中的不满，就很容易忽略客户抱怨的真正原因。并造成沟通上的障碍和困难。

在实际处理中，要耐心地倾听客户的抱怨，不要轻易打断客户的叙述，更不要批评客户的不是，而是要鼓励客户倾诉下去，当耐心地听完了客户的倾诉与抱怨后，当客户得到了发泄的满足之后，就能够听得进处理人员的解释或道歉了。

②态度好一点。由于客户的抱怨源于对经营者提供的产品或服务的不满意，所以从心理上来说，抱怨的客户会觉得经营者已经亏待了他（她）。因此，如果在处理抱怨的过程中，态度不好的话，会让客户的心理感觉与情绪更差，最终导致客户与经营者的关系更加恶化，严重破坏客户的忠诚度。反之，**若处理者态度诚恳、礼貌有加，则会降低客户的抵触情绪和消除怒气。**这样就能促使抱怨的客户能以比较理智的心情与公司沟通。

③动作快一点。处理抱怨的动作快，一来可让客户感到受尊重，二来表示经营者解决问题的诚意，三来则可以及时防止客户的负面渲染对公司造成更大的伤害。

④补偿多一点。客户的抱怨是因为经营者提供的产品或服务未能满足客户的需求，客户总是会认为他（她）受到了利益损失。因此，**客户抱怨之后，往往会希望有所补偿。**这种补偿既可能是物质方面的补偿，如更换新产品、退还货款，也可能是精神方面的补偿，如道歉等。在补偿时，只要经营者确认有必要提供补偿给客户，就应该适当地补偿多一点，因为多一点补偿所给客户带来的额外利益，可以让客户体会到经营者处理抱怨的诚意。

⑤层次高一点。由于抱怨的客户都希望他（她）的问题能受到重视，所以客户在接受抱怨处理时所接触到的管理人员的层级会影响到他（她）的情绪。比如，较高层级的管理人员亲自处理抱怨问题会使客户有一种受重视、受尊重的感受，他（她）容易消除心中的怒气和不满进而容易接受经营者的说明、解释与种种解决措施。**因此在处理抱怨问题时，如果各种条件许可，应尽可能地提高抱怨处理人员的级别。**

（2）处理客户抱怨的步骤

处理抱怨的方法各式各样，因人、因事而异，本文在这里摘录一种在美国十分流行的处理抱怨的方法。这种方法叫作"IANA 过程"。这里的"IANA"是四个英文单词：Identity（确认）、Assess（评估）、Negotiation（协商）、Action（处理与行动）的首写字母的缩写。

第一步，确认问题。 正确确认客户抱怨问题的重点如下。

一要让申诉者说话，自己则要仔细地聆听。假如不能让对方说话，也就不能确认和了解问题的症结所在。

二要明确了解对方所说的话。对于抱怨的内容，觉得还不清楚时，要请对方进一步说明。但措辞要委婉，尽量不要让客户产生被人询问的印象。**要仔细地聆听对方说话，并表示同感，这样能帮助客户说明问题的关键所在。**

"但是"，"请您稍等一下"这类使对方说话中断的言辞，是不能使用的。给客户留下受人责难或被人瞧不起的印象的话，也是不能说的。不要考虑不周，就贸然作说明。

遵守上述原则，有助于在不引起对方反感的情况下掌握事情的真相。把你所理解的问题用你的言辞说出来，请对方予以确认。

第二步，评估、核定问题的严重性。 要评估、核定下列各项内容。

● 问题的严重性，到何种程度？（问题的严重性，是考虑问题解决的重要因素。）

● 你掌握问题达到怎样的程度？（是否还有收集更多信息的必要呢？）

● 假如客户所提的问题没有事实根据和先例，应该如何使客户承认现实的状况呢？

● 解决问题时，抱怨者除经济补偿外，还有什么其他要求？

第三步，互相协商。 一般的情况是由现场的承办人，负起与客户交涉的责任。因此，你的工作，并不在于解决客户问题，而是在于安排能解决这一问题的比较合适的人选。有时候，你对客户的要求，也不得不说"NO"。但是，这个"NO"并不代表没有会谈协商的余地。对于抱怨者，你可以暗示从另一个角度接近解决问题的途径。

会谈协商，有以下两个阶段。

第一个阶段为解决问题可能要采取的补偿对策。**解决任何抱怨，都必须先决定为解决问题可以提供的上限与下限的条件。** 决定条件时，必须考虑以下问题。

- 企业与抱怨者之间，是否有长期的交易关系？
- 当你努力把问题解决之后，客户有无今后再度购买的希望？
- 争执的结果，可能会造成怎样的善意与非善意口传的影响？
- 客户的要求是什么？
- 企业方面有无过失？

作为客户意见代理人，要决定给抱怨者提供某种补偿时，一定要考虑这些条件。例如，抱怨者对企业部分部门有所不满，或当企业方面有全面性过失的时候，对于后者，补偿给客户的条件应该更优厚一些。如果你判断，客户方面的要求不合理，而且是日后不可能再有往来的客户，大可明白地向对方说"NO"。

第二个阶段与抱怨者会谈协商时，应注意以下问题。

- 要仔细聆听抱怨者所说的话和对方所要表达的想法及感情，你要抓住要点，并摘要记录。
- 不能有防卫对方的姿态或责难对方的态度，你应该把自己的想法，向对方明白表示。
- 请抱怨者提示他的需求。

第四步，处理。协商有了结论，接下来要作适当的处置。你的工作并不因与客户的会谈协商达成共识而结束，这只是说明已经达到了解决问题的阶段罢了。

究竟由什么人，在什么时间，做什么事，这些都需确定。同时，要确认是否按照约定的条件，的确在付诸实施？在与客户约定解决问题的方法之后，如违约不履行，不但使你过去的一切努力都化为泡影，而且会给企业信誉造成恶劣影响。

在与抱怨者会谈协商同意的条件当中，有时也包括约定今后调查改善有关产品的内容。这些并不是由你来执行，几乎都是委托企业其他部门，甚至是企业外的调查机构来执行。这时由于相关的信息未能传达给适当的人等因素，可能会出现调查的业务未能按照你与客户所约定的条件完成，或在约定日期前未能完成的事情。这种事情极易加重客户的不满。因此，委托外部进行的业务，是否按预定的时间表在进行？这一监督和追踪的任务是要由你来负担的。

4. 做好渠道管理，疏通营销脉络

企业要突破寒冬的困局，首先要疏通好自己的市场营销渠道。渠道的疏通需要不断创新与变革，这是由多种因素促成的，尤其在今天的渠道创新的过程中，企业面临着许多挑战与机遇，只有抓住机遇，找到好路子好方法，勇于在渠道建设和管理上进行创新，才能在危机四伏的市场竞争中立于不败之地。

（1）制订渠道战略和策略

渠道要满足顾客需求和经济性要求，企业关注渠道的运作是否高效，应从主要目标顾客群的角度评定渠道的表现和业绩。

就大多数企业而言，透彻地研究现有及潜在的渠道，尽可能跳出单一渠道的束缚，采用合理的多渠道策略，是有效提高市场占有率和销售业绩的首要手段。

企业进行渠道变革最直接的担心是产生渠道冲突，即价格竞争和窜货。这里要强调的是，同品牌价格竞争和窜货首先是管理问题，然后才是渠道问题。分销和销售是不同的两个概念，对分销环节需要慎重把握，对销售（零售）环节则可全面介入。**不能因为担心冲突就放弃具有细分价值的渠道。**

有冲突就有解决的办法，关键在于确定冲突的根源及潜在隐患。渠道冲突在更多的时候是妨碍企业渠道变革的一种心理障碍。

（2）以客户满意度为主要目标

很多企业将分销商的需求置于顾客需求之上，忽视了"只有客户满意，企业才能取得良好业绩"这样一个简单道理。客户满意度决定顾客忠诚度，只要客户忠诚度高，企业进行渠道整合变革就具备了良好的基础保障。

（3）在产品推广上有所突破

企业的产品必须有特色，是消费者需要的，是个好产品。这样才会有

人愿意买，才有人愿意帮你卖。在市场渠道突破上，企业必须清楚需要渠道做什么以及怎么做，常犯的错误是：忽视淡旺季差异；忽视品种盈利能力差别；忽视对新品推广的引导；缺乏战略考虑，造成后续资源不足或自身巨大的经济压力；不能充分整合利用企业全部营销资源，过分依赖"激励"。

企业必须足够了解批发商的情况，用中国的古话就是"知己知彼，百战不殆"，要了解他们的门店分布数量、定价方针、促销方式、扣款状况、采购和结算方式、采购员的权限、物流系统等。去研究、去跟人家沟通，这样企业才能够打通新的营销渠道。

（4）渠道利益至上，帮助客户成长

渠道利益至上，一是让渠道有利可赚，批发商之所以愿意跟你做生意，主要还是觉得你的产品有钱赚。二是尽可能使你的产品给渠道带来的收益高过竞争对手。三是严格控制冲货，冲货导致的后果是价格体系崩溃，大家都没钱赚。

在帮助渠道客户成长方面，第一位的并不是帮渠道客户赚钱，而是帮助客户成长。危机时刻如果企业对客户伸出援助之手，对方会充满感激，这种感激带来的忠诚度会大大超过帮他赚钱带来的忠诚度，并且十分持久牢固。

帮助客户成长，内容包括很多方面，有管理方面的，比如宝洁和联合利华经常帮助客户提高库存管理水平，百事可乐经常帮助客户培训业务员，美的掏钱让优秀的经销商去国外参加 MBA 课程培训，等等；有硬件建设方面的，如赠送或者借给客户配送车辆，帮客户添置传真机、电脑等现代化的办公设备等。帮助客户成长的结果是双赢的，客户越成长，忠诚度就会越高，对企业的发展促进就越大。

（5）及时清醒整顿，吐故纳新

渠道网要吐故纳新，任何一张网都是动态的，而不是静态的。要想使这张网保持健康充满活力，必须使整个网络保持活力。

所谓吐故，主要针对网络中的三类成员，一是对企业缺乏忠诚度，今天做你的产品，明天还去经销你主要竞争对手的产品；二是跟不上企业发展的速度，市场发展了，可是他的观念还停留在以前，或者是资金、人员、管理、配送跟不上，阻碍企业的进一步发展；三是渠道中的捣蛋分子，经常冲货，降价，屡教不改。所谓纳新，是指那些目前还不属于你的网络成员，但他认同你企业的理念文化，自身的成长性非常好，而且诚信经营。如果他们加入，会对企业在该地区的销量和网络完善有很大的帮助。

为了实现渠道畅通，企业需要做很多具体、细小的工作，除了做好这些基本工作之外，**最根本的是要做好企业自身的营销管理工作。**

四、蓄水过冬，严防财务危机

对任何企业来说，资金链都是维系企业经营的血脉。一旦企业"失血"过多，资金失控，深陷财务危机而无力自拔，那就意味着企业的生命将要走向终结。处在市场普遍不景气的"寒冬"之中，企业首选的求生之策，就是管好"钱柜"，备足资金。因为，手里有钱才能心里不慌，才能真正救活企业。

1. 蓄水过冬：企业应对危机的胜招

总结企业成功发展的经验，其中应对危机时有一条非常宝贵的胜招，那就是捂紧钱袋子蓄水过冬，把紧张的资金用在刀刃上，严防财务危机压垮了企业。一旦度过了寒冬，企业仍可凭借积蓄的力量快速发展起来。

今天的国内企业，大多仿照国外企业的做法，在危机发生时，坚决不投资、不冒进、不增人。其实，中国企业除了"冬眠过冬"外，还有很多更加积极的"过冬"招数。

"经营之神"松下幸之助曾经有一个著名的"水库理论"，那就是要不断地给水库蓄满水，不能寅吃卯粮。 也就是说，要根据一定的比例在银行里不断地存储现金，不管什么时候，银行里总是放着能够供几年使用的现金。

水，是人类生命最不可或缺的基础。没有了水，人类的生命就会消失。而现金，就是企业的水。"水库"有"水"才能活命，手里有钱才能挽救企业。

"蓄水过冬"的做法，无疑与传统正常的经营大相径庭。危机之前，企业不应该把资金留在手上，而应该全部用于流动中，否则企业就不会挣钱。但危机的到来让很多人终于明白了：**蓄水策略对企业是多么的宝贵。**

当大多数企业在"寒流"袭击下几乎被冻僵之时，有些企业早就意识到"冬天"的来临，并提早为过冬准备了"棉衣"。当别人拼命扩大规模的时候，他们认为"规模不是我追求的"；当别人拼命"圈地拉资源"的时候，他们只做自己专长的业务；当别人拼命用银行贷款、上市资金扩充实力的时候，他们既没有上市的具体计划，又没有到银行去借更多的钱；当那些快速扩张、迅速做大的企业，在危机中深陷资金泥潭的时候，他们却坦然地储备了充足的"库中银两"。

2004年，天能集团迎来了一个快速发展期，对资金的需求也更为旺盛。为了筹措资金，2005年开始，天能集团就加快了进军资本市场的步伐。2007年6月11日，天能集团在香港主板上市，成为中国内地在中国香港主板上市的第一家动力电池企业，并成功募集5.76亿港元的资金，大大增强了企业的资金储备。

2007年6月，随着出口退税率的全面下调和原材料价格的飞快上涨，天能掌门人张天任敏感地意识到一轮严厉的宏观调控的来临，企业应该做好迎接"冬天"的准备。当时，市场的旺盛需求需要天能集团尽快投资，扩大生产规模，但考虑到未来的诸多不确定因素，张天任决定适度控制投资规模，特别是控制非生产性的投资。

为了保证现金流的充足，2007年中期，天能一度推迟了在江苏沭阳、安徽芜湖建办公大楼的计划，同时缩减的还有这两地的生产性投资。

张天任确保资金链安全的另外一招是与银行保持良好的合作关系。

"企业形势尽管不错，但不能中断与银行的合作。尽管这会使企业的财务成本增加，但反过来，我们也得到了银行大量的授信，与银行建立了一个良性的合作互动关系。"张天任说。目前，国有四大银行以及浦发银行等商业银行，共给予了天能集团17亿元的授信额度。

这一案例为企业上了一堂生动的课，那就是企业应当随时做好面对危机的准备，在危机尚未来到之前就未雨绸缪，严防财务危机。实际上，控制冲动的"做大"欲望是让水库里拥有充足水源的基本要素。**"一个成熟企业家的标志就是能够抵制诱惑"**。这也是企业战胜危机的一个必要的前提。

2. 保证现金流，企业就有了活命钱

"冬天"到来时其实并不可怕，毕竟市场变化年年都有"四季"。而如果企业只能过没有冬天的日子，一旦寒冬袭来，十之八九会陷入危机之中，甚至被请出市场的角逐。因而作为企业一定要提前做好"过冬"的准备，当"寒冬"到来，危机威胁到企业的生存时，不但要勇于面对和敢于挑战，还要未雨绸缪，提前做好准备，以防危机的到来。

就在许多企业苦苦寻找"过冬"之策为生存而苦恼的时候，也有些企业从容淡定，泰然自若，因为他们已有了预先防范，储备了充裕的资金，进行了正确的战略转型，使得这些企业能够从容地面对这个寒风刺骨的"冬天"。

"手中有粮，心里不慌。"现金流是企业的命脉，在企业的"冬天"来临时，现金流就应该是企业最安全、最贴身的"保暖内衣"。南方一些企业之所以能在停业破产的浪潮中依然挺立在市场上，并且仍有不俗的表现，原因就是这些企业的领导者和经营者是"明白人"，懂得在当前形势下只有保持资金的充足，尽量压缩一切不必要的开支，才是企业赖以生存的法宝。而很多曾经强大的企业之所以消失了，原因只有一个——现金流断了！

其实早在几年前，一些具有远见的企业家就看到了当时经济繁荣中的一些潜在危机，包括资金占用超过企业支付能力，盲目投资，市场经济结构不稳定、不合理等。虽然总量很大，但在整个国际价值链当中，始终处于低端、被动的地位，发展的层次非常低。大多数行业开始处于"生产过剩"，引发了过度生产甚至恶性竞争。同时，制造业正面临着上游资源和下游渠道越来越严重的"两头挤压"，盈利空间越来越小。

一些企业敏锐地意识到了运行过程中蕴涵着的风险。比如，企业的负债率过高；劳动力成本、能源成本、土地成本等制造业生产要素成本不断

提高；能源短缺问题初步显现；人民币汇率变动使得未来的中国形势不确定因素增加等。

这无疑给企业发出了一个警报：制造过程成本将逐年增加，企业未来发展将危机重重。判断一家企业是否优秀，并不在其发展鼎盛时期如何风光，而是当国家甚至全球的宏观经济进入困难期或萧条期时，是否依然能够稳健发展。

有些企业此时已经在未雨绸缪，准备好"过冬的棉袄"，"冬天"不来没有关系，但一定要确保"寒冬"来临之时，能够有备无患。事实证明，这些企业的选择是正确的。

现在回顾并总结其中的宝贵经验，虽有"马后炮"、"事后诸葛"之嫌，但对处于困境中的企业摆脱危机困局，仍有以下几点重要的启示。

从结果上看，现金流比利润更重要。如今很多企业的基本观念由过去的"做大做强"转变为现在的"做精做长"，危机为企业上的第一课就是企业"做精做长"比"做大做强"更重要。一些企业开始取消了对下属企业的销售额和账面利润考核，而改为考核净资产收益率和现金流。原因就是在"现金为王"的时代，现金流比利润更重要！

从制度上看，要严格控制并降低企业的银行负债。华立集团董事长汪力成认为："从现在的宏观形势看，当时的这项举措非常重要。"他说，目前出问题的大多是大肆举债的企业。

从过程上看，企业必须致力改善资产流动性。做到如果某一天银行要把企业贷款抽回，企业应有足够的偿债能力。这个前提就在于资产的流动性。事实证明，**金融危机冲击下的很多企业破产和倒闭，不是因为资不抵债，而是资金无法变现，流动性出了问题。**

血的教训警示了今天存活的企业，借债经营当然可行，但有风险，要做到危机中企业不死，没有提前的预警措施不行，没有充足的资金充血更不行。

3. 激活造血细胞，严防财务危机

对任何一家企业来说，流动资金都是生产、发展的血脉。企业的经营者都明白，虽然"利润至上"，但是"现金为王"，企业没有利润也许还能正常运转，但是如果没有现金周转，就会陷入破产的困境。因此，对现金流量表和资产负债表中的货币资金都要倍加关注。在市场危机的困境下，企业拥有充足并且流转畅通的现金流，才能保证生存。因此加强现金流管理，改善企业财务状况，增强企业资产的流动性，不断提高企业经济效益，已成为企业度过危机且持续发展的必然选择。

当然现金并不会平白无故地产生，它必须靠企业各部门的配合才行。因此激活造血细胞也很重要。透析企业"血液"循环规律确保企业"身体"健康，首先要保证其血液的循环周转，其次要保证血液在企业各部位的均衡分布。

假如把企业比做一个人，那么企业的现金流就如同人体内的血液。既要避免现金流动过程中资金的沉淀，影响现金流动的速度和流量，从而造成公司现金流量不足；又要避免存量结构的失衡造成公司现金流的中断。**只有辩证地处理好存量与流量之间的关系，方能确保公司的健康稳定发展。**

一个企业要想实现自己的管理目标，就必须尽可能地使自身的现金流量实现净增加，同时要增强现金的流动，只有这样才能使一个企业不断地成长壮大。

倘若把现金流喻为人体的血液，经营性现金流就可直接反映出企业的造血机能。经营活动的正常开展保障了企业现金流入，并成为经营管理水平高低的重要标志。经营活动现金流占总现金流比重大的企业，经营状况较好，财务风险较低，现金流入结构也较为合理。特别当现金净流量为正时，判断企业现金流入是否强劲，要注意现金净流量是由经营活动产生的还是由融资活动产生的，从而深入探究经营活动产生的现金流的源泉是否稳定、可靠。

如何才能实现企业的现金再造？怎样才能保证企业现金正常的流动呢？

最关键的一项措施，就是对企业经营活动产生的现金流量及时做出定性定量的准确分析。

一是将销售商品、提供劳务收到的现金与购进商品、接受劳务付出的现金作一比较。在企业经营正常、购销平衡的情况下，二者比较的比率大，说明企业的销售利润大，销售回款良好，创现能力强。

二是将销售商品、提供劳务收到的现金与经营活动流入的现金总额进行比较，可大致说明企业产品销售现款占经营活动流入现金的比重。比重大，说明企业主营业务突出，营销状况良好。

三是将本期经营活动现金净流量与上期进行比较，增长率越高，说明企业成长性越好。

提高现金流速，需要做好以下几点。

首先，要确定一个最佳现金持有量，通过加速现金回收、延迟现金支付来保证企业有足够的现金供应。一旦现金闲置达到一定限度，就要求企业通过短期有价证券投资的方式来提高现金的收益率，避免现金大量闲置。

其次，要加强企业的存货管理，通过存货控制 ABC 法、经济订货量法和适时工作制（JIT）等一系列方法，把企业的存货尽可能控制在最低范围内，在保证供货的前提下使企业的存货对现金的占用达到最低。同时，通过加强存货管理，缩短生产周期，使企业的存货周转率尽可能提高，以最低的资金占用满足企业生产经营的需要。

再次，要通过账龄分析表法分析顾客的信用条件、付款习惯和销售水平的变动等来降低应收账款的平均账龄；通过提高收款率、向拖欠债务的信用顾客追款、改变信用政策的方法，加强应收账款的回收速度，缩短应收账款的周转天数，减少坏账损失，这是加快现金流在销售环节的流动速度的有效方法。

最后，要把资金流贯穿企业采购、生产、营销的方方面面，如果现金流不正常就会出现存货积压销不出去、原料采购进不来的情况，最终导致资金链断裂，企业破产。由此可见，企业的每一个细胞无处不存在现金的流动。因此，**加强现金流的管理，实际上就是对企业方方面面进行严格把关**，保证企业的肌体免受疾病的困扰，保证企业健康地发展壮大。

4. 在保持稳定中严控资金使用效率

以往经营活动中，不少企业出于对持有现金的偏爱，使得自己的企业在危机中获得了机会。这些在危机时现金强大的作用，让很多企业深刻地理解了财务管理是企业危机中生存最为关键的保障。由于此前绝大部分企业对财务管理的认识，仅停留在成本控制的层面上，没有清楚地认识到财务管理更严格的意义，是成长管理而不是简单的成本管理。**只有正确理解现金的战略意义，严控资金使用效率，危机才不会对企业构成威胁。**

我们可以看到相反的例子，当一家企业放松对资金使用效率的控制时，就会导致极其可怕的结果，韩国的大宇公司就是这样一个典型的案例。

韩国的大宇公司曾创造了世界车坛的一个速成神话。大宇集团成立于1978年，从成立到崛起为汽车业界的巨无霸之一，仅用了不到20年时间，就成为韩国第二大企业集团。但是因无力偿还巨额债务，大宇于1999年8月被迫解体，大宇汽车公司则被列入"整顿企业"名单。在此期间，大宇曾就出售问题与多家世界著名汽车巨头协商，但未成功。到了2000年上半年，大宇汽车公司每月净亏损就接近1000亿韩元；工厂开工率大幅下降，人员精减不见进展。大宇汽车公司在韩国境内拥有两大工厂，到2000年10月，平均开工率仅为60%；到2000年底，公司的正常运营资金有近4500亿韩元的缺口。因资不抵债和经营不善，大宇汽车公司于2000年11月8日宣告破产。

分析韩国大宇破产的原因，从中我们可以看到，如果过度扩张，没有关注到资金的使用效率，结果只能是破产。

韩国经济界人士认为，大宇破产的原因主要有以下几点。

一是过度扩张导致负债过多。韩国的大企业集团是20世纪70年代在政府的扶植下发展起来的，在韩国的经济腾飞过程中功不可没。然而，这也使企业界滋生了所谓"大马不死"的心理，认为企业规模越大，就越能立于不败之地。无限制、盲目地进行"章鱼足式"的扩张成了全球企业推崇的一种发展模式，而大宇正是这种模式的积极推行者。据报道，1993年大宇总裁金宇中提出"世界化经营"战略时，大宇在海外的企业只有150多家，而到1999年底则增至600多家，"等于每三天增加一个企业"。1997年底韩国发生金融危机后，其他企业集团都开始收缩，但大宇仍然我行我素，结果债务越背越重。最终在庞大的负债下倒下了。

二是调整不当造成入不敷出。1999年初韩国政府提出"五大企业集团进行自律结构调整"方针后，其他集团把结构调整的重点放在改善财务结构方面，努力减轻债务负担。大宇却认为只要提高开工率，增加销售额和出口就能躲过这场危机。因此，它继续大量发行债券，进行"借贷式经营"。1999年，大宇发行的公司债券达7万亿韩元。经济专家们认为，盲目自信使大宇错误地估计了形势，贻误了结构调整的时机。大宇债务危机在2000年7月底浮出水面后，严重影响了金融市场的稳定。

  大宇的破产教育了每个力图做大做强的企业，盲目地扩张、不惜血本地竞争和重复投资等弊病一定会导致企业破灭。而盲目自信，不能够及时调整则成为危机酝酿的根源。企业需要扩张和成长，在战略上这并没有什么错误，但是所有的成长和扩张都需要基于一个基础，这个基础就是以科学的财务，管理，保证企业资金的正常流转。如果规模的扩张是全凭外力"抽血"实现的，那么一定会埋下危机的隐患，迟早会爆发，并在瞬间毁灭百年基业。可见，**在保持稳定中严格控制资金的使用效率，不仅是经营企业、发展企业的必需，也是防范危机的生存基础。**

第六章
为了生存，必须实施精细化管理

伟大来自于点滴的积累，成功依靠细节的把握。每个企业在其发展的过程中，都要经历若干个困局的考验和磨炼。处在一个危局困境中时，企业为了生存，就需要注重精细化管理。因为，此时此刻，在关键环节上的任何疏忽都足以致命，仍旧实施粗放式管理，无异于是自杀行为。

精细化管理的源头是科学的决策，它体现在经营的各个环节中。作为一种系统化的管理技术，精细化管理可以让顺境中的企业加速发展，也可以让逆境中的企业转危为安。它既是危机下生存的权宜之计，也是企业谋划未来的制胜法宝。

一、以精细化管理应对危机

危机中的企业，尤须精心经营，精细化管理。因为，步履维艰时走错一步就是致命的错误，处境危难时稍有闪失就会损失惨重。今天的市场已把企业逼上一条求生救亡的艰辛之路，只有修炼专、精、细的管理真功夫，才能在今天的市场环境中得以生存和立足。

1. 应对危机，精细化管理不可少

面对危机，生存是一大困难，因此，企业必须实施精细化管理。

我们不能不看到，今天的企业不少还在实行粗放式管理。这样的企业，这样的管理，就不可能拥有竞争力。国内经济学家几年前就已经预测，未来市场的发展趋势是，各行业多会出现4~5家企业垄断70%以上市场份额的局面，过于分散的"战国纷争"的割据局面将被打破。多数企业将被关停并转。对于众多的企业来说要么大浪淘沙般消失掉，要么依靠专业精细的管理获得生存的资格。

由于企业和企业之间在产品、技术、成本、设备、工艺等方面的同质化越来越强，差异性越来越小，因此，从某种层面上而言，市场竞争越来越表现为成本上的竞争。所以，**为了提高自己企业的竞争力，放弃粗放经营，进行精准管理，已经是大势所趋。**企业管理如果不注重细节，不讲究科学，不重视实效，是注定要失败的。

粗放式管理，是缺乏细节意识，只满足于"差不多"的管理。这样的管理者总认为，在市场发育的早期，只要利润空间很大，只要人们胆大，有想法，就可以赢利，不需要在节约上下功夫。而事实上，粗放式管理的这种"差不多"的管理，是一种非常不准确、不科学的管理。很多企业领导张口就是企业将实现两位数的增长，但实际上却没有任何有说服力的依据。一旦危机袭来，这样的企业总是第一批牺牲者。

这样的管理实际上是一种短暂的管理，企业事先并没有进行足够的长

期规划，企业政策往往是朝令夕改，不稳定性极大，抗风险能力低下。

与粗放式管理不同，精细化管理以提高企业经营绩效为目的。通过对企业战略目标的分解、细化、落实，保证企业战略能够在各个环节有效贯彻并发挥作用。通过细化企业管理单元，明确管理目标，改进管理方式，确保企业管理思想高效、准确、到位地落实。

当企业排除内外阻力，建立起精准化管理体制后，就有了持久的竞争力，企业之后的发展就有了坚实的基础，企业的竞争优势和长远的发展实力也就提升到一个崭新的层次上了。

2. 精细化管理是一种系统化的管理技术

精细化管理是一种系统化的管理技术，它通过规则的系统化和细化，运用程序化、标准化和数据化的手段，使组织管理各单元精确、高效、协同而持续地运行。**精细化管理要求在企业管理中多用"数学"，少用或不用"语文"**，重点是关注细节、数据、工具，而不应该是权力、经验、感觉、判断。

对于精细化管理，我们可以从以下八个方面进行理解。

- 精细化管理首先是一种科学的管理方法。管理是组织将有限的资源发挥最大效能的过程。要实现精细化管理，必须建立科学量化的标准和可操作、易执行的作业程序，以及基于作业程序的管理工具。

- 精细化管理也是一种管理理念。它体现了组织对管理的完美追求，是组织严谨、认真、精益求精思想的贯彻。

- 精细化管理排斥人治，崇尚规则意识。规则包括程序和制度，它要求管理者实现从监督、控制为主的角色向服务、指导为主的角色转变，更多关注满足被服务者的需求。

- 精细化管理研究的范围是组织管理的各单元和各运行环节，更多的是基于原有管理基础之上的改进、提升和优化。

- 精细化管理研究的对象是各类社会组织，但更多关注的是企业，特别是面临转型期、管理提升期的企业。

- 实施精细化管理的目的是基于组织战略清晰化、内部管理规范化、资源效益最大化的基础上提出的，它是组织个体利益和整体利益、短期利益和长期利益的综合需要。

● 精细化管理最终的解决方案只能是通过训练达到组织成员素质提升的方式实现。

● 精细化管理不是一场运动,而是永续精进的过程,是自上而下的积极引导和自下而上的自觉响应的常态式管理模式。

精细化管理有三大原则:一是注重细节,二是立足专业,三是科学量化。只有做到这三点,才能使精细化管理落实到位。总之,如果企业不能施行精细化管理,那么企业的利润会流失在每个管理环节的细节之中。

3. 精细化管理能为企业带来良好效益

精细化管理根本不同于粗放式管理,它要求的是在管理上精耕细作。一般来说,粗放管理追求由投资拉动的规模增长,追求管理过程中的形式主义,没有具体的量化指标来精确衡量企业的发展状况。**精细管理则强调目标的分解、细化、落实,强调数量化和精确化。**

下面,我们以戴尔电脑公司对销售人员的管理,看看"精细化"的独特之处,帮助企业更直观地理解和解读精细化管理带来的良好效益。

数据统计表明,一个戴尔电话销售员每天必须打至少 4 个小时以上的电话,同时每次通话时间的长短必须遵守相关限制。比如,10 分钟以上的通话要有多少,4 分钟以下的电话不能超过多少等。

这种严格的量化管理并非空穴来风,而是有科学依据的。按照概率统计的原理,戴尔公司对销售员的通话限制进行了一个基本假设:电话销售人员每天的通话量决定着工作的成效。按照这一思路推理,如果电话销售员每天与客户的通话时间不超过一定的数量,那么他们要想达到预期的销售目标是不可能的。因此,这种针对电话销售员的"精细化"管理就成为企业管理者的一个有效管理工具。

更重要的是,电话销售员在这种"精细化"管理制约下,抛弃了靠运气做事的思想,会全力投入自己的精力进行量化工作,并学会了主动对通话内容进行质量监控,确保工作质量的高效。我们看到,戴尔公司的电话销售员确立了自己的标准化规则,既克服了个性化工作带来的随意性,也在最大限度上提升了电话销售的效率。

事实上，西方国家在市场经济发展过程中，一些企业的经理人和管理专家很早就注意到了精细化管理的必要性，并有针对性地提出了"作业成本法"的概念，以达到精细化管理的目标。所谓"作业成本法"，其实是一种比传统成本核算方法更加精细和准确的成本核算方法，目前在发达国家的公司中已经得到了广泛应用。

在实际应用中，西方企业实施的精细化管理，常常被理解为更加实际的作业成本法。这一管理方法具有五大特征和优势。

● 通过对作业及流程成本的分析，发现流程改进的空间，如将作业划分为增值作业和非增值作业，尽量减少在非增值作业上的资源投入，将更多资源分配到增值作业上去。

● 可以考虑固定资产的闲置成本，从而为优化产能配置提供更加准确的参考数据。

● 利用作业成本法可以构建成本盈利模型，将成本分摊到多维的成本对象，如地域、品牌、客户群等，而不是像传统的成本核算仅限于产品，从而提供更加丰富的数据。

● 通过追溯成本的流动及分析成本的构成，可以对成本建立更加深刻的了解。

● 通过更加细致和科学的分析，获得更为准确的成本数据，为管理层提供更加有效的数据。

总之，"作业成本法"通过为企业提供更加精细、更加准确、更加全面的数据，最大限度上帮助企业在各个层面提升了竞争力，凸显了精细化管理带来的巨大商业价值。

毫无疑问，精细化管理会给企业带来效率和效益，而在执行过程中，团队成员也要付出艰辛的努力。特别是对那些处于发展艰难时期的企业来说，企业的规章制度不完善，企业运作还不能步入正轨，许多基层员工要经常配合工作要求加班，以致付出了艰辛的努力。可以说，这是精细化管理带来的巨大工作压力。对此，企业在实施精细化管理时，应当掌握这样一个原则：**既要追求经济效益，也要给员工合理的报酬，做到企业与员工**

互利双赢,共同发展。

4. 变经营为"精营",向管理要效益

管理是企业永恒的主题。在经历了"广告大战""公关大战""降价大战"等竞争的浮躁之后,许多企业管理人发现,无序的竞争给企业带来的是费用的损耗,对公司长远发展并没有实际意义。于是,企业管理人不得不回到经营的本质——提高经营水平,向管理要效益。

改革开放30年来,随着经济体制的调整和经济全球化、集团化发展趋势日益明朗,我国中小型企业的生存环境越来越严峻,来自企业内外的各种竞争压力越来越大。显然,20世纪80年代"胆子时代"的辉煌,20世纪90年代"点子时代"的成功都无法成为21世纪"脑子时代"炫耀的资本。**不断提高经营水平,向管理要效益,把公司做精,已经成为企业的共识。**

当"ISO、TQM、MRP、ERP"等舶来语都成为现代企业的口头禅时,我们知道,向管理要效益已经成为国内企业管理者不可推卸的职责。因此,要把企业做强必须重视内部的改革和管理,按市场经济的要求实行科学决策,全面提高企业的活力和竞争力。

向管理要效益,必须做好精细化管理,在细节之处找不足,从系统控制的角度挤利润,善于变换角度看问题,把公司真正做强做好。

北京华都肉鸡化整为零的精细做法值得我们借鉴。由于其一只鸡卖出3只鸡的价钱,仅出口创汇效益就提高了3倍之多。

具体来说,北京华都肉鸡联营公司一改过去整鸡整卖的传统营销方法,采取细分割、拆件、加工成205种规格不同的鸡块,其中120种已"分段"计价出口到20多个国家和地区。

北京华都肉鸡联营公司当初是怎么考虑的呢?原来,公司负责人经过多年市场调查,发现不同地域、不同国籍的肉鸡消费者各有偏好,因此来个分别对待。例如:鸡腿肉大量出口往日本,卖价不菲;鸡胸肉则是欧洲菜烹制美味佳肴的主要肉食之一,大量出口到瑞士等欧洲国家;而鸡翅膀、鸡内脏一直走俏于国内市场。

除了细分割、拆件卖,华都的"精营"还体现在对分割件后的肉鸡进

行精、深、细加工，采取当今国际市场最高国际卫生标准，运用肉鸡熟食加工的最新工艺技术，实现了从冷冻整鸡、分割冰鲜鸡到熟化鸡分割拆件出口的"三级跳"。并由开始的粗分到现在的细分，对肉鸡的腿、胸、翅等再细分出许多产品，如一样鸡翅膀可以再分解为翅中、翅根、翅尖、脱骨翅中、翅中半切、蝴蝶翅等十多个品种规格……如此"精营"，哪有亏损的道理？

由此可见，企业要想具备市场突破力，必须在专精的领域深入扎根才行。**增收节支，深挖企业潜力，提高管理档次，进一步加强企业内部管理，是企业做强的必由之路。** 管理跟上了、到位了，经营水平提高了，"挖潜"就得到效益，就能提升企业的竞争力。提高经营水平，向管理要效益，这是企业管理的核心要领。

二、精细化管理要体现在企业经营的各个环节

与粗放式管理截然不同的精细化管理，要求企业的每个岗位都需责任细化，落实到位，要求经营的每个环节都要做精做细，严格把关。这是企业高效率经营和实施现代化管理的客观要求，也是企业自我发展、做强做大的必然选择。

1. 建立有效的目标管理，把业务做精

目标管理20世纪50年代中期出现于美国，是以泰罗的科学管理和行为科学理论为基础形成的一套管理制度，也是精细化管理中一项重要内容。

实施"目标管理"，要求企业的最高领导层根据面临的形势和社会需要，制订出一定时期内企业经营活动所要达到的总目标，然后层层落实，要求下属各部门主管人员以及每个员工根据企业目标和保证措施，形成一个目标体系，并把目标完成的情况作为各部门或个人考核的依据。

简而言之，**目标管理就是让组织的主管人员和员工亲自参加目标的制订，在工作中实行"自我控制"并努力完成工作目标的一种科学管理**

制度。

目标管理具有以下优点。

第一，鼓励员工个人制订具有挑战性而又可行的目标，管理者通过目标管理可以提高员工的工作积极性和绩效，而且在目标实现后，能使员工产生成就感和满意感，使员工的士气能够持续高涨。

第二，在目标的指引和限定下，员工能够明确自己的岗位责任，从而明确对自己的要求，使工作做到有的放矢，还能够在一定程度上促使员工有意识地补充自身知识结构的缺陷，为职业发展作进一步规划。

第三，作为赢利性的组织，企业关心的是具体的实效，因此根据员工个人取得的绩效进行考核是与企业的总要求和目标相一致的。**在整个企业系统内制定目标和绩效标准，通过经常性的考核，明确企业对每个人的要求，有助于促进计划的协调和实现。**

第四，在许多没有实行目标管理的企业，高层管理者无法知晓众多的下属在忙什么，因而无法对企业的运作进行有效的管理，大大影响了企业的经营效率。实行目标管理，通过层层分解目标，各级管理者特别是高层管理者知道自己应该做什么，也预先知道了下级要做的事情，而且能够比较容易地制订工作计划进度安排，也比较容易和下级进行沟通，对下级给予明确的指导，同时能够向其上级作具体的汇报。

第五，目标管理要求，部门和岗位的工作任务和完成任务的标准、时限等都实现透明化，促使管理者能够公正准确地考核员工的绩效，有利于人才的培养和工作积极性的调动，也有助于实现薪酬管理的公正性。

正是由于目标管理直接指向具体、确定的主题，强调和突出细节的规范和竞争，所以能够最大限度地调动员工的积极性和主动性。这样一来，相应的工作就会做得非常到位，确保了精细化管理目标的实现。

企业在运用目标管理时要把握好以下几个操作点。

①根据公司的经营战略目标，制定公司年度整体经营管理目标。制定目标时，新办公司要注意弹性，总经理要参照历史数据并结合公司战略目标、重大战略转型及关键经营管理调整措施等因素。

②制定方法符合"smart"原则。"smart"的含义如下。

- "s"是指要具体明确，尽可能量化为具体数据，如年销售额5000

万元、费用率25%、存货周转一年5次等；不能量化则尽可能细化，如对文员工作态度的考核可以分为工作纪律、服从安排、服务态度、电话礼仪、员工投诉等。

● "m"是指可测量的，要把目标转化为指标，指标可以按照一定标准进行评价，如主要原料采购成本下降10%，即在原料采购价格波动幅度不大的情况下，同比去年采购单价下降10%；完善人力资源制度可以描述成"1月30日前完成初稿并组织讨论，2月15日前讨论通过并颁布施行，无故推迟一星期扣5分"等。

● "a"是指可达成的，要根据公司的资源、人员技能和管理流程配备程度来设计目标，保证目标是可以达成的。

● "r"是指合理的，各项目标之间有关联，相互支持，符合实际。

● "t"是指有完成时间期限，各项目标要规定明确的完成时间或日期，便于监控评价。

③沟通一致。制定目标既可以采取由上到下的方式，也可以采取由下到上的方式，还可以两种方式相结合。并且要全面沟通，认可一致。公司总经理要向全体员工宣讲公司的战略目标，向部门经理或关键员工详细讲解重要的经营目标和管理目标，部门之间相互了解、理解、认可关联性的目标，上司和下属要当面沟通、确认下属员工的个人目标。

④经常检查目标在实施过程中的执行情况。如果出现偏差，及时从资源配置、团队能力和管理系统等方面分析原因，及时补充或强化，在确有必要的前提下才调整目标。

⑤对目标进行调整。在考核之前，还有一个很重要的问题是在进行目标实施控制的过程中，会出现一些不可预测的问题。如目标是年初制定的，年中却突遇大范围的不可抗力造成的危机事件，那么年初制定的目标就不能实现。**因此在考核时，要根据实际情况对目标进行调整。**

⑥对各项目标的执行情况进行考核。按照制定的指标、标准对各项目标进行考核，依据目标完成的结果和质量与部门、个人的奖惩挂钩，甚至与个人升迁挂钩。

目标管理虽然有着突出的功效，但执行过程中也会出现偏差和缺陷。企业在制定政策和实施目标管理的过程中，必须适时采取纠偏措施，在

"执行"过程中,既注意整体的把握,又掌握实施细节的要点,这样才能真正发挥目标管理的价值,把业务做精、做到位,以保证目标管理的功效。

2. 通过工作细分明确每个岗位员工的责任

在大多数组织内部,知识型工作变得专业化,因此工作也变得高度细化。对于知识型组织而言,有效地管理好这些工作细分已经成为一个巨大的挑战。

在企业里,工作细分是减少浪费、节省成本、明晰责任的重要手段。今天,这也是企业实施精细化管理的客观要求。要做强企业,必须打造一支具备强大战斗力的团队。通过工作细分来明确责任,从而提升团队成员的专业化技能和竞争力,常常是企业提高管理效率,人尽其用的最有效手段。

"工作细分"在企业节约人力资源中的作用尤为明显。比如,企业常常借用人力资源外包和临时工代理公司等途径,满足专业知识型员工的需求。这一做法有效地使企业应对工作细化带来的管理复杂性挑战,同时还适应了人力资源外包的发展趋势。

工作机构分工明确,大家各司其职,就能最大限度地保证高效工作。

通过研究那些具备竞争力的企业可以发现,工作细分化已经在企业内部中被充分地发挥和推广。在这里,总裁做总裁应该做的事情,客户经理做客户经理应该做的事情,普通员工也各自做自己分内的事情,所有的工作都进行了事先的流程设计。总之,每一个工种和岗位都事先设定有明确的责任,其职位的责任也是被明确地细分或者量化。上至公司总裁,下至普通员工,都要符合工作细分化的管理规定要求。

在一个企业或团队中,大家各安其位,各谋其政,无疑会最大限度地提升公司运作效率。反之,角色的错位必然导致管理混乱,降低团队的战斗力和协调性。比如,一个员工做出业绩以后,先是做部门副经理,后来升任部门总经理。随着业绩增加,管理人员的职位也在往上涨,如果他在一定的位置待久了,往往会形成自己的派系和势力,最后导致公司内部派系争斗,使公司内部出现政治化倾向。出现这种情况,大多与工作细分的缺失有关。也就是说,公司对权力阶层的制约不到位,没有对核心团队成员给出明确的角色定位。**让握有权力的人不越权、越位，这是精细化管理的应有之义。**

从上面的分析中可以看出，通过工作细分明确责任，不仅能提升团队的专业化水平，还能有效避免公司内部出现争资源、争地盘、争权力的现象，避免出现棘手的治理问题。坦率地说，受传统文化的影响，中国人骨子里就有一种政治情结。企业中的管理者要消除这些人"业务成长快，责任分一半"的权力欲，必须借助"工作细分"，缩小责任范围，才能使有才干的业务人员专精于某一方面，瓦解那些破坏企业秩序的人的野心。

"工作细分"，可以使大家各安其位，各司其职。对销售部门来说，把客户分为大客户和小客户，有利于提升业务水平；对企业中的权力成员来说，通过事先言明，则能避免企业管理出现真空。因此，"工作细分"是精细化管理的重要手段。

3. 严格把好现场质量管理这一关

有人这样提出：对于21世纪的企业来说，**高质量是占领市场的最有效的武器。**

反映在企业的精细化管理中，"质量"成了最重要的考核指标之一。这里的"质量"不仅有产品质量，还包括服务质量。企业只有认真实施质量管理，才能把精细化管理真正落实到实处。

在企业质量管理中，最主要的是搞好现场质量管理。

现场质量管理以生产现场为对象，以对生产现场影响产品质量的有关因素和质量行为的控制和管理为核心，通过建立有效的管理点，制定严格的现场监督、检验和评价制度以及现场信息反馈制度，进而形成强化的现场质量保证体系，使整个生产过程中的工序质量处在严格的控制状态下，从而确保生产现场能够稳定地生产出合格品和优质品的管理方法。

由于生产现场是影响产品质量5M（人、机器、材料、方法、环境）要素的集中点，因此做好现场质量管理可以确保生产现场生产出稳定和高质量的产品，使公司增加产量，降低消耗，提高经济效益。

对企业而言，进行现场质量管理要注意以下几个方面。

一是建立质量指标控制体系，从产品技术经济指标到岗位责任制，从统计方法、考核的内容到奖惩制度都必须体现"质量第一"的思想，充实现场质量责任制内容。

二是加强生产原料及工序对产品质量的管理，即对上道工序的来料进行检验，严格把关，并对生产工序中的产品进行控制，使之既保证来料质量，消除混料和不合格投料在生产现场的发生，又可避免因产品过多而积压大量的资金，影响公司资金周转。

三是根据生产现场的实际需要设置管理点，依靠操作人员对生产工序关键部位或关键质量特征值影响因素进行重点控制，保证生产工序处于稳定的控制状态。

四是做好生产现场的质量检测工作，设置生产工序自检员，制定自检和互检制度，使自检与专职检验密切结合起来，把好"第一道工序"的质量关。

五是加强现场信息管理，随时掌握生产原料、工序在制品和产品质量以及工作质量的现状，进行质量状况的综合统计分析，找出影响质量的原因，分清责任，提出改进措施，防患于未然。

通过以上现场质量管理工作，增强现场质量意识，强化现场质量保证能力，形成完善的现场质量保证体制。实践证明：把现场质量管理放在第一位，这是生产现场质量保证体系的核心，它是以预防为主，最经济、稳定地保证工序质量的一种方法。

生产现场的质量管理是形成质量产品的第一道关，跳过了它，就会出现劣质产品。所以现场质量管理是企业经营管理一项基础内容和重点工作。尤其是制造类企业这方面的管理工作投入最多，员工最多，冒出来的问题最多，处理的难度最大。不少企业都有部门负责人盯在现场严格把关的规定，及时处理发现的问题。**把好现场质量管理这一关，会让企业的产品赢得更多顾客的青睐和更多市场的回报。**

4. 财务核算要做到"精、细、准"

任何企业财务核算都不能马虎，一定要精、准、细，否则就会出大漏洞。这一点，企业应该切记。

现代商战中，财务是商战能否获胜的"生命线"。过去有许多企业，产品虽然不错，但最后仍难逃破产厄运，究其原因乃是财务周转困难，或被倒账等。

所以，如何做好财务管理中的核算工作，乃是各企业必须随时注意的问题，尤其是企业。

例如，在资金运用上要做到减少现金量的需求，加速账款流通；缩短收账时间；不要积存过多原料，缩短半成品的制程；成品不要多量化；有效运用机器设备；土地与建筑物不一定要购买等。

财务管理的一个重要职能，是为决策提供依据，由此可以分析哪些产品投入少、利润高。有的产品，毛利很高，感觉能赚不少钱。但仔细计算，利润却远不如某些常态的、不引人注意的产品。

财务也会提醒企业经营者，哪些支付太大，要节省；哪些投入还不够，应加大投资力度。有了财务的反映，企业管理者的决策才有依据。

要想做好财务核算，企业经营管理人员必须掌握基本的理财知识。

资金准备、风险的计算、利润的计算，这些都与财务知识搭界，企业的老板必须学习和掌握一些基本的财务核算知识，且一定要精细和准确。

这一项工作能反映出资金的运作情况。虽然管理人员可以充分相信自己的头脑，但用笔记下各项收入和支出，还是很有必要的，而且以清楚明白为宜。

事业一旦运作，各种费用往往会超出先前的估算，就必须修正先前计算的利润率。许多企业在创业之初，感觉到业务运转正常，认为是该赚到一笔钱了。但经过财务计算之后，大吃一惊，赚到的一点儿钱，全拖欠在客户手中，甚至还严重地影响到企业运转。

准确的财务核算，使企业经营者清楚经营的状况和收入。有了财务的明确数据，才可以正确安排和推进各项事务。可以拖一拖的账款，心中有数，才知如何应对。通过精、细、准的财务核算，企业就能够随时把握自身的经营状况，发挥优势，堵塞漏洞，以保证企业更健康地发展。

5. 开会也要讲究高效率

精细化管理不仅表现在严格的制度、准确的市场定位、完美的质量检测等方面，还表现在日常管理工作中要始终以办事高效提高管理绩效为根本目标。

会议是企业管理者在布置任务、总结经验、整顿动员、开展工作的一种常用手段、常规管理方式。然而，许多企业的会议，与精细化管理要求差距较大，并且常常出现各种弊病，严重降低了组织运作效率，应当警觉并加以纠正。

企业中常见的会议弊病有：

- 中心不明确。开牢骚会、扯皮会、批判会、邀功会，很多会议往往是首脑的"一言堂"。
- 议事缺乏规则。会议当场的反应往往是出于直觉、部门利益以及私人关系，缺乏客观理性。
- 临时会、突发会太多。项目流程的执行很容易被各种临时的会议、各种临时的决策干扰。
- 决而不行。许多企业的会上不是一致的拥护，就是一言不发。而会后却议论纷纷，执行会议决议也是阻力重重。

以上种种，都可以归结为会风不正。这样的会议不开也罢。**作为善于精细管理的企业领导者，往往会根据企业的实际需要把握好会议的节奏，提高会议的效率。**其做法是：

- 开短会、讲短话，注重会议实际效果。
- 准时召开会议。会议延迟召开是对时间和成本的浪费，时间一到即召开会议，并给会议迟到者适当的惩罚。
- 会议议题明确，重点突出。一般一到两个议题。
- 会前都计划周全，避免讨论与会议议题无关的内容。
- 规定与会者的发言时长。
- 会议结束后，认真检查落实情况和决议执行情况。

一个办事高效、精细化管理的企业领导者，开会的时候绝不拖泥带水，绝不耗费无用功，也绝不召开无效无用的会议。

三、把企业的经营成本降到最低点

面对着危机，面对着生死存亡的困局，每一个企业都要把降低生产经营成本作为头等大事来抓。

危机中，高耗浪费的企业已无法生存。建立节约型企业，是所有企业所面临的一项十分必要和紧迫的任务。

一个优秀的企业必然会让节约成为企业的一种精神，一种文化。只有一手抓增收，一手抓节支，企业才能生存与发展。

1. 成本的高低，直接关系到企业的兴衰

企业赖以生存的生命线是获得利润。对于企业来说，每一项举措都是为了获得利润。如果长期不能赢利，那么最后的结局只能是企业破产，员工失业，每一家企业都必须尽最大的努力，采取一切措施去创造利润。坚持节减成本的方针，不仅仅是企业应对危机的权宜之计，而且也是增强企业核心竞争力，实现可持续发展的根本要求。

而利润是由"收入"与"支出"这两个要素所决定的。每一位企业经营者、管理者和普通员工都会知道这样的一个公式：

利润 = 收入 – 成本

就是**这样一个简单的公式，里面却蕴藏着企业生存和财富的秘密。**

要获得利润，企业就必须抓住两大关键，一是增加收入，二是削减成本。正因为如此，所以管理学大师彼得·德鲁克指出：**"企业家就只要做两件事，第一是提升销售，第二是削减成本。其他的什么都不要做。"**

可见，削减成本是企业经营中极其关键的工作之一。成本的高低直接关系到企业的兴衰和经营的成败。

古今中外，从小作坊到跨国公司，无一不注重"节减成本"的经营理念。企业要生存，要发展，就必须坚持节减成本。可以说，**节减成本是企业获取利润的最易行、最可靠的途径。**

每一位成功的企业家都会在经营实践中深深体会到：**节减成本就是创造价值，节减成本就是创造企业利润。**

任何一家企业，要想增加利润，都需要在开源与节流两方面努力。开源是增加利润的途径，节流是留住利润的措施。也就是说：企业开源与节流，都是为了提高企业的效益。因此，任何企业都必须双管齐下，在推行

开源时注重节流。在开源一定的情况下，每节流一分钱，实际上也就是增加一分钱的利润。

应当看到，很多优秀的企业都越来越重视节流，都十分注重厉行节约，珍惜每一分自然与社会资源。如今企业普遍提倡节约每一分钱，每一张纸，每一度电，每一滴水，每一滴油，每一块煤，每一克料……

有的公司规定，一次性纸杯只能供客人使用。在公司开会时，经常可以看到客人一侧是清一色的纸杯，而公司职员这一侧则是风格各异的瓷杯或玻璃杯。这是因为这些公司倡导环保节约的理念，即使这样的小细节，也规定得特别详细。

无论企业是大还是小，是富还是穷，使用公物都要节省节俭，出差办事，也绝对不能铺张浪费，这需要成为企业精神的一部分。

美国一家跨国公司在全球共有六七十个子公司，为了控管好每一笔支出，公司创始人詹姆斯让公司的财务稽核人员审核每一笔特定的费用支出，如果发现不正常状况，就要求稽核人员马上多加注意。

詹姆斯最喜欢审核超支的费用，而且是那些金额很小、大家认为不必费心去查的项目，因为只要审核这些项目，大家就会认为公司既然连这么小的项目都查了，大额支出就更不用说。

有一次，一个高级主管违反了公司规定，在出差报销费用时多报了3000多美元，詹姆斯不但惩罚了他，还开会对此事公开批评。

这样一来，除了让高级主管感到惭愧，并痛改前非，还使广大的基层员工更加明确公司的制度，从而约束其遵守相关的规定。

要求公司的高级主管注意节省开支，倡导节俭，并且身先士卒地执行落实，这样就必然会在员工面前起到正面而积极的示范作用。持之以恒，大家就会养成精打细算的习惯，花公家的钱像花自家的钱一样节约。

对于要求员工养成节约的习惯，英国爱普生公司的总裁这样说："有时候，节约下来的钱并不很多，但这样做可以帮助员工树立朴素求真的观念与作风，而这一点对于一个大公司来说却是至关重要的。"

2. 把降低成本当作企业管理的头等大事

企业管理的一个基本任务，就是如何不断地降低成本。美国管理大师彼得·德鲁克在《新现实》一书中对成本有一句非常精辟的话，他说："在企业内部，只有成本。"另一位管理大师戴明也指出："不断降低成本是企业管理创新的永恒的主题。"

彼得·德鲁克还指出："创新如果不能提供使用价值更高、相对成本更低的新产品和新方法，如果不能更快地取得这些成果，那么，这个创新即使不是一钱不值，也是至少要暂时被束之高阁的。"

事实正是如此，像阿莫科公司的 NDC，是在纯化 PTA（制造涤纶的原料）时发现的新材料，它的性能大大优于 PTA，但制造成本太高，结果被束之高阁好几年，直到市场在摄录像机数字化和小型化时才产生了容纳它的成本的需求，它才能大展身手。

所以，企业在追求高效率发展壮大的时候，不能仅仅着眼于规模的扩充、能力的增强、产量的提升。明确地说，不能固执于追求数量的畸形增长。占领市场是重要的，也是必需的，但是无须把它提升到战略位置上，视之为企业发展的全部。**生产的唯一目的就是销售商品，转换成货币，实现最大利润追求。**只有如此，方能真正地让企业长足发展，始终在激烈的竞争中立于不败之地。

作为企业经营者，千万不能让单纯的产量增长率等数字蒙蔽了眼睛。有不少经营失败者在回顾自己的惨败原因时，都会提到这一条：业绩的高速度妨碍了自己的决策，它让自己误入了失败的胡同。一些企业经营者在形势大好之时，会盲目地扩充公司规模，疯狂地要求下属增加产品生产量，把市场占有率一提再提。可结果往往会变成这样：企业的投资变得毫无意义，财政开始枯竭，资金周转不灵，库存膨胀，市场虽被自己的产品霸占了，可它们只是存在于销售场所，却极少有人问津，企业开始走下坡路。

作为企业经营者，降低成本才是其头等大事，产量不是目的，只有价值和利润才是最真实的。所以一定要有成本意识，心里应该有一个隐形算盘。

正因为如此，德鲁克才告诉我们："成本感觉是管理者最为重要的经营感觉。"对于经营管理者来说，应该注意以下三个方面的成本。

第一，相对于销售额花费了多少直接成本。管理者不应该单纯地看直接成本，而应该看相对于销售额的比率，把附加值比率作为指针最合适。附加值即企业活动所产生的新价值。一般来说，包括零售和批发的商业是指销售额总利润（销售额减去销售成本），制造业等工业是指加工额（生产额或销售额减去材料费、外协费），建筑业是指完成加工额（完成工程额减去材料费、劳务费、外协费），这些数字相当于附加值，附加值与销售额之比为附加值比率。这几年附加值比率的大致平均值为：制造业41%~42%，建筑业27%~28%，批发业18%左右，零售业30%。如果本公司的数字比这些平均值低，说明直接成本花费过多。在这种情况下，努力降低进价，降低对外协作成本等等，将成为经营的重要手段。

第二，**直接成本以外的成本花费了多少**。这种成本多为销售管理费。销售管理费是指销售员工资、包装运输、广告宣传、接待交际等销售费加上有关人员工资、福利保健、办公用品、差旅、通信、房租等管理费。销售管理费与销售额之比即销售管理费比率。目前销售管理费比率的平均值为：制造业19%，建筑业约14%，批发业16%~17%，零售业约28%。超过了这个数值，则说明比其他公司销售管理费高。

第三，**人事费方面的成本花了多少**。人事费，是指关系到人的经费，合计为工资、奖金、福利保健费等。人事费与销售额之比，即人事费比率。目前人事费比率的平均值为：制造业17%~18%，建筑业12%~13%，批发业超过6%，零售业超过13%。人事费过高时，由于不能降低工资，只有削减人员或在现有人员的基础上努力提高销售额，也就是提高劳动生产率，必须关注每一个员工提高了多少成果。

以上三个方面的数字是企业经营者应该看的最为重要的数字。

3. 在战略定位时就要关注经营成本

战略定位是指企业在赖以生存的市场上如何选择竞争武器以对抗竞争者。定位意味着有所为，有所不为。定位直接影响着企业的产品、品牌或业务模式的运作方式。**定位是系统工程，是一种战略选择，而不是文字游戏**。无论选择什么样的定位，都必须要有一系列配套措施来辅助，否则定位就成了空中楼阁。

产品可以定位在低端，也可以定位在高端；可以定位在某个细分市场，也可以定位在多个细分市场。在多层次、多元化的市场中，战略起点必然也会有多层次、多元化的特征。这些"起点"都没有错，关键是后面的策略和措施是否配套。如果定位在低端，就必须按照低端市场的规律去做；如果定位在高端，就必须按照高端市场的规律去做；如果定位在某个细分市场，就必须按照这个细分市场的规律去做。只要顺应了规律，这种定位就会走向战略成功的终点，否则就会半途而废。

在格兰仕横空出世之前，微波炉被定位为一种家庭使用的奢侈品，价格很高。但是格兰仕重新做了定位，把微波炉定位为普通家用电器。如果是奢侈品，销量自然会小，利润率自然要高；而普通家用电器则正好相反。在这种定位思想的指导下，格兰仕必然要以低价格销售。无论是低端的微波炉，还是高端的微波炉，价格都必须从当时"高高在上"的高位上走下来，微波炉必须舍弃高利润率。

格兰仕要想使定位获得成功，有两条道路可供选择。第一条道路是企业没有低成本优势，但是追求较低的利润率；第二条道路是企业获得低成本优势，在压低价格的同时保持行业平均利润水平。如果选择第一条道路，格兰仕可以在价格战的初期获得成功，但是一旦有成本优势的竞争对手也诉诸价格战，格兰仕或者成为价格战的失败者，或者赢得价格战但失去利润，这两种结局都是理性企业极力避免的。因此，如果格兰仕不能获得低成本优势，那么其关于微波炉的定位就变得毫无意义，因为格兰仕无法通过这种定位在战略上获得成功，最终成功的是最具成本优势的竞争对手。最终，使格兰仕的微波炉定位获得成功的关键是：格兰仕走通了第二条道路，找到了低成本优势的途径。

格兰仕通过为跨国公司做 OEM（原始设备制造商）获得生产规模经济，然后再以刚性的价格战来实现大规模销售，使产能得到充分利用，完成了微波炉定位的一个闭环，最终成功地逐次占领了从低端到高端的各个细分市场。所以，格兰仕产品定位成败的关键是能否获得低成本优势，如果能，就可以从这个战略起点走向成功的战略终点；如果不能，就必须放弃这种定位。事实证明，格兰仕的定位是成功的。

在企业的战略管理中，首先应分析企业的产品所处的生命周期和市场份额等，然后确定其应采取的战略。具体到财力上要加大投入，在定价上要不惜牺牲短期现金流量来换取市场占有率的扩大，在成本管理上则要努力确定明确的战略，是以产品差异战略取胜，还是以成本领先战略取胜。

成本领先战略可以通过规模生产、追求曲线效应、严格控制成本等方法来实现；而产品差异战略可以通过培养顾客对品牌的忠诚度、提供优良的顾客服务、改进产品设计等方法来实现。

4. 让节约成本成为企业的一种文化

在一个优秀企业，节约成本必然成为企业的一种文化。

一个优秀的企业必然要有一种优秀的企业文化，而一种优秀的企业文化才会造就一个成功的企业。开源节流是企业管理中的永恒的主题，也是每位员工都要关注并且努力去实现的目标。因此，厉行节约应该作为企业文化建设的一个至关重要的方面。

随着市场经济的发展，同行业之间竞争到最后关头，无疑形成了成本的竞争。**成本控制的好坏往往决定着企业与竞争对手之间的成败**。因此优秀企业都能认识到：成本控制不是以降低质量为代价，而要在保证质量的基础上降低成本，唯有在工作流程上创新、在生产工序上创新来控制成本。

因此，许多生产型企业在企业文化建设中，特别重视以成本核算为基础的企业管理体制的文化导向，从统一员工认识上下功夫，强调成本控制的重要性，激发员工爱企、爱岗的主人翁精神。通过企业文化建设来弥补制度建设中的不足，从"要我节约"的被动式成本控制管理，转变为"我要节约"的主动型全员成本控制管理，从而使企业置身于良性的管理氛围中。

企业文化对于成本控制的影响作用是具有深远意义的。日本、美国、西欧的一些企业在这一点上做得很出色，非常值得中国企业学习与借鉴。

位居世界500强企业之首的沃尔玛，其成功之道就是把成本控制融入了企业文化。现在全球都在研究沃尔玛是如何成为世界500强第一位的，其最重要的原因就是实行了也产品销售的"天天低价"，正是这一"天天低价"的销售策略使沃尔玛具有了强大的市场竞争力。

那么，沃尔玛是如何实现天天低价的呢？**究其根本，是由于沃尔玛拥**

有强有力的成本控制能力。 为了控制成本，沃尔玛的节俭似乎都让人难以置信。

在一条杂乱的狭窄的巷子里，街口竖着的路牌上写着"洪湖二街"，然后一个下坡路，10米左右处并排立着两个牌子，一个牌子标示着"沃尔玛公司中国总部"，另一个上面写着停车收费的告示，两旁是陈旧杂乱的住宅楼。上四楼沃尔玛前台，右边的半层是洽谈室，外面是供应商等候区，很多供应商在忙着打电话或者填写表格。往里面去则被分成面积相等的格子间，这便是沃尔玛公司的采购经理们接见供应商的地方。走道内堆着供应商带来的各种商品。格子间的一面挡板上张贴着沃尔玛公司的十大原则，以及提醒员工不要收受贿赂的告示。沃尔玛有实权的采购经理们全部集中在五楼办公，六楼则是公司各种运营部门所在地。楼道内、电梯中、员工格子间的外面挡板上到处张贴着沃尔玛各种各样的标语。五层、六层的装修异常简单，粗粗细细的管道都露在外面。

在沃尔玛，所有员工的办公桌，都是电脑城里最常见的那种最廉价的电脑桌，连老板也不例外。有的连桌子边上包的塑料条都掉了，露出了里面劣质的刨花板。

虽然你可能对沃尔玛的节约有所耳闻，但是这些景象绝对会超乎你的想象。

已经60多岁的沃尔玛亚洲区总裁钟浩威，每次出差只乘坐经济舱，并购买打折的机票。他有一个习惯，喜欢在乘机时问邻座乘客的机票价格，如果发现比他购买的机票便宜，公司的相关人员就肯定会因此受到质询。

沃尔玛的买手们和供应商讨价还价，他们被认为是最精明、最难缠的一批家伙，但他们出差却只能住便宜的招待所。

沃尔玛的一个经理去美国总部开会，被安排住在一所大学因暑期而空置起来的学生宿舍里。

沃尔玛拥有独特的组织制度和文化，不过这些制度和文化本质上是为控制成本服务的。

沃尔玛倡导员工忠于顾客。忠于顾客的内涵就是提供有价值的商品给顾客，忠于顾客的外延就是实行天天低价，为顾客节省每一分钱。

这不仅仅是制度，更是沃尔玛的企业文化。

节约成本从来就不是个小问题，需要大本领才能做得彻底、做得不留遗憾。特别是对于某些企业来说，不实行低成本运营就难以生存，可谓成本决定存亡。让我们来看一看另一家世界著名的零售企业百安居的节约文化。

百安居（B&Q），隶属于世界500强企业之一、拥有30多年历史的大型国际装饰建材零售集团——英国翠丰集团，从1999年进入中国内地，至今已开设了23家分店。中国公司2004年的营业额约为32亿元人民币，利润达7 000万元人民币，如此财大气粗的公司却将节约发展为一种生存哲学，在日常的运营中阐释着什么叫"节约为王"。

在北京四季青桥百安居一楼卖场，偏僻的西南角摆了张小桌子，来访者在有些破旧的登记簿上签字后，通过狭窄的楼道，华北区的百安居总部就借居在此，与明亮宽敞的卖场相比，办公区显得有点儿寒碜。

华北区总经理办公室照样简陋，一张能容6人的会议桌，毫无档次可言的普通灰白色文件柜。没有老板桌，总经理文东坐的椅子（用"凳子"这个词也可以）和普通员工一样，连扶手都没有，就这几件物品办公室里已很狭窄了。

总经理手中的签字笔只要1.5元，由行政部门按不高于公司的指导价去统一采购——这听上去有些令人惊叹。而他们选用廉价笔的理由是：既然都能写字，为什么要用贵的呢？

这就是百安居的节约文化：**企业的所有支出，都是建立在可以给客户提供更多价值的基础之上**。换句话说，企业所有的投入都应该为客户服务，以提供给客户更多的让渡价值为本。于是有没有老板桌不成为问题，选择廉价笔也理所当然；对于那些对客户没有直接价值的支持部门进行照明控制，对空调温度的控制也同样如此。因为客户不会为你的奢侈买单。

正是这种节约的意识，百安居的营运费用占销售额的百分比远低于同行。以百安居北京金四季店为例，京城另一家营业面积同样为2万平方米的建材超市，销售额只有金四季的1/2，营运费用却比金四季店多出一倍。

在百安居，对于一些直接的、显性的成本项目，"每一项费用都有年度预算和月度计划，财务预算是一项制度，每一笔支出都要有据可依，执行情况会与考核挂钩。"中国区总裁卫哲曾如是说。

"员工工资、电费、电工安全鞋、推车修理费、神秘顾客购物……"营运报表上记录着137类费用单项。其中，可控费用（人事、水电、包装、耗材等）84项，不可控费用（固定资产折旧、店租金、利息、开办费摊销）53项。尽管单店日销售额曾突破千万元，营运费用仍被细化到几乎不能再细化的地步，有的甚至单月费用不及100元。

每个月、每个季度、每一年都会由财务部门汇总后发到管理者的手中，超支和异常的数据会用红色特别标识，管理者会对报告中的红色部分相当留意，在会议中，相关部门需要对超支的部分做出解释。

在百安居，一套成型的操作流程和控制手册在员工手中被严格执行，该手册从电能、水、印刷用品、劳保用品、电话、办公用品、设备和商店易耗品八个方面提出控制成本的方法。比如将用电的节俭规定到了以分钟为单位：

用电时间控制点从7：00到23：30，依据营业、配送、春夏秋冬季和当地的日照情况划分为18个时间段，相隔最长的7个小时，相隔最短的仅有两分钟。

"我们希望所有员工不要混淆'抠门'与'成本控制'的关系，原则上，'要花该花的钱，少花甚至不花不该花的钱'，我们要讲究花钱的效益。"《营运控制手册》的前言部分如此写道。而且"降低损耗，人人有责"的口号随处可见。这种文化的灌输从新员工岗位培训时就已经开始，并且常常在每天晨会中不断灌输、强化。

节约成长已成为百安居的一种企业组织行为，并植入到了员工的文化血脉中。

其实，节约多少钱对沃尔玛、百安居这样财大气粗的跨国企业来说，可能无关痛痒，但**关键是通过这种持续节约的做法，养成了整个公司的节约文化**。可以说，正是这种节约文化推动着沃尔玛、百安居这类企业的发展。同时在节约文化的感染下，员工也培养了节约的美德，真正做到企业与员工的双赢！

5. "抠门"降成本,"抠门"出利润

要降低成本就要"抠门"。在企业进入微利时代的今天,只有"抠门"才能为企业卸下沉重的包袱,使企业从容面对各种竞争。从小事入手,把节约落实在每一个细节上,才能变小利为大利。因此,**当一个企业能够抠出低成本时,也就抠出了高效益。**

国内一家知名家电企业新近推出的《节约手册》规定:办公纸必须两面用;铅笔用到3厘米才能以旧换新;大头针、曲别针、橡皮筋统一回收反复使用;文件只要不是机密的,统一回收再用反面;员工洗手时,一湿手就应拧住水龙头,打好肥皂后再重新拧开冲洗……

当然"抠门"绝不是该投资的不投资,而是杜绝浪费,将不该花的钱节约下来,让它发挥更大的作用。

美国思科公司是赫赫有名的跨国IT企业,年营业额近200亿美元,即使受IT行业整体不景气的影响,2004全年赢利仍高达19亿美元,现金还有200多亿美元,可以说是财大气粗。

可是,思科的节约却到了近乎"抠门"的程度,在思科,节约几乎体现在日常生活的每一个细枝末节上。

思科总部的自助餐厅和员工休息室的墙上,到处都张贴着名目繁多的"省钱技巧",比如,乘坐协议公司的航班,每张机票平均可节省100美元;把会议地点定在思科会议中心,比在酒店更便宜等等。

思科总部的办公楼、实验楼有好几十座,但公司领导只占据一座中一层的一隅。从总裁钱伯斯算起,所有高层都只有一间背阴的小办公室,外带一间能放几把椅子的小会议室。至于大班台、休息室、双人床等影视片中常见的老板必备设施,影儿都见不着。

有一次,思科把世界各国的行业、金融分析师们请来,介绍公司的发展战略,参观各类新产品。公司领导悉数出动,技术人员热心讲解,但对这些能够影响公司股票升降的参观者,思科提供的午餐却只是盒饭——三明治两片、苹果一个、巧克力和点心各一块。

为了控制支出,包括钱伯斯在内的思科所有员工,出差住宿都有统一

标准，电脑会自动从工资中扣除超标部分，找人说情也没有用。

在员工休息室里，赫然张贴着这样的告示：每人每天少喝一瓶冷饮料，公司一年便可节约240万美元。有的员工于是替领导"分忧"，在留言板上写下大字："请喝自来水！"

不过，虽然有"请喝自来水"之类的调侃，思科员工对于"勤俭持家"其实很当回事。2004年，全公司通过各种手段降低的开支高达19.4亿美元。因为公司对思科员工来说确实是"家"，思科的3万多名员工，个个都有公司股份，公司"抠"出效益，大家都会受益。有此利益为纽带，自然会令行禁止。

节约成本不仅仅是管理者一个人的事情。企业的每一名员工都应树立节约的意识、让节约成为深植于心的一种意识，一种责任和一种道德。思科新闻发言人让·皮维姗说，提倡节约已经成为思科的企业文化，公司从1984年12月诞生起，就在不断强化这种理念。公司董事长约翰·摩格里奇的格言就是：**"花思科的钱，要像花自己的钱！"**

第七章
危机恢复，全力做好善后工作

　　一般而言，最好的危机管理也不可能完全避免危机造成的消极影响，那种认为危机过后就一切正常的看法既不现实也不可能。所以，当危机基本得到控制时，企业应不失时机地将危机管理的重点转向危机恢复工作，尽快使企业从危机中恢复过来，进入正常状态。危机处理后的恢复期都需要一段时间，企业面临的恢复任务也必然十分复杂而繁重。从这个意义上讲，危机恢复工作也是一项系统工程。

一、危机恢复的重要意义与影响因素

企业危机恢复计划确定之后,接下来的重要步骤就是如何积极行动起来,采取有效措施予以实施,以实现危机恢复计划的目标。危机之后的企业恢复相当于病人手术之后的康复过程,脆弱而又充满着希望。企业管理者应加强这方面的管理能力,以有效地恢复。

1. 危机恢复的含义与重要意义

企业恢复是指企业运用各种力量,消除危机影响的系列活动和过程。包括企业在危机状态得到控制后,通过一系列的措施完善企业内部管理,恢复与利益相关者的关系,重塑企业形象。

对危机的总体评估远比计算危机造成的直接损失困难得多,因为危机的影响持续的时间是很长的。消除危机给企业带来的负面影响、完善企业可持续性发展的机制是危机恢复管理的重要任务。

危机恢复工作在危机持续过程中就要着手进行。当危机应急管理基本告一段落之后,企业就应该着手消除危机过程中给企业造成的各种消极影响,并且通过一系列的管理措施来完善企业的内部管理和外部公关,以使企业的日常工作早日走上正轨,并且通过反思危机过程中吸取的经验和教训,对企业的"漏洞"进行修复,以使企业获得更大的发展空间。

进行危机恢复工作主要有以下三方面的意义。

(1) **危机恢复可以帮助企业改进管理**

企业以危机事件为契机来配套地解决与危机事件相关的、可能导致更大危机的相关问题。在企业内部通过改进生产线、企业流程重建等危机恢复工作,使之尽快恢复秩序,正常运作,为企业创造更多的效益。在企业外部则采取利益补偿、信任重建等措施,恢复企业在公众心中的形象。

(2) **危机恢复帮助企业获得长远发展**

企业可以通过构建并输出人们普遍认同的信念,如责任、关爱、和谐等,来提升企业的形象,使企业获得更长远的发展。犹如"凤凰浴火,涅槃重生",**危机恢复可以帮助企业在经历过危机的磨难后实现"质的飞跃"。**

(3) 危机恢复可以帮助企业维持正常的、持续的运作

企业进行危机恢复的最终目的就是尽可能地消除危机产生的负面影响,维持或重塑企业形象,保证企业持续高效地运作和发展,不会因为一次危机导致企业从此萎靡不振。具体地说,要保持企业运作的持续性主要有两个方面的内容:一是企业结构和功能的持续,危机会使原来的结构发生改变,个人之间、部门之间的沟通会产生冲突,这时就打破了原有的完整的企业结构,危机恢复可以重新改进和调整企业结构,确保企业系统的功能得以修复和维护;二是危机对员工的心理和工作情绪通常会造成影响,危机恢复能帮助员工渐渐舒缓紧张、恐惧、焦虑的情绪,使员工从危机的环境中解脱开来,重新找到正常的工作状态。

积极有效的危机恢复工作能帮助企业快速恢复正常有序的状态,对于企业的生存、发展及变革等都起着重要的作用。

2. 影响危机恢复的主要因素

企业危机恢复工作是一项复杂的工程,它不仅要求各个部门共同努力、密切配合,还要及时消除来自企业内外的各种压力和阻力。因此,我们要想实施企业危机恢复计划,顺利开展危机恢复工作并取得预期的成效,就必须弄清楚影响危机恢复工作的基本因素。危机管理专家罗伯特·希斯认为,所有的方面归结到一起,就变成了两个基本问题:一是期望企业危机恢复的速度应多快;二是危机事件实际造成的损失有多少。企业恢复管理的工作必须根据这样两方面内容进行调整,才会有立竿见影的效果。

由于危机的影响范围以及危机对企业所造成的损失有差异,所以企业在危机解决之后的恢复进度有所不同。一般情况下,企业的危机恢复取决于以下几个关键因素。

- 企业在危机中所遭受的直接损失的大小。

- 企业可用于危机恢复的流动资金量。
- 其他可利用的资金和人力资源的持续补给能力。
- 企业重获物资和人员配备的难易程度。
- 危机恢复计划的准备和执行情况。
- 危机的波及范围是属于该企业特有的还是该区域所有企业。
- 企业上下相关人员对危机恢复的关注和支持程度等。

管理者在危机恢复时要把握好这些关键因素,根据以上指标制订出企业的危机恢复计划,努力让企业在最短的时间内摆脱困境。

当然,企业管理者可以先行决定他们期望恢复的速度,然后根据危机的规模以及由危机造成的损失的大小,进行灵活的调整。对实际造成的损失可以由危机处理过程中所耗用的资源数量来计算,这一点对于大多数企业而言并不是什么难事,下面重点分析决定企业危机恢复速度和效果的几大因素。

(1) 恢复计划的制定

早在危机预防阶段,我们就介绍了危机管理计划,其中的一个重要内容就是要制定全面的企业恢复计划。企业危机恢复计划包括明确的危机恢复目标和危机恢复的重点对象(如对员工信心的恢复和对企业形象的恢复),以及危机恢复的物资上和策略上的准备。就如同没有危机预警机制的企业会被一个又一个危机包围,没有危机应急预案的企业会被突如其来的危机打得片甲不留一样,在危机之后的企业恢复阶段,没有事先的恢复计划,企业也同样难以从危机的劫后余生中迅速走出。所以,**是否做好危机恢复计划的充分准备,也是考察一个企业危机管理机制是否完善的重要标志。**

(2) 资金的保障与配置

正所谓"巧妇难为无米之炊"。危机之后,一个企业的恢复计划再怎么恢宏庞大,领导层的能力再怎么卓越出众,如果离开了资金这一强大的后盾,所谓的企业恢复也只会是镜中花、水中月。**因而,把充足的资金作为企业危机之后恢复的第一硬指标是一点也不为过的。**

（3）资源储备与补给

在恢复的过程中，企业必定要充分运用各种资源，而它又肯定要受到人、财、物、技术、信息等多种经营要素数量、质量和结构上的制约。企业所拥有的经营资料和生产要素总是有限的，这与企业恢复时对资源需求的迫切性构成了一对矛盾。企业在恢复阶段需求的资源种类繁多，有硬性资源，也有软性资源；有有形资源，也有无形资源。从生产设备、经营场地到人才储备、员工信心，无一不是企业恢复的力量来源。因而，**如果事先没有做好有效资源的储备工作，企业的恢复之路也会愈发坎坷漫长。**

（4）与利益相关者的有效沟通

企业员工、股东、分销商、社会公众、新闻媒体和政府部门等企业利益相关者的意见和态度，从不同的方面直接决定了企业危机恢复工作的成败。如果没有与这些利益相关者进行有效沟通，取得他们的理解、信任和支持，企业的恢复工作就无从谈起。比如，对内必须取得企业股东和员工的信任和支持；对外必须依靠银行的信贷支持、媒体的正面报道、政府部门的政策性优惠措施以及代理商、销售商的密切配合。这些内外因素的支持程度将直接决定企业的恢复速度和效果。

二、危机恢复的内容与步骤

危机的恢复一般都能通过相对有效的措施来有条不紊地进行，其效果取决于企业的应对措施是否完善和到位。对于危机而言，大部分灾难都是由于缺乏良好的整体协作及信息沟通能力造成的，这种情况在应急管理完成后，仍很明显。对企业而言，一些"硬件"有形的损失容易恢复，而"软件"无形的损失，要修复的话需要动用大量的人力和财力，并且按照正确的步骤加以落实。

1. 企业有形危机的恢复

企业的有形资产一般包括房屋、设备、人员、外部资源以及相关器材等。危机的产生如果对企业的这些有形资产造成严重破坏,就成为一种有形的危机,这种有形危机使得企业的生产能力和销售能力也会受到严重影响,企业就无法正常运作。企业虽然可能通过投保或政府支持而得到一部分补偿金额,但是对有形危机的恢复仍需要耗费企业大量的资金。即使企业能够使其有形资产大致恢复到危机前的状态,但由于企业原有的外部资源的供应渠道受到了破坏,如水、电、天然气等能源不能及时供应,那么企业的设备也无法正常投入使用,企业仍然丧失生产能力,其相关业务也就无法正常开展。**所以企业在恢复有形资产时也要恢复企业日常运作所需要的物资供给渠道。**

如果企业的有形危机造成人员伤亡,导致了企业劳动力的减少或社区居民人数的减少,那么就有可能由于人事上出现断层且短时间内难以恢复而导致企业的日常管理和运作受到严重的影响,使企业创造效益的能力也大大下降。另外,即使企业的员工和生产能力仍然保持完整,市场容量的缩小也导致企业客户量的减少,从而使企业的利润下降,给企业的发展造成不利影响。所以**企业在恢复内部人员的同时也不能忽略了外部客户的维系和发展,这也是恢复企业日常运转的重要方面。**

有形危机的恢复工作应考虑以下内容。

- 企业的生产能力和产品需求在危机中受到损害的可能性以及受影响的程度。
- 企业有可能向政府或者保险公司取得恢复资金的可能性。
- 企业对现有设备进行修复和再购置的可能性及难易程度。

对这三个方面的内容进行分析和评估之后,企业就应制订相应的恢复计划来保证或者促进危机后的恢复工作。

因此,企业在对有形危机的恢复管理中,应着重抓好以下三方面的工作。

(1) 修复的设计与规划

这类工作包括对一些受到结构性破坏的大型区域重新设计或重新规划。重新规划时可能会产生经济上或人员上的冲突,这是管理者应该考虑到的。而且对具体的区域,管理层必须针对主要危机或灾难提前做出计划，提出各种可能性方案。

(2) 注重部门协调

一般来讲，恢复部门虽是危机恢复的主导性机构，但还应该与应急管理部门协同工作。有了信息的互通，不仅可以减少重复作业和收集信息的成本，而且能让恢复管理者清楚地认识到所处环境中潜在的危险。在向危机应急管理部门的管理者提供的任务报告中，一定要包括恢复管理人员的有关信息；同时，恢复管理者也要了解应急管理者采取行动的情况。

(3) 要求相关人士参与

在交流、制定决策和行动的过程中，最好邀请参与危机应急管理部门的人或曾亲临危机现场的企业内外部人士广泛参与。

2. 企业无形危机的恢复

在对有形危机进行恢复的同时，企业也不能忽视对无形危机的破坏进行恢复。

企业无形危机恢复的主要目的就是保护或者恢复企业形象，重建企业在客户中的信誉，并且缓解企业因为无形危机而产生的压力。与有形危机相比，无形危机的特殊性体现在以下几点。

- 一是带有隐蔽性。无形危机的细节通常是人们无法轻易识别和辨识的。所以，有时企业会被其表面的运行状态蒙蔽。
- 二是欺骗性。无形危机所带来的是看不见的损失，不像厂房和设备的损坏、人员的伤亡等有形危机那么明显和直观。
- 三是长期性。无形危机的恢复是一个相对较长时间的管理过程，而这一过程又是管理者所不太重视的，所以在这个过程中，从事相关工作的人员一定要保持清醒和警惕。

鉴于上述特殊性，**企业制定无形危机的恢复策略，应该以保护或恢复企业形象的可信度以及缓解因无形危机引起的混乱和压力等因素为基础。**

企业信誉的丢失、企业形象的损害、企业的资金流失或企业股票价值所遭受的损伤等都属于企业的无形方面的损失。对于这些无形资产损失的恢复，管理者需要做出正确的反应，那就是加强对企业无形危机的管理力度，制定一系列的措施来恢复企业形象和声誉，控制事态的发展，使企业从危机中真正地摆脱出来。比较困难的一点在于无形危机本身无法量化，因此很难制定精确的恢复措施，这就有赖于管理者的个人经验和能力。

因此，**决策者在无形危机的恢复管理中，更要强调服务支持系统的完善，以及各种资源的保障。**总之，企业危机管理者在无形危机的恢复中，一定要弄清楚无形危机的特殊性和恢复工作的要点，并提出对应的解决方案，防微杜渐，以保证企业能够在解决有形的危机之后也能够有效地解决人们不太容易看到的无形危机。

3. 制定危机恢复计划

危机恢复计划是企业危机管理的重要组成部分，它既包括危机恢复对象及其重要性排序、危机恢复对象的财务预算、资源分配和人员配置，也包含危机恢复中的权责划分、协调沟通、激励和保密措施等。根据危机管理专家们的研究，一项完整的危机恢复计划至少应包括：背景情况简介；危机恢复目标；计划的拟订者和执行人；计划的物资准备、适用条件和有效期；危机恢复对象；恢复过程中的沟通策略；对员工的恢复策略；对企业形象的恢复策略等内容。概括起来就是：企业危机恢复计划由企业危机管理机构负责拟订和执行，计划中首先要阐述危机发生的原因和基本经过，其次要有明确的危机恢复目标；危机恢复的重点对象是对员工信心、公众信心和企业形象的恢复；危机恢复需有充足的资源准备；在策略运用方面强调危机恢复过程中的沟通策略。总之，**危机恢复计划是企业恢复阶段的关键步骤，同时也是整个危机恢复工作的行动指南。**

危机恢复计划的制订，对企业具有三重意义。

首先，可以为危机恢复工作提供指导。这些计划可以是对企业内部受到剧烈破坏的生产环节或过程进行重点分析之后的重新规划与设计，也可以是设计多种可行的方案以供选择。但在进行危机恢复工作时，还是要根据具体情况对已做出的计划进行调整，以避免冲突。

其次，使企业所有成员要对危机处理工作中所采取的行动、收集的信息等有所了解，保持信息沟通的顺畅，以便更有针对性地开展恢复工作，完成危机恢复的目标。同时，这样还可以避免重复工作和人员、资源的浪费，从而降低成本。

最后，企业应该让那些经历过危机的人参与到危机恢复工作中来。他们是对危机事件最有发言权的人，也是最能够提出针对性方案的人，所以他们的参与能够给管理者提供很好的建议和意见，帮助管理者做出正确的决策。

制定企业危机恢复计划的基本要求如下。

（1）注意因地制宜的灵活性

企业恢复计划通常是以最初制定的总的危机管理计划的"危机恢复"部分为参考，结合危机损失的实际情况进行补充修订而成。由于企业恢复计划位于企业危机管理计划的末端，因此必须及时根据前面计划内容的变动与当前企业内外形势的变化做出果断而准确的调整，保持必要的灵活性。恢复计划本来就是危机管理计划的一部分，该计划早在危机预防阶段就已经成型，它不可能将后面发生的许多不确定因素一一考虑进去，所以计划得以变应变。同时，由于事先也不可能全面预见每一类企业危机，对每一类危机都会做好充分准备，所以后面的恢复计划也必须重新调整，以注入新的内容。此外，也因危机本身具有的多变性与突发性特征，企业管理计划中即便预测到了可能的危机，处理上仍会有跟不上趟的感觉，毕竟计划与执行是两回事。所以，从这个角度而言，企业恢复计划也必须及时调整。在我国许多企业危机管理实践中，危机恢复计划都是临时性的、应急性的，因而效果也不太理想，这应该引起企业管理层的高度重视。特别是一些中小型企业，它们的危机恢复计划基本上是全盘借鉴甚至照搬同行业其他企业危机恢复计划中的内容，而不懂得因地制宜，随机应变，使得企业恢复阶段的成效极低，甚至适得其反。

（2）把握主次轻重的优先性

企业危机恢复工作是一个希望与困难交织在一起的变化过程，它不是"万箭齐发"，平均用力，而应该是有所侧重的。毕竟危机恢复管理不仅要满足企业或团队的需要，而且也要考虑所有遭受危机或灾难影响的相关人员的需要，因此，企业管理层必须明确计划的优先次序。当恢复计划开始付诸行动,开始处理危机事件遗留后果的实际程序时,就要对所有工作的轻重缓急作出判断和安排,牢牢抓住危机恢复工作的主次轻重。

在制定和实施危机恢复计划时,无论外界情况发生什么变化,都别忘坚持那些"核心行动",确立优先重点解决的问题。比如,始终把顾客和公众利益放在第一位,这就是危机恢复时优先原则的基本要求。与此同时,还应牢记预防第一的原则,继续对各种将来随时可能发生的潜在危机进行监测,千万不可处理和消除了这个危机,又冒出了另一个新的危机,就像大坝堵漏洞,堵了这个又冒出那个,这样做是解决不了根本问题的。所以,在恢复阶段的计划中,一定要作好两手准备:既要强调企业重建、再生,又要防止新的危机的发生,两者都是企业危机恢复工作中不可或缺的。

(3) 体现以人为本的协调性

众所周知,**在整个的企业危机恢复行动中,人都是最基本、最重要的组成要素**。从企业恢复时需要的团结稳定局面,到企业调整时需要的技术和管理支持,都离不开人力资源的支撑作用。所以,在企业危机之后的恢复阶段,企业管理层一定要提倡以人为本的原则,加强领导层与基层、领导层与各部门、各部门与员工之间的交流、沟通和协调,确保危机恢复计划的顺利贯彻和实施。首先,经营管理层需要保证信息的通畅无阻,调动和引导受危机影响的各方人员的密切配合和参与。如果没有信息的交流和那些直接或间接受危机影响的人员的配合参与,恢复工作必定会遭到批评和抵制,造成时间和精力上的不必要的损失。其次,要适当运用一些有效的沟通策略,让所有的相关人员感到自己受到了重视,积极参与到情况调查、决策制定和恢复工作中来,减少不必要的阻碍和抵制。最后,**企业必须在危机恢复计划中明确规定消除企业员工消极心理的具体措施,恢复员工对企业的信心和支持,从而以饱满的热情投入到企业恢复工作中来**。

4. 危机恢复的具体程序步骤

在明确危机恢复管理的内容后,企业应着手设计一个科学、合理的恢复程序，以有计划、有步骤地推进沟通、补救和改善的任务体系。一般而言，危机恢复计划的程序主要包括以下几点。

（1）建立危机恢复机构

建立危机恢复机构是为了确保恢复管理工作的有效进行，它负责对受损区域以及这些区域中资产和设备受损的程度做一初步评价，与应急管理机构以及一些外部反应机构合作。**恢复机构的主要职能是负责恢复管理的决策、监控和协调**。其成员包括企业决策层、各部门主管、必要的技术人员和公关专业人员。较之前期的危机管理机构，恢复机构在规模和结构上都发生了一些变化。有些人被调整出去，有些人则被吸纳进来，对人员的选择必须根据任务的性质来具体确定。

恢复机构成立后，应宣布恢复行动采取的规模和类型，任命恢复管理部门的人员。召开恢复管理策略会议，初步评价业务功能受到的影响，并决定行动的优先次序，向企业领导提供策略及行动规划的信息。

（2）评估危机管理绩效

评估危机管理绩效是恢复管理中的第二步程序，它要求危机恢复机构在广泛收集相关数据的基础上，全面调查和检讨危机管理的得失成败，为危机恢复管理提供决策依据，在下一章中我们会专门论述，于此不再赘述。

（3）进行合理预算

在很多情况下，恢复管理需要获得金融部门的支持，融资以实施恢复预案——尽管这会加重企业的财政负担，但切忌因此而放弃或削弱恢复管理预案的效用。**危机恢复的预算必须与企业的财务机构进行沟通，它建立在对危机信息的全面掌握之后**。

合理预算必须强调企业的承受力和危机对企业破坏程度之间的协调，既要确保恢复的效果，也不能为企业今后的工作留下隐患。事实上，在应急管理伊始，企业制定危机管理预案之际即应考虑恢复管理的预算，以提前规划恢复管理在资源使用上的可支配空间。然而实践证明，真正进入恢复阶段后，**恢复管理的预算往往要视危机的损害程度、企业的管理成效和**

具体恢复任务做出调整。 如果危机损害超出预期，管理成效不是特别显著或需要相当一段时间才能显现出来，那么恢复管理的预算可能比原先想象的要多。如果危机损害低于预期，管理成效又比较显著，那么恢复计划可支配的预算额度就会相对充裕。

（4）制定恢复管理预案

在实施危机管理效果评估的基础上，企业应着手研究和制定恢复管理预案，以便指导恢复阶段的管理行为。恢复管理预案必须以书面的形式递交有关领导部门审核，并在实施之前做好相关部门的沟通工作。

（5）实施恢复管理预案

实施恢复管理预案是决定恢复管理能否取得成效的重要步骤。它是危机恢复机构按照预案规定的目标、原则和策略，推进相关计划的实施。同前期危机应急管理预案的实施一样，恢复预案在执行中也要充分考量各项影响要素：利益相关者、媒体、政府、竞争对手、合作伙伴、社区等对计划的反应。

在实施预案的过程中，企业对危机恢复机构的工作应该采取一定的监控措施，以确保预案的顺利实施。 各相关成员必须定期向有关领导汇报恢复工作的进展和绩效，并接受指定负责人的检验，并且必须根据工作的进展动态修正预案中不合理的因素，并提出一些积极的措施以利于恢复工作的有效进行。

（6）实现企业创新

通过对危机管理的评估和恢复，我们能够发现企业中原先存在的一系列问题，其中绝大多数都是可以通过有效的策略进行改善的。对危机事件的反省和总结，可以实现企业创新，这也是现代企业危机管理的要求。

危机既会使企业面临考验，又会给企业带来新的机遇，这是对"危机"概念的辩证理解。因此，**能否化"危"为"机"是危机管理能否升华的一个重要标志**，也是危机管理的艺术性特征的最深刻体现。因此，在恢复管理中，企业要做到修补和建设两手抓，一方面弥补危机带来的损害和伤痕，另一方面利用危机带来的转型和机会，对企业的运作机制、形象系统和价值系统进行优化和改善，以达到实现企业创新的效果。

三、危机恢复的策略

危机事件后，企业都希望能够用最短的时间和最少的花费使企业恢复到正常的生产经营上来，使企业能够快速有效地从业务过程中受益，维持其生存及可持续发展。有效的恢复工作就像良药一样能较好地愈合危机所带来的"伤口"。在这个过程中，如何使恢复工作更完善、更有成效，就需要管理者做出正确的判断和详尽的规划，做正确的事。

1. 动员全部力量，积极参与危机恢复

危机恢复工作虽然由专门的危机恢复小组成员着手开展，但调动全体成员来协助工作的开展对于危机恢复工作的有效开展也是必不可少的。危机恢复工作不仅需要那些受危机影响的部门予以协助，还需要那些未受危机影响的部门做好工作，以保障危机恢复的顺利和有序。一方面，未受影响部门做好自身的本职工作就是降低危机恢复的难度。另一方面，通过全体动员，会对企业员工产生激励作用，从而使全体员工产生更高的绩效。未受影响的部门的高绩效会给企业带来效益或资源方面的增加，进而也可以对企业的危机恢复工作做出一定的贡献。

危机恢复首先是发挥能参与危机恢复的所有成员的力量，要恢复危机造成损失的部分中需要予以恢复的部分。危机恢复小组根据危机造成的损失和企业既有的资源，动员危机中受到影响的各个部门的成员，进行危机的恢复工作。对于那些企业没有能力恢复，或没有精力恢复的损失，可以雇佣外部企业参与危机的恢复或重建工作。如建设危机中毁损的道路和房屋，可以雇佣路桥公司、建筑公司、装修公司进行恢复。

危机恢复中不但要动用那些受影响部门的成员，还要动员其他未受影响部门的成员做好工作，因为他们做好本职工作的努力就是对危机恢复的

最大支持，并减少了危机恢复的难度。企业动员全体成员做好工作，能使企业未受危机影响的领域得到更高的绩效，相应地带动危机恢复工作的进行。

2. 消除企业内部的障碍因素

企业危机恢复阶段是一个结束过去，开创未来的过程。这个时期，企业员工的心理、旧的管理机制和营销体系等都显得异常脆弱且极不稳定。处理得不好，它们将变成企业危机恢复的严重障碍。因此，**面对困难，企业必须迅速采取措施，克服自身的局限性，努力清除内部的各种障碍因素和消极影响，变消极为积极，化腐朽为神奇**。

经过危机的打击和创伤之后，企业需要的是管理层和全体员工上下一心，团结一致，利用一切资源，动员所有力量，为实现危机恢复计划所确定的目标而努力奋斗。但此时，却偏偏是企业内部问题和矛盾最为突出的时期，各种障碍因素显现出来，成为恢复工作的绊脚石。它们表现为：企业员工情绪低落，消极悲观，缺乏工作热情和主观能动性；企业员工旧的思维惯性难以改变，抵制一切必要的调整和变更；旧的企业管理机制运转失灵，新的机制尚未确立，出现管理的离散性，甚至导致管理真空而陷入混乱和无序状态；企业产品由于质量等问题出现销售断链，新的销售渠道难以拓展；企业损失严重，可利用的资源短缺等等。针对这一情况，企业必须采取有力措施，迅速消除内部的障碍因素和消极影响。

（1）鼓舞士气，重建信心，清除心理上的消极影响

如果没有企业员工的同舟共济、同心同德和团结奋斗，最好的危机恢复计划和目标都是一纸空文。因此，如何激发员工的斗志和鼓舞员工的信心，就成为企业危机恢复的关键所在。为此，一是要及时总结经验和吸取教训，通过分析总结，使企业员工找到问题，看到希望，树立起战胜困难，走向新生的坚定信心。二是要关心企业员工的切身利益，想员工之所想，做员工之所愿，真心实意把员工的利益和企业的发展紧密结合起来，使得越是困难的时候，员工互助友爱和团结协作的团队精神反而越强，企业的凝聚力和向心力反而越大。三是激发员工的主人翁意识，充分发挥他们的主观能动性和创造性，积极参与企业危机恢复的各项工作。比如，广泛发动员工献计献策，提合理化建议，搞技术创新和制度改革，降低生产成本，开发新产品，完善管理制度等。应该强调的是，危机过后，我们一般都比较关注企业财产的损失，而容易忽视企业员工心理上的负面影响。消除财产损失的消极影响固然重要，但消除员工心理上的负面影响时间更长，难度更大，意义也更重要。

（2）挖潜整改，创新机制，消除生产经营中的消极影响

任何企业危机都有二重结果：一方面给企业造成较大的财产损失和制度创伤（直接影响到企业正常的生产经营）；另一方面又会暴露出许多正常状态下难以发现的问题和弊端（正好兴利除弊，实现新的发展）。这种危机的二重性，在危机恢复阶段表现得最为集中和明显。因此，企业领导人要抓住时机，努力消除管理缺失、资源不足、经营混乱和营销脱节等不利影响，实现新的发展。

一是挖潜整改，节约和利用好企业资源。**要战胜危机，恢复企业正常的生产经营，必须要有一定的人力、财力、物力和科技等资源来保障**。在危机恢复阶段，企业务必要立足自身，挖潜整改，节约和利用好企业的有限资源，为企业摆脱困境，恢复发展打好基础。

二是克服管理上的离散性，变革创新，实现新旧机制的衔接和转换。首先，要创新机制，敢于变革，对旧机制中已经失效的规章制度和运行体制进行必要的改革，建立和完善新的管理机制；其次，要加强系统管理，强化集中统一，克服管理上的离散性和无序状态；最后，要克服新旧机制之间的隔阂、摩擦和裂缝，承前启后，实现新旧机制的有效对接和转换，保证企业发展的连续性。

三是团结协作，齐抓共管，尽快恢复企业的生产经营。危机恢复工作的最终目的，就是为了尽快使企业的生产经营回到正常轨道上来，并在这个基础上实现新的突破和提升。这时**管理机制的变革和完善，企业资源的挖掘和利用，营销体系的重建和拓展，特别是员工积极性的调动和发挥等等，最后都要落实到企业生产经营的恢复和发展上来**。所以，企业上下务必团结协作，齐抓共管，以努力工作和实际行动为企业的恢复和发展做出自己的贡献。

3. 消除企业外部的消极影响

现代企业是一个与外部环境有着密切联系的开放系统，它的经营和发展受到外部诸多因素的制约和影响，在危机发生后的企业恢复阶段更加如此。这时，企业面临的局面是"内忧外困"，它既要与政府部门、金融机构和新闻媒体等打交道，又要正确处理与供应商、分销商、消费者及社会公众的关系。只有认清形势，采取措施，努力消除企业外部的障碍因素和消极影响，才能重塑企业形象，赢得社会各界的信任和支持。

危机恢复阶段，企业外部的障碍因素主要表现在：政府责难并施以处罚；新闻媒体的炒作、误导引起社会各界的愤怒和反感；银行停止并催还贷款，税务催缴税收；消费者和社会公众的不信任导致市场流失等等。这些不利因素集中到一点就是企业声誉受到损害。如果不能赢得公众和社会各界的信任和支持，并重新建立起企业的良好形象，企业危机后的恢复和提升就无法实现。因此，**企业在全面消除危机恢复的内部障碍和消极影响的同时，还必须花大力气消除企业外部障碍因素和消极影响。**

因此，危机恢复工作的主要任务和目标，就是迅速采取以下几项措施，以赢得公众信任，重塑和提升企业形象。

（1）加强基础形象建设

工作效率不高、制度不健全、员工素质差等情形往往会给企业形象带来极大的损害，这些都属于基础形象建设的内容。危机过后，企业内部员工可能还没有从危机的打击中恢复过来，也容易出现上述情况。企业形象常常是在不经意间体现并塑造出来的，这些包括企业员工的言行和工作态度，它是塑造企业形象的基础工程。任何不注重基础形象建设的企业，都不可能获得良好的社会形象。

（2）安抚受害者及其家属

危机平息后，受害者及其家属往往会成为媒体关注的焦点，其言行和态度都会对企业产生巨大的影响。因为记者的传播，会使得他们成为公众议论的话题，而且同情弱者是人类的天性，如果他们对企业存在不满情绪，将会激起社会的普遍响应，从而造成对企业形象的破坏。因此，**对受**

害者及其家属的安抚是危机恢复过程中的一个十分重要的环节。

(3) 把社会公众利益放在首位

企业良好的形象和声誉离不开社会公众的信任和支持，所以，要维护和提升企业形象，首先就要真心实意，以实际行动维护公众利益。在危机恢复的困难时期，企业更加应该把公众利益放在第一位，不能只顾自身短期利益而损害公众利益。比如，对因产品质量问题引发的危机事件，企业应立即收回不合格产品，对受害者真诚道歉并赔偿损失。同时迅速停止出售同类产品，企业力量逐个检查，追查原因，做出改进等。

(4) 赢得政府职能部门的帮助与支持

另外，必须注意的一点。如果是因为公众的误解，或者是某种蓄意制造的事端等外部原因引起的企业形象损害，那么，仅对其治疗是不够的，还必须设法提高免疫力，进一步实施形象保护措施，以抵抗"外敌"入侵。因此，危机发生后，首先要平息事端，千万不能得理不让人，一味地指责别人或公众；同时，要迅速查清事实真相，公布于众，并积极查找机构工作上的不足之处，请公众谅解；还应该进一步表示机构争取公众支持与合作的诚恳态度。这样更能获得舆论的好评与支持，从而充分美化企业的形象。

继续保持与政府职能部门的联系和沟通，取得政府部门的帮助与支持，对于企业危机的恢复工作来说依然是十分重要的。一方面可以借助政府的经济支持，减少危机损失，渡过危机难关。比如，通过政府出面担保，争取银行贷款，缓解资金紧缺状况、通过与政府职能部门协商，推迟或减免企业税收等；另一方面还可以借助政府管理部门的公信作用，澄清事实，稳定人心，化解危机。比如，由于新闻媒体的错误报道或公众的误解引起的危机事件，企业自身很难说清，甚至越辩越黑。这时借助于政府的公信力无异于雪中送炭，它对澄清事实，击溃谣言，稳定人心，化解危机起着无可替代的作用。

(5) 争取新闻媒体的理解与合作

新闻媒体的报道对企业形象的重塑和提升有着重要而广泛的影响。在危机恢复阶段，是企业摆脱困难，走向新生的关键时刻，企业与新闻媒体的有效沟通和真诚合作，可以避免对企业形象不利的报道。为此，一是真实客观，切忌欺骗隐瞒；二是及时告之企业此时所采取的措施和基本立场；三是统一宣传口径，避免多种声音。赢得了新闻媒体的理解与合作，就为重建企业形象创造了有利条件，提供了舆论支持。

(6) 开展全方位、多渠道的宣传与公关

在危机恢复阶段，正是企业必须大力开展对外宣传和公关的重要时期。通过全方位、多渠道的对外宣传与公关活动来引起社会公众的关注，重新赢得社会各界的信任，提升企业形象。如充分利用公众对危机事件的关注，投放企业形象广告、产品广告；回撤问题产品，适时推出企业的新产品和新服务；公布企业新的产品开发计划和市场拓展计划；及时开展企业与顾客和利益相关者的座谈、联谊等公关活动等等。

(7) 掌握技巧，重塑企业形象

企业形象的基础，是它自身良好的社会行为。因此，**危机中重塑企业形象的根本之策**，便是以对社会高度负责的态度，积极地做好危机恢复工作。但企业的努力，也需要运用一些形象管理的技巧才能取得较好的效果。这些技巧包括：

- 修补形象缺损的努力，要有针对性和重点。
- 企业的努力，要及时通过媒体向社会大众展现出来。
- 企业展示的形象要真实，并前后一致，不能作假和相互矛盾。
- 企业高层领导要以关注和参与危机恢复的姿态，择时出现在公众场合。
- 通过基层员工或管理者，向社会公众传递企业危机恢复工作的积极信息。
- 争取与企业无关的权威机构（如政府主管部门）或权威人士（如危机管理专家）对企业的危机恢复和公众关心的问题，发表有利于企业的正面评价和见解。
- 不回避危机恢复中的问题，并主动以谦虚、诚恳的态度，广泛征询内部员工、利益相关者和社会公众的意见建议。

4. 抓住机遇,以创新抵御危机冲击

企业在经历危机带来的危害和挫败的同时,也从危机中学会了思考、抗衡和创新。因而我们要在消除和战胜危机的基础上,力求化危为机,敢于变革创新,再铸企业辉煌。

危机发生后,正是企业变革创新的重要机会。虽然危机让企业陷入困境,面临生存危机。但这时,也是企业进行变革创新的负担最少、阻力最小的特殊时期。

企业变革创新应立足于增强企业核心竞争力,这是危机恢复时期实现企业提升和发展的动力所在。核心竞争力又称核心能力或核心专长,它是企业长期具有竞争优势的关键能力,是企业开展竞争的力量源泉。纵观国内外许多著名企业,无不具有建立在自身优势产业基础上的核心竞争力。**在企业发展过程中注重培养和增强核心竞争力是企业抵御危机冲击、保持持续稳定发展的根本保证。**因此,在危机恢复阶段,企业应该在发展战略、生产技术、管理机制和企业资源等四个方面紧紧围绕核心竞争力的提升,开展全方位的变更创新。

(1) 以发展战略创新促进核心竞争力

影响企业核心竞争力的因素很多,但是每一个因素在企业系统中的地位和作用并不相同。在众多影响企业核心竞争力的因素中,企业战略是其中的核心要素。企业战略变革创新,指的就是企业立足于国内外宏观的经济发展环境和企业自身的实际情况,对原有的企业发展战略不断地进行调整、变革和创新的动态过程,它具体包括企业总体战略调整、产品组合和技术创新、企业文化和形象的调整与变革以及人力、财务机制的变革和创新,内容上涵盖了企业整个变革创新过程的各个宏观的方面。

在危机恢复阶段,对于企业的核心竞争力而言,企业战略变革与创新有着非同寻常的意义。**企业战略创新是企业在一定时期内在市场定位、产品定位、利润定位、资源定位、技术定位、战略定位等方面的战略整合和创新。**企业必须根据危机发生后自身能力和资源程度,采取快速反应战略、差异化战略、目标相聚战略、成本领先战略等战略变革和创新方式,

全方位培育核心竞争力。特别重要的是，在遭受危机的创伤后，首先要从战略上明确企业的主攻方向和主导业务，方能赢得市场竞争。事实上，许多战胜危机难关的企业都是不计眼前得失，更多考虑的是长远的、战略上的变革创新，以便从根本上提升企业的核心竞争力。

（2）以技术创新增强企业核心竞争力

企业技术创新是指与新技术、新产品、新工艺等方面的研究、开发、生产及商业化应用有关的一系列技术经济活动。企业的技术变革与创新是企业核心竞争力构成的基础因素，是企业实现自身价值——追求利益最大化的源泉，**企业技术变革与创新能力也是评价企业市场竞争力的主要标志，它是企业竞争力的核心所在。**

危机发生后，企业在产品开发、生产技术等方面存在的问题暴露无遗，技术制约因素十分突出，生产经营和市场销售急剧萎缩，企业竞争力低下。这时，进行技术创新就成为必然。技术变革创新的本质是打破现有市场的平衡状态，建立一种新的市场秩序，从而在企业价值链的终端提升企业核心竞争力。危机恢复阶段的技术创新，一方面使企业产品以更低的价格进入市场，使企业能够实行成本领先战略；另一方面技术创新使企业的产品与其他企业的产品形成差异，使企业能够实行差异化战略。成本领先战略与差异化战略的实行，不仅使企业能够获得较高的利润，而且能够使企业迅速占领市场，扩大市场占有率，从而提升企业的竞争力。而连续性技术创新使企业的竞争力能够得以保持下去，促使企业能够长期稳定的发展。因此，要提高企业的核心竞争力就必须提高企业的技术变革创新的能力。

企业在经历了危机阶段进入恢复阶段后，企业领导层的技术变革和创新愿望最为强烈，因为它们深深明白，没有技术创新，就没有核心竞争力，企业只有在技术领域保持优势，才能经受危机的考验。

（3）以管理创新保持企业核心竞争力

管理是企业永恒的主题，**管理机制的变革创新是巩固企业核心竞争力的有力保障，也是企业核心竞争力构成的关键性因素。**企业管理变革创新是指企业运用现代科学理论，在企业制度、管理方式、企业方法和手段等方面创造一种新的更有效的资源整合范式，这种范式既可以是新的有效资源达到企业目标的全过程管理，也可以是新的具体资源整合及目标制定等方面的细节管理。因此，在危机之后的恢复阶段，企业必须及时分析总结原有的企业管理理念、管理制度、管理方式、管理手段等方面的缺陷和教训，进行有效的管理变革与创新，建立和健全一套新的科学管理模式，以管理促发展，从根本上提升企业的核心竞争力。

许多国内企业之所以频繁发生危机，大都是管理体制和管理方法上存在着问题。在经济全球化的国际大格局下，我国企业如要减少危机风险，提高市场竞争力，就必须建立起同经济全球化发展相适应的管理体系，实现管理变革与创新，把企业管理由经验型提高到科学型，变"人治"为"法治"，围绕发展企业核心竞争力大做管理变革创新的文章：在管理思想上从重视物的管理转向以人为本的管理；在管理机构设置上精简高效，实现扁平化，提升决策水平；在管理制度上形成规范，突出体现竞争机制、风险机制、激励机制和协调机制；在管理手段上普及应用现代商用技术和信息技术。

（4）以资源整合创新提升企业核心竞争力

企业资源整合创新通常是指企业为了实现资源的优化配置和高效利用的目的，对企业的各种资源进行必要的调整、更换和创新，使得有限的企业资源能发挥最大的经济效益和社会效益。

企业的整个危机管理过程都离不开各种企业资源的有效利用，因而资源的整合与创新对处于危机恢复之中的企业显得尤为重要。企业资源的整合与创新对提升企业的核心竞争力，实现企业的恢复和发展具有非常重要的意义和作用。比如，企业文化资源的整合与创新对于企业危机恢复和实现核心竞争力的提升就具有不可替代的作用。良好的企业文化是企业在长期的经营管理的实践中形成和发展起来的，它是企业员工认同并遵循的思想观念、价值标准、行为方式的总和。它渗透于企业的企业结构、员工的观念行为和经营管理之中，是企业独特的内涵、素质和风格，是企业的灵魂和持久动力。因此，危机之后及时加强企业文化建设，培养造就一批德才兼备的技术人才和管理人才，是提升企业核心竞争力的有效途径，也是推动企业摆脱困境，实现持续发展的现实需要。

四、危机总结与危机管理机制的完善

"亡羊补牢，犹未为晚。"为了避免重蹈覆辙，在危机发生后，对危机发生的原因进行总结，找出症结，对症下药，恢复众人对企业的信心和信任，有着十分重要的意义。

1. 及时地总结发生危机的教训

企业危机消除以后，并非可以高枕无忧，万事大吉了。从企业危机发生后的恢复和发展来说，要做的工作还很多，可谓任重而道远。这时，首先要做的就是总结经验教训。这里面包含两个层次的总结：第一个层次是针对所发生的危机本身的总结，即调查危机是怎样发生的，查明危机的原因，采取必要的步骤，以防再次发生。第二层次的总结则是针对企业的整个危机管理的总结，即反思和检查企业危机的管理机制，检查企业在应对危机中所做的决策与所采取的行动，从中发现企业危机管理的不足之处，进一步完善企业的危机管理机制。

危机的爆发将企业的脆弱面无情地显现出来，但从某种意义上，也恰恰给企业提供了弥补、修正自身缺陷和问题的机会。它帮助企业更好地看到自身存在的各种问题，从而可以据此对其经营管理活动进行改进。犯错误并不可怕，可怕的是接二连三地犯同样的错误。因此，**危机过后，对危机本源进行调查，对危机管理工作进行评价，并对危机的根源以及管理工作上的缺陷进行改进**，是不可忽视的。如有的企业发现其企业内部信息沟通不畅是危机事件发生的根本原因，则其要进行的改进包括重新设计企业的企业结构，建立或强化企业信息管理系统，改善企业内部的信息沟通渠道和反馈渠道，避免因信息沟通不畅而再次引发危机事件；如有的企业发现是其基层员工素质低下或缺乏正确操作技能而引发的危机事件，则改进措施必须包括对基层员工的考核和培训，甚至进行必要的淘汰；如有的企业发现是经营指导思想引发了危机事件，则必须改变其经营指导思想，以免重蹈覆辙。

做好危机后经验、教训总结的工作主要包括几个方面。

一是对危机产生的原因进行系统的调查，排除可能诱发危机的因素，对症下药，强化危机防范体系，避免可预防危机的再次爆发。

二是对预警系统进行评价，建立或强化企业信息管理系统和危机预警系统。

三是对企业的危机公关和危机处理工作进行评价，详细列举危机管理过程中出现的问题和成功的经验。

四是根据危机产生和处理过程中暴露的问题和缺陷，修正、完善企业的管理体系、企业架构、规章制度、经营模式等。

相对于企业危机管理经验的总结与发扬而言，吸取教训的难度显然要大得多。这不仅是在危机预防——危机处理——危机恢复的过程中，因企业自身危机管理意识、水平与能力的欠缺，给企业带来的有形或无形的损害之大难以估算。更重要的是，还有许多潜在的问题和危险可能因为危机的成功处理而被暂时遮蔽起来了。**如不深入挖掘，找出潜在问题，深刻吸取教训，极有可能成为下一次危机的导火线。**

2. 对企业危机管理进行评价

危机管理评价是危机处理最后阶段的工作，一般在危机恢复基本结束时（不是完全结束后）进行。评价的目的是通过回顾、反思，总结经验教训，提高企业预防和处理危机的能力。

危机管理评价虽然是危机处理的阶段性工作，但评价的内容决不仅仅限于危机处理和危机恢复，它还包括危机管理机构、危机预防措施、危机管理基础工作等内容。也就是说，危机管理评价涉及危机管理的整个过程，包括危机管理的全部内容。

危机管理评价应涉及危机管理的全部内容，需要企业重新审视危机管理的整个过程，认真分析，进而发现问题，改进问题。

（1）评价危机管理架构方面的问题

①危机管理的企业结构设置是否达到了结构设置的目的？是否能使企业尽早发现危机，尽快做出反应？对结构设置所带来的收益减少和损失是否超过结构设置的成本？是否需要调整？如何进行调整？

②企业文化是否适应危机管理的需要？应该建立什么样的企业文化？需要进行怎样的改进？

③危机管理者得到的资源是否足够？各部门对危机管理者的配合是否到位？是否应该增加危机管理者可控制的资源？是否需要赋予危机管理者更大的权利？

④危机管理小组的员工组成是否合理？是否充分发挥了危机管理小组的作用？如何改进危机管理小组的组建和运作？

⑤危机处理知识和技能的培训是否对危机处理有效？需要对培训进行哪些改进？需要增加哪些培训项目？哪些培训项目需要加强？哪些培训项目是不必要的？

⑥危机中，知识的应用和总结对危机管理的作用如何？如何更好地应用和总结知识？将该危机作为案例加入到危机管理培训中去，演习的情景与实际发生的危机情景存在哪些差别？为什么会有这些差别？如何改进今后的演习？演习对实际的危机处理有多大的作用？如何提高演习对危机处理的作用？

(2) 评价危机管理计划的完备性问题

①是否为发生的危机制定了危机管理计划？如果没有，是否忽视了这种危机的重要性？为什么会忽视？是否需要对所有危机风险的重要性重新进行评估？

②危机管理计划是否为危机管理工作提供了有用的指导？如果作用不大，是什么原因？根据危机管理的实际经验和教训，对危机管理计划如何进行调整和改进？

③危机管理的目标制定是否合理？如何更为合理地制定危机管理目标？

④危机管理的对象是否有遗漏？为什么会遗漏？如何加强危机管理对象的识别？

⑤危机管理计划是否合理？对危机管理的指导作用有多大？与计划制定和执行的成本相比是否合算？如何提高制定危机管理计划的水平？

(3) 评价企业信息沟通方面的问题

①内部沟通是否顺畅？出现了哪些问题？这些问题对危机产生了什么

影响？可以采取哪些措施予以纠正？

②外部沟通哪些是有效的？哪些是欠缺的？为什么是有效的或是欠缺的？可以采取哪些改进措施？

③危机中，信息获取和信息沟通是否全面、有效？还可以采取哪些改进行动使信息获取和沟通更为有效、顺畅？

④沟通中噪音的影响有哪些？强度如何？如何消除或减轻噪音的影响？

⑤沟通设备是否足够或运作正常？需要再配备或更新哪些设备？需要修理哪些设备？

（4）评价媒体管理方面的问题

①向媒体传递的信息是否合理？如何有选择地向媒体传递信息？

②是否满足了媒体的需要？与媒体是否存在冲突？如何改进与媒体的沟通？

③是否有效地发挥了媒体的作用？如何更好地使用媒体？

④危机中，对新闻记者的管理是否有效？新闻记者是否妨碍了危机处理？如何在危机中做好对新闻记者的管理？

⑤媒体管理部门是否有效地履行了其传播职能？如何更好地发挥其应有的作用？新闻发言人是否合格？还需要进行哪些培训？是否需要更换新闻发言人？

（5）评价危机管理措施方面的问题

①危机爆发后，企业的反应是否迅速？是否可以更加迅速？如果行动迟缓，又是什么原因？如何对危机管理进行改进，使行动更为迅速，避免不应有的危机蔓延和连锁反应？

②危机中，哪些损失是可以避免的？为什么产生了不应有的损失？如何改进危机管理行动以避免不必要的损失？

③危机管理中，资源配置是否合理？如何改进危机管理资源的储备和配置？后勤保障是否及时、有效？如何改进后勤保障工作？

④企业挽救措施是否合理、有效、到位？如何改进危机管理以满足公众的要求？

为切实做好危机管理评价工作，必须掌握以下几点。

首先，要高度重视。危机管理评价是企业把危机代价化为财富的绝好机会，绝不可以抱着"松口气""放一放"的态度轻易放弃或者草草了事。

其次，要实事求是。一是对事不对人，把危机管理评价与危机责任追究严格区分开来，以消除评价人员的心理顾虑；二是进行客观、准确、全面的信息收集，如采用背靠背或匿名调查表的形式，并把对人员、记录和现场的调查结合起来；三是邀请与危机无关的非本企业的专家参与，以保证评价的客观性。

最后，要讲求实效。即以实现危机管理评价目的为准则，有针对性地确定评价的重点内容以及方法、程序、人员等。更重要的是，评价的结果要突出知识积累和改进措施，并有可行性和可操作性，以便付诸实践，用以指导企业危机管理。

3. 亡羊补牢，完善企业危机管理制度

在多变的形势和复杂的市场环境中，大多数企业的抗风险能力较弱，就像一条小船很难经得起风浪。一旦企业遇到一个较大的风险，很难挺过去，短期内基本上没有翻身的机会。

所以，提出完善危机管理制度的目的有两个，一是给还没有发生较大危机的企业一个警醒，使他们能够在危机发生前就注意危机管控制度完善的重要性；二是使那些侥幸渡过危机的企业能够尽快恢复信心，使企业重新步入正轨。

危机管理制度的完善，主要是采用"解剖麻雀"的方法，分析企业原有的危机预警体系、信息传递流程、人员责任制度和危机解决预案是否经过了危机的检验，预警信号的设置是否有效，信息的沟通是否顺畅，危机服务机构是否能够及时响应等。

(1) 对企业危机管理制度做出适当的调整

①人事调整。**危机是检验员工和各级管理者能力和对企业忠诚度的试金石，通过危机能够找到调整人事的新的依据**。对于在平时不便做的人事调整，此时也是一个调整的契机。

②企业机构调整。通过危机能够发现企业机构哪些是合理的，哪些是不合理的，然后做出适当的调整。

③供应商和分销商的调整。危难时刻才能真正检验出谁是真正的朋友，因此要对那些靠不住的供应商和分销渠道做出调整。当然还有产品结构调整和战略调整等。

（2）处理有关责任人

对于明显的、重要的责任人，也许在危机处理过程中已经进行了必要的惩罚。对于次要的责任人，如果在危机处理过程为了顾全大局没有及时处分，现在到了该处理的时候了。这不是简单的"秋后算账"问题，**如果不给责任人以应有的惩罚，就会为以后的危机埋下祸根。**

（3）采取其他必要举措

尽快采取必要的措施，恢复企业的声誉；检讨增强企业危机免疫力的各项举措，并做出适当的改进；进入新一轮的危机防范过程等。

另外，在分析过程中，企业可以请专业服务机构协助调研，并有针对性地提出解决方案。

第八章
棋高一筹，做危机困局中的高明棋手

　　没有什么比一次意外的打击，更能真正考验企业家接受挑战的勇气和经营智慧；也没有什么能比一场经营危机，更能直接检测企业家的应变能力与管理水平。

　　在危机面前，高明的企业经营者一定是"棋高一筹"，对企业的发展战略进行新的谋划，对企业的核心竞争力进行强化，对企业的商业模式进行重新塑造，对企业的管理实施变革。总之，要做高明的"棋手"，运筹帷幄，主动出击。因为，只有在经营上有突破的改变，企业才能在重塑自我中求生，在勇于变革中突围，才能以高人一筹的奇招变招，赢得这场困局中的生死较量。

一、对企业发展做出新的战略谋划

企业的发展战略，通常是相对稳定不宜多变的。然而，**企业经营的第一要则就是以市场为导向，从实际出发**。市场经营环境的突变，要求企业必须及时地根据变化的情况调整战略，重新谋划，以变应变。犹如棋局对弈，胜出者一定是变在人先、不落俗套的高明棋手。

1. 在危机中重新谋划企业发展战略

古人云：没有远虑，必有近忧。任何企业的发展，都需要作战略谋划。战略谋划即是"远虑"，即是对企业未来发展的思考与抉择。

这场全球性的金融危机和经济危机，使企业的外部经营环境发生了翻天覆地的巨大变化。**面对这种变化，企业就需要适时地进行战略调整，适时地对企业的发展战略做出新的谋划。**

企业发展战略决定了企业的发展方向，决定了企业未来一定时期内的行动路线。发展战略是企业经营的大纲和总方针。

美国阿尔温·托夫勒曾经说过这样的话："没有战略的企业，就像在险恶气候中飞行的飞机，始终在气流中颠簸，在暴雨中穿行，最后很可能迷失方向。即使飞机不坠毁，也会有耗尽燃料之虞！"今天的企业就类似在险恶气候中飞行的飞机，如果没有正确的战略指导，一定会迷失方向，甚至机毁人亡。

一般来说，企业发展战略一经制定，就具有相对的稳定性，不能随意更改。然而，当企业发展进入到特殊时期，遭遇重大变化时，比如大环境的动荡、不可抗力的影响、企业面临严重危机时，企业经营者就必须审时度势，对企业的发展战略作重新审视，并做出正确的判断和及时地调整，以使企业避免陷入困局。

21世纪，随着全球经济一体化进程的加快，世界市场更加波谲云诡，变幻无常。置身如此急剧变化、挑战严峻的生存环境，大凡图谋做大做强的企业，在事关企业未来发展方向、发展道路、发展模式等方向方面，均需要根据环境中的生存态势和发展方向，进行科学的具有革新实质的重新审视。

在当前危机重重、复杂多变的经济环境中，企业首先会面临这样的两大生死抉择：企业将以怎样的方式生存下来？企业的未来将向何处发展？

如果一个企业的战略定位不准，那么企业就会遭受挫折，甚至一蹶不振，导致破产。很多成长中的企业的倾覆，说到底就是企业发展战略上的失误造成的。

从一定意义上来说，今天的企业进入了全球战略竞争的年代，企业之间的竞争，在相当程度上表现为企业战略思维、战略定位的竞争。

人们经常可以看到，在激烈的市场竞争中，一些技术先进、设备精良、资金雄厚、生产效率很高的企业，却由于战略定位的失误，结果无可奈何地失败了。

经验与教训告诫每一个企业经营者，高效率虽然是企业成功的必要条件，但还不是成功的充分条件。要取得市场竞争的成功，除了提高企业的生产效率之外，还需要正确的企业战略作保证。不然的话，**一旦战略决策失误，企业的生产效率越高，失败带来的后果就越严重。**

危机迫使每个企业都需要重新审视市场定位和战略布局。因为，成功的企业首先在于战略定位的成功。当然，企业发展战略的成功，还只是应对危机局面成功突围、成功生存的第一步，更加艰难的是具体的实施，找到突围的路径。在寻找路径的过程中，企业仍然少不了在黑暗中摸索。但一旦关键的第一步已经迈出，成功的目标就近了一步。

2. 战略谋划需要统揽全局、着眼发展

全局性，是企业发展战略的首要特征。统揽全局，不仅是制定企业战略时"全局高于局部"的一般要求，更是今天的市场环境与金融危机这种特殊的形势下，对企业战略发展的特殊要求。

战略谋划的全局性具有两大特点，即空间上的广延性和时间上的连续性。这就决定了企业设计发展战略时的基本思路，应从两方面着手：一是要着眼于总体，二是要着眼于发展。

(1) 着眼总体，从全局出发

统揽全局，就要着眼全局；着眼全局，首先就要着眼总体。着眼总体是指从事物的总体出发思考问题，谋略运筹。实现着眼总体的谋略运筹，既需要科学的"视角"，又需要灵活的"眼光"。

企业经营者在谋篇布局时，谋全局之"势"，应不囿于局部之"子"，而应使局部之"子"服从和有益于全局之"势"。

全局之"势"离不开局部之"子"，局部之"子"要有益于全局之"势"，只要这个"子"是全局之"势"所必需的，就要抓住不放。

(2) 着眼发展，从运动出发

"兵无常势，水无常形""一切皆流，一切皆变"——运动、变化、发展，是事物的普遍规律。着眼发展，是统揽全局的重要方面。

发展，是事物运动的普遍规律。事物内部诸要素之间以及事物与事物之间的相互影响、相互作用是普遍的，因而这种相互作用推动了事物的运动、变化、发展也是普遍的。

对企业战略谋划来说，着眼发展包括内外两个方面。

对于企业内部，要着眼企业经营能力的发展和经营目标的变化，包括企业内部人员素质的发展变化、经营方式和管理机构的发展变化以及技术、设备、资金等方面的发展变化。

对于企业外部，要着眼国民经济的发展，市场容量、市场流向的变化，即人们消费倾向和消费水平的变化，科学技术的发展以及人们的物质生活、精神生活的变化；同时，还要扩大自己的视野，着眼国际上相关方面的发展变化。

(3) 把握关键，以一持万

战略谋划需要统揽全局，但统揽全局绝不意味着把各个方面、各个阶段、各个环节都"一览无余"，而是要在顾及方方面面的同时，抓中心，抓重点，抓最要紧的"关节"。谋略运筹，若不分轻重缓急，眉毛胡子一把抓，谋之必误，谋之必乱。**善谋者，应善于抓"纲"，把握关节，以一持万。**

当前，企业的战略谋划，要把自己注意的重心放在那些决定企业生存的最重要、最有决定意义的信息上，尽力使信息来得快速、准确、系统。为此，企业就要善于把握两个方面：一是控制"制高点"，二是把握"关节点"。

"制高点"就是决定和影响企业经营全局的工作中心。高层的谋略运筹，必须善于排除干扰，"以一持万"；如果不能跳出烦琐的事务性工作的圈子，不能改变等待困守的被动局面，便不可能控制"制高点"，也不可能有全局上的清醒和主动。

"关节点"，是指事物在运动变化过程中由一种质态转化为另一种质态的"临界点"，是企业在困局中由防守变为反攻的"转折点"。在"临界点"的两边，事物在数量上的变化不会立即引起质变，而在"临界点"上，事物在数量上的微弱变化就可以引起质变。因而要特别注意"关节点"上的变化。

在危机情势下，尽管企业经营步履维艰，各种事情头绪繁多，但作为战略决策者还是保持沉着冷静，危机中不忘大局，突围中把握全局。**只要企业决策者头脑清醒，思路正确，战略谋划得当，企业就一定能够成功突围。**

3. 重新进行企业战略态势的选择

战略态势，就是在目前的战略起点上，决定企业的各项经营业务在战略规划期限内的资源分配、业务拓展的发展方向。战略态势的选择，主要是企业适应市场形势变化、经营重点变化、企业自身变化而做出的一定时期的重要方针和实施方案。

根据实际需要，企业通常可以采用的战略态势，包括稳定型战略、增长型战略、紧缩型战略和混合型战略四种。在特定的内外环境下，企业根据实际需要可采取其中的任何一种战略选择方案。**无论选择哪一种战略态势，都不能光凭企业主观的臆断和美好的愿望，而应当审时度势，实事求是地做出明智的抉择。**

当然，在现实世界中，这四种战略态势并不是被相同程度地采纳的。

美国管理学者德鲁克曾对358位企业经理15年中的战略选择进行深入

研究，之后发现，以上四种战略态势被使用的频率分别为：稳定型战略9.2%，增长型战略54.4%，紧缩型战略7.5%，混合型战略28.7%。

下面将介绍这四种战略态势的特点、适用性以及企业在作战略态势选择中经常用到的技术和方法。

（1）稳定型战略：市场形势不利时的维持战略

稳定型战略是在企业的内外部环境约束下，企业准备在战略规划期使企业的资源分配和经营状况基本保持在目前状态和水平上的战略。按照稳定型战略，企业目前所遵循的经营方向及其正在从事经营的产品和面向的市场领域、企业在其经营领域内所达到的产销规模和市场地位都大致不变或以较小的幅度增长或减少。

从企业经营风险的角度来说，稳定型战略的风险是相对小的。对于那些曾经成功地在一个处于上升趋势的行业和一个不大变化的环境中活动的企业来说会很有效。

（2）增长型战略：市场形势顺利时的扩张战略

增长型战略是一种使企业在现有的战略基础水平上向更高一级的目标发展的战略。它以发展作为自己的核心内容，引导企业不断地开发新产品、开拓新市场，采用新的生产方式和管理方式，以便扩大企业的产销规模，提高竞争地位，增强企业的竞争实力。

从企业发展的角度来看，任何成功的企业都应当经历长短不一的增长型战略实施期，因为本质上来说只有增长型战略才能不断地扩大企业规模，使企业从竞争力弱小的小企业发展成为实力雄厚的大企业。

增长型战略能够真正地使企业获得比过去更好的经营规模。事实上有大量的企业正是通过实施增长型战略获得了成功。

（3）紧缩型战略：市场形势危机时的生存战略

所谓紧缩型战略，是指企业从目前的战略经营领域和基础水平收缩和撤退，且偏离战略起点较大的一种经营战略。与稳定战略和增长战略相比，紧缩型战略是一种消极的发展战略。

企业实施这一战略，主要是基于这样几种情况：当企业发生重大转型时，当企业遭遇危机陷入困境时，当企业自身组织结构和体制发生突然变故时。由于企业的资源是有限的，既然企业采取了各种方式进入新的产业或是扩大了业务范围，它们就需要在必要时退出某些业务。同时，当危机发生时，由于企业的经营环境发生了巨大变化，原本有利的环境变得复杂和不利了，原来发展过热的产业领域会因进入衰退阶段而逐渐冷缩，原本牢固的供应链、资本链发生断裂，造成大量的投资和资源的转移等等。所有上述情况的发生都会迫使企业考虑紧缩目前的经营，甚至于退出目前的业务或实施公司清算，一般都会考虑采纳紧缩型战略态势。

一般来说，企业实行紧缩战略只是短期性的，其根本目的是使企业挨过危机风暴后转向其他的战略选择。有时，只有采取收缩和撤退的措施，才能抵御对手的进攻，避开环境的威胁和迅速地实行自身资源的最优配置。可以说，这种情况下的紧缩型战略是一种以退为进的战略态势。

（4）混合型战略：市场形势复杂多变时的攻防战略

任何一种战略既可以单独使用，也可以混合起来使用。事实上，**大多数有一定规模的企业并不只实行一种战略，尤其不会长期使用同一种战略态势。**

从混合型战略的特点来看，一般是较大型的企业采用较多，因为大型企业相对来说拥有较多的战略业务单位，这些业务单位很可能分布在完全不同的行业和产业群之中，它们所面临的外界环境、所需要的资源条件不完全相同。因而若对所有的战略业务单位都采用统一的战略态势的话，显然是很不合理的，这会导致由于战略与具体战略业务单位的情况不相一致而使企业总体的效益受到影响。所以，可以说混合型战略是大企业在特定历史发展阶段的必然选择。

从市场占有率等效益指标上来看，混合型战略并不具备确定的变化方向，因为采用不同战略态势的不同战略业务单位，市场占有率的变化方向和大小并不一致。所以，从企业总体的市场占有率、销售额、产品创新率等指标反映出来的状况并没有一个一般的结论，实施混合型战略的企业，只有在各个不同的战略业务单位中才体现出该战略业务单位所采用的战略态势的特点。

4. 改变思路，在突围中果断转型

企业的成功，大多是靠着"一招鲜、吃遍天"，把主要精力投入到有优势的主要业务中，这是企业发展战略中最重要的特点。一些企业虽然能在短期内获得高额利润，但同时危机也在潜伏。因为跟进者们会蜂拥而上，尤其是那些有实力的跟进者。

面对危机，一些企业需要及时地作战略转型。所谓战略转型即是要改变业务方向，走上一条和最初创业时完全不同的道路。可以看到，有不少企业就是通过转型而走上成功之道的。例如携程旅行网刚一创业就遭遇互联网冬天，于是很明智地从旅游门户网站的最初定位，转型为旅游服务公司，才一举成功。但是多数企业更大、更艰难的转型是在突围阶段之后、进入到转型阶段时才开始的。

所以，**当企业思考突破危机困局时，就必须以新的思路和方式构建发展战略，改变原来的战略，只有这样，才能在危机中取得生存的资格。**

从国内很多企业成功转型实践中，我们可以总结出这样几个转型的趋势。

一是企业经营范围从价值链的单一节点，发展到价值链的多个节点，例如恒源祥体系中，原来只有生产企业加盟，后来则吸纳了销售企业的加盟，形成覆盖生产和销售的加盟体系。盛大公司开始只是一个网络游戏的运营商，后来自主研发出网络游戏，上市之后，又开始构筑"互动娱乐"的大产业链。

二是在产业链中利润较高或较低的环节向相反方向扩张，某些企业从产业链中利润较低的环节扩张到利润较高的环节，他们将拥有更强的赢利能力，例如华旗资讯等企业；有些则是从产业链中利润较高的环节扩张到利润较低的环节，他们的业务结构因此更加稳定，例如汇源集团。

三是制造型小企业实力增强之后，开始增加资本性投资。纳爱斯、汇仁、圣雅伦、大虎等企业开始都没有自己的生产基地或者只有简陋的生产基地，但是在站稳脚跟后，纷纷加强了生产基地的建设，扩大生产能力，以扩大规模来降低成本、以改进设备来提高质量，构筑更加强大的竞争力。

四是多数企业尝试了多元化，但全都是相关多元化，原有的营销经验和渠道资源都能够得到充分利用。这似乎在一定程度上说明，获得初步成功的企业在多元化时应该首先选择相关多元化，而不是进入毫不相干的其他领域。

这种相关多元化和专注并不矛盾，实质上是一种基于"专注"的多元化。

五是企业成功后，更加重视品牌的完善。纳爱斯、圣雅伦等企业都实施了多品牌战略，发展出面向高端市场的品牌，而其他企业则是努力增强品牌内涵和提升品牌形象。

战略转型实际上就是企业的"二次创业"，在新的阶段、在固有的实力平台上，重新审视商业机会，制定出符合目前能力和机会的战略路线。由于转型的难度很大，外部环境的好坏会直接影响转型是否成功，所以，**企业一定要量力而行，通盘考虑，审时度势，谋划周全。否则，转型必然失败。**

5. 战略性撤退是一种大智慧

经营企业，目标当然是努力奋斗往前走，但有时也要知道什么时候该"往回跑"。

面对不利的市场环境，尤其是身陷危险的困局中，企业如何选择撤退，也是一种智慧。因为，**在这种情况下，不作为等于是坐以待毙，而盲目前行则意味着迈向深渊。**

一个优秀的企业家在经营中总是懂得放弃，放弃不重要的业务，倾注自己的时间和精力于主战场上。

在严峻的危机形势下，作战略性撤退不失为一种明智之举。战略性撤退并不意味着失败。有些时候，战略撤退反而能帮助企业实现增长。

战略转型中实施具有前瞻性的战略撤退，需要企业的经营者具有非凡的经营智慧和魄力。因为相比被迫退出已经出现严重问题或产生巨大亏损的业务，主动的战略撤退往往发生在一切仍然是"看上去很美"的时候，企业家往往需要冲破来自各个方面的压力。善于利用撤退战略，同样可为企业战略的实现提供巨大的帮助。

利用撤退重新配置企业资源，可以把企业有限的资源转移到对企业发展具有战略意义的目标行业或市场。

事实教育我们：一个企业如果同时追逐两个目标的话，往往到头来一事无成。

企业要成功，只能一次选定一个目标，并且咬住不放，锲而不舍。

请记住这样一句名言：成功最大的障碍，就在于能否放弃。

"鱼，我所欲也；熊掌，亦我所欲也；二者不可得兼，舍鱼而取熊掌者也。"当企业面临生死选择时，必须学会放弃。放弃，并不意味着失败。一次计划好的撤退应像获得一次伟大的胜利一样受到奖赏。

6. 战略谋划需要借鉴集体的智慧

"智者千虑，必有一失；愚者千虑，必有一得。"现代社会的竞争越来越激烈，战略谋划活动越来越复杂，涉及的因素非常多，任何一个高明的领导者，要想避免失误，唯一的妙方就是集思广益，为此企业决策前，必须发动各方面献计献策，充分利用集体的智慧。

在当前危机的情况下，企业要想保存实力、安全生存，在进行战略转移和战略决策时，更应当多听听广大员工的意见。**凡是自认为高明、喜欢独断专行的企业老板，十有八九会陷入败局之中。**

"兼听则明"，企业在作战略谋划时，应该掌握以下几个原则。

（1）建立制度

"没有规矩，不成方圆。"对于企业领导者的战略谋划也是如此。只有建立制度，才能保障战略谋划到位。

日本丰田汽车公司以好产品好主意为目标，车间到处设有建议箱，各部门分别设立建议委员会、事务局，把提建议的方针贯彻到工厂的各个角落，并对提出好主意的人实行奖励。美国的坦登公司，则实行"5分钟"规矩，在这5分钟内，"任何人都可以提建议"，参与战略谋划，会上不允许对别人的意见进行批评，主持人也不发表意见，以免妨碍会议的自由气氛。这些制度的建立，对寻找"高见"非常有效。

（2）提倡"唱对台戏"

企业领导者在作谋划时应大力鼓励有关人员各抒己见，大胆发表各种不同意见。"头脑风暴法"即是一种。这种方法的具体操作为：召集5至10名人员参加讨论会，会议成员既要求有各方代表，又要求各方代表的身份、地位基本相同，而且要有一定的独立思考能力，切忌人云亦云。会议时间一般以一至二小时为宜。会议先由主持人提出题目，然后由到会人员充分发表自己的意见。为了使到会人员的大脑皮层处于高度的兴奋状态，会场要有一定的舒适感，使人无拘无束。会上对任何成员提出的方案或设想，一般不允许提出肯定或否定意见，以免阻碍个人的思考，也不允许成员之间私下交换意见。**每当某一代表发言时，其他人应该认真听取意见，以便从中受到启发。**会议结束后，再由主持人对各种方案进行比较，好中选优。

美国前总统罗斯福在执政期间，每当出现大事件时，总是把助手叫来，让他研究一下这个问题并要求他保密。然后对另外的几个助手也提出同样的任务，也要求他们严守机密。结果，他就有足够理由肯定问题的每个方面都被充分考虑过，并提出了不同意见。这样，他肯定就不会被任何人的先入为主的意见所左右。

（3）设立"智囊团""思想库"

现代市场条件下，企业经营管理的任务更加艰巨繁杂，不仅"家长型"的私营公司老板管理方式已不适应，就是精通一两门专业技术的"专家"型经营者，也越来越不适应了。因此，必须依靠"多种专家"、专家集团来管理企业。西方发达国家在20世纪50年代就开始出现大批的"智囊团""思想库"。

久负盛名的美国兰德公司，30多年间提出了约13000篇研究报告，在期刊上发表2500多篇论文，出版了大约180本书，对美国国内外政策均产生过强有力的影响，在国际上也颇引人注目。

对于很多公司来说，**委托专门的咨询机构进行调查研究并提供可供选择的决策方案，也是一条非常有效的途径。**

（4）鼓励全员参与

企业领导者在谋划战略时，要采取多种方式，让员工最大限度地参与重大决策,充分听取各方面意见,鼓励员工参政,员工与企业同舟共济勇闯难关。

(5) 群体决策

群体决策,发挥的是集体的智慧。企业老板在进行群体决策时,无论采取何种具体方法,都应该注意以下几点。

第一,接受别人的意见一定要诚恳。接受意见一定要诚恳,特别要接受逆耳忠言,与自己看法相悖的有识之言。即使听到一些颇为自负的"大话""狂话",听到一些明显不切实际的空话、错话,也不要反感、轻蔑。否则,今后别人即使有非凡的高明意见,也将闭口不谈。

第二,要善于对各种意见进行比较选择。人们所提意见的出发点不同,站的角度也不同,看法也肯定不一样。更何况,任何人都是现实生活中的人,必然是良莠不齐。有敢于直言的,也有喜欢迎合企业经营者意图的。就是敢于直言的,其意见有正确的,也有错误的。因此,企业经营者在决策时要虚心听取别人的意见,但绝不可完全依赖别人。对于众多的意见,应该不考虑建议人的亲疏和资历威望,而应该唯正确是纳。

二、寻找"蓝海",超越市场竞争

在激烈、残酷的竞争中,企业为了生存和发展,就需要实施"蓝海战略"。

通过寻找"蓝海",开拓"蓝海",可以在一定程度上甩开竞争对手,脱离竞争,而这正是企业生存与发展的真正出路。企业只有脱离充满竞争、抢夺的"红海",跨入洋溢着生机与活力的"蓝海",才能迈向新的高度。

1. 面对危机,应当实施"蓝海战略"

在当今的商业天地中,存在很多片"红海",在红海中,企业间的竞争十分激烈甚至达到惨烈的程度,价格之战此起彼伏,企业的市场份额不断萎缩,利润不断缩减。为此,企业需要寻找"蓝海",开拓"蓝海",实施"蓝海战略"。

那么，什么是"蓝海"？什么是"蓝海战略"？

所谓"蓝海"，按照这一概念的创始人、美国管理学家W·钱·金和莫博涅的说法，**是指一个全新的市场和商业机会，企业在那里竞争对手不强，甚至没有竞争对手**。在那样的一个无人竞争的、全新的市场空间和全新的商机中，企业突破了红海的残酷竞争，不把主要精力放在打败竞争对手上，而主要放在全力为买方与企业自身创造价值上。这样，企业就能同时实现机会的最大化和风险的最小化。"蓝海战略"理论认为，"蓝海"是创造出来的、没有竞争的新市场。相反，"红海"是已经存在的、激烈竞争的旧市场。

新市场是平和的，在那里充满着众多的机会，能使企业获得尽快地发展。就像一片洋溢着生机与活力的蓝色海洋，新市场风和日丽，莺歌燕舞，欣欣向荣。旧市场则是激烈的，充满竞争、抢夺、斗争。

打破产业边界，开创出一个没有竞争的新市场，这就是实施"蓝海战略"的目的与追求。实行"红海战略"就是在已有、已知的产业边界和市场空间内，按照既定游戏规则，进行针锋相对的竞争，而"蓝海战略"基本上没有产业边界概念，**"蓝海"既可以在全新的市场空间去开辟，又可以在现有的"红海"中开辟，并无一定之规**。比如著名的星巴克咖啡，就是在"红海"中开辟出一片"蓝海"而取得巨大成功的典型范例。

实行"蓝海战略"极有利于企业的获利性增长。战略专家对世界上108家公司推出的新业务项目进行了量化研究，结果是86%投入"红海"业务，14%投向"蓝海"业务。但是，正是这14%的"蓝海"业务投入，最后对于公司总收入的贡献为38%，对总利润的贡献则达到61%。

可见，只有开创"蓝海"，实施"蓝海战略"，甩开竞争对手，脱离竞争，才是企业的生存与发展的真正出路！

2. "蓝海战略"是一种战略创新

"蓝海战略"在某种程度上颠覆了传统的企业战略思想，它是一种全新的战略，与"红海战略"有着根本的区别，其创新性主要体现在以下几个方面。

(1) 打破游戏规则

作为一种战略思想,"蓝海战略"是从厚重的产业历史和商业实践中提炼发展出来的。作为一套战略模式,"蓝海战略"包括完整的战略框架和具体的执行工具。面对开创"蓝海"的契机,企业家不仅需要热情和冲动,而且需要理性分析和系统的实施步骤。**"蓝海战略"的真谛在于跨越常规边界,独辟蹊径,打破游戏规则并重设游戏规则。**

(2) 注重价值创新

价值创新中的"价值",是指能对顾客提出价格较低的产品、能对顾客提出新的效用及能激发出顾客新的需要。当一个企业的行动对自身的成本结构和买方的价值主张都产生积极影响时,价值创新就在这个交汇区域得以实现。企业通过剔除和减少产业竞争所比拼的元素节省了成本,又通过增加和创造产业未曾提供的元素,提升了买方价值。随着时间的延续,优越的价值带来高销售额,成就规模经济,从而使成本进一步降低。可以说,"蓝海战略"的基石正是价值创新,它全力为买方和企业自身创造价值,由此开创新的无人争抢的市场空间,彻底摆脱竞争。在价值创新中,"价值"和"创新"两个观念同等重要。

3. 企业怎样实施"蓝海战略"

怎样寻找与开创"蓝海"呢?结合中国企业的实际,需要在以下几个方面去探索。

(1) 洞察市场中的新商业机会和需求

在中国改革开放不断深入,国际化、市场化不断扩大的形势下,中国企业面临着国内企业的竞争以及国际资本和企业的夹击,同时这也给中国企业提供了各种商业机会。**慧眼识珠,成功地洞察市场中新的商业机会和需求,就能开辟新的市场空间,获得快速发展。**在我国,已经出现了这一类型的"蓝海"大赢家,如携程旅行网、国宾医疗等。

携程旅行网把网络的便捷性和实际生活中的需求结合起来,打破传统的信息提供和周到服务分开的局面,创造顾客服务新价值,成为中国领先的综合性旅行服务公司。

国宾医疗专注于国人越来越重视的健康市场，把传统上只是附属服务的健康检查作为独立的核心服务项目，抓住"每个人都想保持健康"这一心态，把顾客锁定于年轻有为的群体，传统医院体检模式无法满足该群体对快速体检和专业服务的需求，而国宾医疗塑造的独特价值曲线创造了新的市场需求。

（2）在传统产业中创新经营，注入全新的元素

一般来说，传统产业的产品、市场都比较成熟和规范，市场内已有众多的竞争者，原有市场发展空间很小，如何能够力挽狂澜，让传统产业再现生机？**这就需要在传统产业中创新经营，注入全新的元素**。湖南卫视、钱柜KTV就是这类中的典型。

湖南卫视处在竞争激烈的电视媒体行业，所在环境竞争者甚多，还有一统天下的中央电视台。原有商业模式下注重电视剧节目的争夺，无法在全国享有号召力和影响力，湖南卫视通过聚焦大众的快乐需求，着意创新，另辟蹊径，终于脱颖而出，成为我国地方电视台的领头羊。

钱柜KTV不同于一般的歌厅、舞厅和酒店内传统的KTV，钱柜在原有KTV的基础上注重环境的整洁、客人的自我服务、新歌的更新速度，以及提供录制磁带和餐饮服务，突破传统的KTV定式，引领KTV新时代，为KTV行业注入了新的活力，自身也取得了骄人的成绩，从最早的一间光盘小店发展到如今的上市公司。

（3）整合价值链，进行价值创新

在企业产、供、销、服务等各个环节在内的所有利润区中，能够为企业产出高额利润的只是价值链中的某几个环节。对企业价值链进行战略整合，目的是要按照价值链定位模式，向价值链中创造高额利润的重点环节进行倾斜，并对其他环节进行价值创新，以重组资源，获得更高回报，使利润得以最大化。

作为中国三大门户网站之一的网易一向以提供信息为主，但在20世纪末那个互联网的冬天来临之时，与中国移动合作推出手机短信这一业务，

从而开创了一片互联网领域的"蓝海",靠一毛钱一条的短信业务安稳地度过了互联网的冬天,为后来网易保持业界的领先地位,获得巨大成功布下了关键一棋。

4. "蓝海"商机就在市场细分之中

如何才能找到这样一个空白的"蓝海"市场?如何才能有效地创造一个品类第一的市场?答案是通过市场细分来实现。

普通人的思维都是看到人家做什么赚钱,就跟着去做;而顶级富豪的思维都是开创一个全新的没有竞争的市场。"红海战略"可以造就很多百万富翁,而"蓝海战略"能成就亿万富翁。

如何有效地寻找"蓝海"商机呢?市场细分是一个大方法。

有一位市场研究专家说:"一个产品类别总是起始于一个单一的品种,而后又会慢慢地分化。"例如,计算机在一段时间之后,开始分裂成几个细分市场:主机、微型计算机、工作站、个人计算机、膝上型电脑、手提电脑以及笔记本电脑。

市场越大,商品专业性越高;市场越小,专业性越低,企业的概括性就越大。因此当整个世界朝全球经济的方向推进,企业就必须变得更专业化。

福特,曾一度是基本运输工具车的代名词,主导整个汽车类别。之后出现细分:豪华车,中等价位车,廉价车。

请看下列各个行业与产品的细分。

- 啤酒的细分:一般啤酒、淡啤酒、干啤酒、高价啤酒、廉价啤酒、红啤酒、冰啤酒、不含酒精的啤酒、生啤酒、原生啤酒等,未来还会有更多。
- 水的细分:矿泉水、纯净水、天然水、碳酸饮料、果汁饮料、茶饮料、咖啡饮料、乳制品饮料、功能型饮料、薄荷水、加钙水、太空人专用水、氟化婴儿水、高档水。
- 咖啡的细分:速溶咖啡、高级咖啡、冰冻咖啡、风味咖啡……
- 饼干的细分:甜的、肉挂的、牛奶的、牛奶巧克力的、黑巧克力的、白巧克力的、夹心的、奶油的……
- 鸡蛋的细分:普通的鸡蛋、胡萝卜素鸡蛋、婴儿鸡蛋、高营养鸡蛋、低胆固醇鸡蛋、孕妇鸡蛋……

●牙膏的细分：美白的、坚固牙齿防蛀牙的、防过敏的、预防上火的、清新口气的，甚至还有竹盐咸口味的、营养牙膏、儿童牙膏。以后可能还会有女性牙膏、男士牙膏、老人牙膏……

●洗涤产品的细分：还原天然本色的、洗泥污的、洗农药的、洗细菌的、生态类产品……

●洗衣粉的细分：更强的漂白效果的、更好的去污力的、气味芳香的、泡沫更丰富的……

●手表的细分：时尚手表、运动手表、昂贵手表和真正昂贵的手表，等等。

●鞋子的细分：男鞋、女鞋、童鞋、凉鞋、拖鞋、运动鞋、足球鞋、篮球鞋、休闲鞋、网球鞋、滑雪板鞋、自行车鞋，等等。

●酒店的细分：常规酒店、套房酒店、汽车酒店、公寓酒店、高档酒店、经济酒店、连锁酒店……

●音乐的细分：流行音乐、古典音乐、民族音乐、摇滚音乐、爵士音乐、乡村音乐、民族音乐、说唱音乐，等等。

通过市场细分，你可以创造出一个品类第一的市场。在市场细分中去寻找"蓝海"，这是一种规律，而且是一种自然规律。**企业的经营决策者们要做的就是在自己的行业中细分出一个新品类，然后进行正确的卖点定位，集中经营焦点，这样就进入了一片"蓝海"。**

不过，不是每一种市场细分都值得追求。既然我们能找到或创造出无穷多的细分市场，那么我们就必须决定哪些细分市场是值得我们去追求的。这属于判断力的问题。

根据"第一胜过最好"的策略，企业的经营决策者们可以在服务上创造第一，可以在时间上抢占第一，可以在附加值上成为第一，可以在赢利模式上成为第一，可以在价格优势上成为第一，也可以在创新速度上成为第一，可以在产品品质上成为第一，也可以在历史优势上成为第一。

5. 超越竞争，赢得新的发展空间

竞争的目的究竟是什么？如果竞争仅仅是为了获得竞争优势的话，那

么企业可能会陷入竞争的僵局而不能够自拔。从竞争的出发点来说，是抗竞争而不是竞争；从竞争战略的本质来说，是选择不做哪些事情；从竞争活动的特性来说，是创造生存空间；而竞争的关键是寻找新的定位。在分析竞争的各个角度上我们都应当明确：竞争的目的是远离竞争。**竞争的最好办法就是不要去竞争，要开辟一个新的战场，自己第一个进去。**

（1）专注产品，以差异化的高品质的产品赢得顾客

产品对于企业而言，既是企业进入市场的前提条件，又是企业存活于市场的根本原因。所以，能够带领企业离开竞争的第一个可选择的方向就是：专注于产品。那么，什么样的产品能使企业超越竞争呢？这就是差异化的、具有高品质的、能够为顾客带来附加值的产品。

差异化的产品，能够满足不同需求的顾客消费需要。今天的市场不可能再有能够满足所有顾客需求的单一产品。

高品质的产品，能够让顾客增加对品牌的信任，以及对产品的青睐。

而能够为顾客带来附加值的产品则能够使顾客在消费过程中获得超值的回报，同时在无形中培养了顾客的忠诚度。

让我们来看看绿盛牛肉干的发展之道。

绿盛牛肉干属于传统的休闲食品行业，传统企业注重价格竞争，导致市场混乱，品牌缺乏，但绿盛牛肉干在关注健康营养元素的同时，结合时尚的网络元素，抛开传统的竞争要素，得以在传统行业大展身手，也打破了"洋休闲"食品一统天下的局面。

（2）协作效应

任何一个企业都无法独立地生存，它总是在一个明确的产业链条中。不同的企业联合起来为客户创造价值，这种关系我们称之为协作效应。协作能够使协作的企业之间优势互补，产生新的力量。哈佛大学教授诺萨贝斯·穆丝·坎特曾经提出的一个观点——"协作优势"。在她看来，具备卓越的建立和保持广泛协作关系的能力，对提高公司的竞争实力有着重要的作用。从以往的中国企业发展历程中可以看到，**每个行业领先的企业都比那些默默无闻的小企业更明白与别的机构建立伙伴关系是一种好的选择。**

"印象·刘三姐"被誉为"与上帝合作之杰作"的大型歌舞演出,它集漓江山水风情、广西少数民族文化及中国精英艺术家创作之大成,是全世界第一部全新概念的"山水实景演出",通过整合资源和创新取得了巨大的成功,如今"印象·刘三姐"已成为桂林阳朔旅游的首张招牌。

(3) 提供个性化服务

对不同的客户提供符合自己个性特点的要求和服务,可以使客户从内心和精神上得到极大的满足和快乐。

所谓个性化服务,是指针对客户的差异性的需求而对其提供的特殊性服务。提升中小公司的竞争力,必须采取个性化的竞争策略,使自己的企业在产品和服务上取得竞争优势。

任何客户所需求的服务都是与他人不同的,企业在满足客户需求时,就要发现这一差异,抓住这一差异的特点,并进行针对性的恰到好处的满足。这样做,就能激起客户快乐的浪花,从而给客户留下美好的回味,赢得客户的忠诚度。

满足个性化需求的产品,可以使竞争对手望尘莫及。

企业在给自己的产品和服务进行定位时,一定要考虑到市场上现有的同类产品,考虑到消费者为什么要购买我们的产品和服务,并注意赋予自己的产品以个性和独特价值,才能在与众不同之中确立自己的竞争优势。

当你的竞争对手已经"拥有"某个词汇时,企图再把同一词汇作为自己的"焦点"是徒劳的。若干年前,市场研究表明:对于快餐业来说,最重要的特性是"快",所以汉堡王决定以"更快"为焦点发展自己的事业。但是市场研究中没有说明:"快"这个词汇已经属于麦当劳了。结果,汉堡王的努力白费了。

三、打造企业的核心竞争力

无论市场发生怎样的变化,企业的核心竞争力都是确保生存与发展的坚固屏障。试想,一个拥有资源专享、技术独有、产品独特、客户稳固、管理出色的企业,有谁能轻易战胜它,尽管危机给企业的经营造成了巨大的压力，但只要乘机培育自己的核心竞争力，风浪再大都能稳坐钓鱼台。

1. 企业竞争的力量来自核心

现代自然科学研究证明，世间万事万物的构成都是有规律的，都有一个核心，大到天体宇宙，小到微观粒子，而且这个核心一直是哲学家、科学家们追寻探索的本源。因为，核心问题决定物质的构成，决定事物的发端。从宇宙学的观点来看，揭开了核心问题就等于找到了宇宙的起源；从物理学的观点来看，微观世界的奥秘就在于一个核心。宇宙学家认为，宇宙的形成最初起源于150亿年前的一个"奇点"的大爆炸，而且这个大爆炸的反应目前还没有结束，宇宙正沿着大爆炸时代创下的轨迹不断向外扩张、膨胀、辐射。这个"奇点"就是宇宙的核心，它囤积、浓缩了宇宙间所有的物质和能量。核心的爆炸力反映了宇宙的生命力。有核心才有世界，有核心才有生命。

在经济生活中，企业是市场竞争的法人主体，企业要在竞争中求得生存和发展，并立于不败之地，同样离不开核心。核心构成企业在市场竞争中的核心竞争力。

在市场竞争中，企业拥有的竞争优势有可能很多，但这些竞争优势并不都是核心竞争力。**所谓核心竞争力，用北京大学光华管理学院张维迎教授的话来说，就是"偷不去、买不来、拆不开、带不走和溜不掉"的能力。**"偷不去"是指别人很难模仿你，如自主知识产权、品牌、文化等方面。"买不来"是指这些资源不能从市场上获得。"拆不开"是指企业的资源、能力具有互补性，分开就不值钱，合起来才有价值。"带不走"是指资源的组织性。拥有高身价的人才并不意味着有核心竞争力，系统能力才是企业的核心竞争力。"溜不掉"是指这种竞争力具有持久性。

一项竞争优势要成为核心竞争力，必须具备以下几个条件。

- 具备充分的客户价值。它必须能够为客户提供根本性的好处或效用。

- 具备独特性。那些内化于企业整个组织体系、建立在系统学习经验基础上的专长，比建立在个别专利或某个出色的管理者或技术骨干基础之上的专长，具有更好的独特性。

● 具备一定的延展性。也就是说，它应该能为企业打开多种产品市场提供支持，对企业一系列产品或服务的竞争力都有促进作用。

打造核心竞争力是企业的战略问题。核心竞争力源自企业核心能量的释放，正如原子弹爆炸一样，没有原子核的反应就没有原子弹爆炸的威力。对企业来说，有核心才有竞争力，也才谈得上核心竞争力。

可见，**为企业打造出核心竞争力，对一个寻求长远发展的企业来说，具有不同寻常的战略意义。**

核心竞争力已经成为当今市场竞争成败的关键因素，更是公司能否控制未来、掌握未来市场竞争主动权的根本。具体来说，它是长期形成的蕴涵于公司内质中的，公司独具的，支撑公司过去、现在和未来的竞争优势，并使公司长期在竞争环境中能取得主动权的核心能力。

不同的企业，在不同行业、不同发展阶段，会有不同的核心竞争力。但是，能够支撑企业在市场中生存和发展，遇到市场变化能够应对，这应该是企业核心竞争力的重要评价标准。对企业来说，要想在市场中立足，就必须有自己的看家本领，否则就不要奢望在激烈竞争的市场中存活下去，也不要奢望做大做强了。

在危机中，企业乘"机"打造自己的核心竞争力尤为重要。**有了核心竞争力，企业就能够在任何环境下站稳脚跟，就能够在弱肉强食、优胜劣汰的商业世界中立足。**

2. 优秀企业的核心竞争力策略

核心竞争力可以表现在多方面：企业的人力资本、核心技术、营销技术、营销渠道、管理能力、研究开发能力、商业模式等。

让我们来看看那些优秀企业的核心竞争力的表现。

● 麦当劳的核心竞争力：他们的薯条对含淀粉和糖是有规定的，如果不符合标准，那么宁愿从美国运来；他们的油用了一段时间之后一定要倒掉；他们的牛肉饼做出来以后20分钟没有卖掉，他们规定要丢掉，绝对不准员工自己吃掉。

- 如家经济型酒店的核心竞争力：以二星级酒店的价格打造五星级酒店的床。
- 美国西南航空的核心竞争力：飞机的速度，汽车的价格。
- 三得利啤酒的核心竞争力：选用进口的优质麦芽，德国原产的啤酒花，日本空运的新鲜酵母。
- 力波啤酒的核心竞争力：酒瓶子不一样；先挑好瓶，再酿好酒；广告词——力波啤酒是采用世界先进的空瓶验瓶设备，经得起卫生跟安全的层层检查。
- 星巴克咖啡的核心竞争力："我们亲自为消费者选择咖啡豆。"从最稀少的蓝山、魔卡、巴西一直到维也纳等各种名贵咖啡，他们都在努力地帮顾客挑选咖啡豆。
- 海尔变频空调：聪明眼，智慧风，冷暖看得见，上下吹风，不吹人。它的核心竞争力是：不吹人的空调。因为吹人容易感冒。

对于广大的企业来说，应该老老实实地向那些优秀的企业学习，精心地打造自己的核心竞争力。只有拥有了自己的核心竞争力，企业才能成为一家优秀企业。

3. 打造核心竞争力的主要措施

由上分析可见，打造企业的核心竞争力，是企业经营中的核心任务之一。企业没有了核心竞争力，就没有了竞争优势。美国著名企业家杰克·韦尔奇说："**如果你没有竞争优势，就不要参与竞争。**"**在残酷的商业竞争中，没有核心竞争力的企业就无法生存，更无法取胜。**

那么，作为企业，怎样才能打造核心竞争力呢？打造核心竞争力，可以从如下几个方面着手。

首先，企业从高层管理者到基层的每一个员工，都应该认知企业核心竞争力战略在市场竞争特别是国际竞争中的作用，重视和关心企业核心竞争力的培养。

其次，要集中企业的主要资源，从事某一领域的专业化经营，在这一过程中逐步形成自己在经营管理、技术、产品、销售、服务等诸多方面与同行的差异。在发展自己与他人上述诸多方面的差异中，就可能逐步形成自己独特的可以提高消费者特殊效用的技术、方式、方法等，而这些有可能构成今后公司核心竞争力的重要因素。

第三，加强技术创新。这是打造企业核心竞争力的关键。**一个企业要形成和提高自己的核心竞争力，必须有自己的核心技术，可以说核心技术就是核心竞争力的核心。**国有企业在打造核心竞争力的过程中，必须清楚地了解自己的核心技术是什么。如不十分清楚或把握不准，可以对现有技术进行分解和整合，也就是对核心产品进行技术分解、归类和整合，弄清哪些是一般技术、哪些是通用技术、哪些是专有技术、哪些是关键技术。然后集中人力、物力、财力对专有技术和关键技术进行研究、攻关、开发、改造，并进一步提高和巩固，以形成自有知识产权的核心技术。

第四，可通过知识联盟获得企业核心竞争力。知识联盟有助于一个企业学习另一个企业的专业能力，有助于两个企业的专业能力优势互补，创造新的交叉知识。知识联盟具有以下特征：联盟的各方合作关系非常紧密，知识联盟的参与者广泛，具有巨大的战略潜能，等等。因此，**知识联盟是企业从外部获得核心竞争力的有效途径之一。**

最后，努力培育更多的更忠诚的稳定顾客群。顾客群越多，顾客的忠诚度越高，企业核心竞争力就越强大，就越能经久不衰。因此，企业都应重视培育自己的顾客群。从产品、价格、渠道、促销到公关宣传等营销的各个方面着手，努力培育自己的顾客群，以增强自己的核心竞争力。

4. 打造核心竞争力的"三部曲"

打造企业的核心竞争力，需要走"三部曲"。

- 第一步：定位你的独特卖点（消费者购买你的产品或服务的理由，通过差异化找出）。
- 第二步：凝聚你的经营焦点（你的核心竞争优势或你的特长，运用集中化战略）。
- 第三步：不断营销你的卖点和焦点（能够做到的人太少太少）。

对于其他相关的方面，包括企业的人力资本、核心技术、企业声誉、管理能力、营销渠道、研究开发能力、企业文化、采购系统等都是为独特卖点和经营焦点服务的。

比如沃尔玛的独特卖点是"天天低价",经营焦点是低成本战略,这两点就形成了沃尔玛的核心竞争力:全球庞大的采购系统和后勤物流配送能力。

所有营销的成功应该建立在企业的核心竞争力上。不管你是小公司还是大公司,你的核心竞争力可以触及营销的整个范围——价钱、服务、品质、专有权或其他生意上的任何环节。

5. 要努力避免核心业务受到冲击

从经营实践和从业经验中,企业家们得出一个较为令人信服的结论:对企业威胁最大的是在核心业务方面所犯的错误,此种错误可能导致一些重要的业务过早脱离核心业务或投资其他的业务范围。实际上,这些错误都会有可能使竞争对手超赶上来,使企业失去一部分市场,使原先的核心业务受到冲击,并使企业陷于危险的境地。

那么,如何正确清晰地界定企业的核心业务,摆脱危险的处境,并从容地从核心业务中攫取利润呢?

首先,企业经营者要从认识自己五种"资产"开始,并加以仔细审视,对自己的核心业务进行正确、清晰的界定。

- 最有可能获得利益的、特许经营的客户。
- 独有的和最具战略性的能力。
- 最重要的产品。
- 最重要的销售渠道和销售网络。
- 其他重要的具有战略意义的资产(如专利、商标权等)。

正确理解这五种企业"资产"的内涵,可以说是定义一个企业竞争的业务范围或帮助企业明确潜在的竞争优势到底是什么。它是正确、清晰界定企业的核心业务的第一步。

其次,找出业务界限模糊化的地方,并加以关注和仔细研究。

在制定企业成长战略时,高层管理者很可能会犯致命错误的原因是既没有对核心业务正确和清晰的认识，也不知道核心业务范围会随着时间的改变而变化。经验表明，最核心的业务可能会产生重大的竞争优势，但其规模和范围也会因为外部因素和客户细分策略而收缩。同时核心业务的临近业务，其发展战略逐渐凸现起来。因此找出业务界限模糊化的地方，特别是表现在对临近业务领域的判断上，此时，要根据公司的重大竞争优势是否充分发挥来作为判断依据。

一般来说，**如果对业务界限没有一个清晰的认识，一个企业就难以认识到自己真正的核心竞争优势。**

最后，界定企业的核心业务，攫取重要业务的利润。

正确无误地理解企业的核心顾客和产品，这些将会成为企业的重要利润来源或已经为企业创造了大部分利润，也是正确确定核心业务过程中非常关键的一部分。

可以说，**企业发展战略的关键是在维持核心业务优势和在应对临近业务的挑战中保持平衡。**也只有保持平衡，确定核心业务领域，及时从核心业务领域中攫取主要利润，并保持灵敏的视野和嗅觉，监控临近业务领域和空白领域，才能使企业长久地发展，实现企业的价值增长。

实践表明，取得长期成功的企业都懂得聚焦业务重点。它们并不试图收购或发展多家业务不同的企业，而是集中精力，只注重发展能取得市场领袖地位的核心业务。这些企业的领导者不追求跟核心业务联系不够紧密的市场中出现的新机会，而且如果他们发现某些业务不能使企业获利，或者不是自己最擅长的业务，就会将其卖掉。

对于企业来说，想要实现做强的目标，实现高成长，就必须聚焦核心业务；而为了减少核心业务受到冲击带来的损失，企业经营者要设立新的探索性业务单位，将它们跟其他部门分开，同时又保持跟高层主管的紧密联系。

企业经营者一定要明白：企业的核心业务范围是稳定的还是变化的？哪些领域是该不惜一切代价去保护的？哪些领域不具备战略性地位？哪些领域未来最有可能产生利润？哪些领域目前的利润最可能减少？差异化能力和挫败竞争对手能力的真正来源是什么？为适应未来的竞争和不断变化的业务边界要求企业的核心业务能力做怎样的变化？**时刻做到居安思危，企业才不会失去核心竞争力，成为永远的强者。**

6. 通过不断的创新来强化核心竞争力

在市场越来越成熟、竞争越来越激烈的时代背景下，创新已经成为公司的一种战略资源。谁的创新能力越强，谁就能在变革迅速的市场中及时适应新环境，并吸引消费者的眼球，取得成功。特别是对技术性、文化性企业来说，创新已经成为公司赖以生存的基础。

泰国曼谷淀粉有限公司第一次在泰国生产方便面时，把面身的重量从70克减为55克，增加了一包七香油。结果，这一小小的改动迎合了消费者的口味需要，而方便面的量不足恰恰让胃口大开的消费者意犹未尽。于是该公司的方便面销量大增，创造了一个销售奇迹。

毫无疑问，创新给曼谷淀粉有限公司提供了发展的良机，使他们创造了惊人的销售业绩。关于创新，该公司董事总经理庄建模深有体会，他说："新加坡有本畅销书《怕输》，讲述了新加坡是弹丸之地，因此它害怕输，所以战战兢兢、小心翼翼，只能够向上，不能够往下，输的反面就是要赢，无形中形成了一种创新哲学，在政治、经济、金融、环保各方面都能够排在世界的前五名之内。"

树立"创新至上"的经营理念，不仅是一个企业发展的需要，更是企业生存的前提。企业没有大型企业的资金实力，没有雄厚的规模效应，但是只要整个团队确立"创新至上"的经营理念，把创新渗透到骨子里，并在工作中孜孜以求，那么奇迹就会发生，企业就会进入以创新为支点的商业模式中，书写自己的辉煌。

许多企业领导者在回忆自己的创业经历时都有一个共同体会：**创新是赢得最后成功的保障**。创新，包括革新产品的创新、新能源的开发、开拓新市场的创新、新产品的开发，最重要的是思维的创新，也就是解放思想。

一项研究表明，很少有小企业能迅速扩大规模。事实上，只有4%的小公司真正在规模上有所扩大，大部分停留在原有的规模上。造成这一问题的根源在于，公司团队缺乏创新的思维和意识。因此，对企业来说，必须寻找适应自己发展的战略，才能在市场上获取竞争优势。

因此，企业应通过采取如下措施，来提升自己的创新能力，保持自己的创新优势。

(1) 时时保持思维的创新

大家经常挂在嘴边的是技术创新、管理创新、方法创新等一些词汇，但在推动事物的发展上，这些没有触及问题的"灵魂"。**唯有思维创新才是一切创新的基础。**

没有思维创新做先导，其他创新就是一句空话。思维创新的前提是"思维解放"，就是把思维从传统模式的束缚中解脱出来。同时，再用先进的思想武装头脑。这一点说起来容易，但要落实到行动中却相当困难。传统思想一旦在人的头脑中形成概念，便立即充斥了我们的大脑，并很快成为"天经地义"的必然。

(2) 要防止创业精神的衰退

企业要把成功当作新的起点，而不是炫耀的资本。

企业发展到一定规模后，创业时"以攻为主"的经营方针往往会不知不觉被"以守为主"所代替，开始害怕失败，不敢向未知领域挑战。以"延生护宝液"成名的沈阳飞龙集团，由于产品创新乏力而折戟沙场。总裁姜伟当时反省道："创新是公司发展的根本，一个发展了5年的公司没有创新必然走向衰落，一个销售了3年的产品没有创新必然走向死亡。这是无情的规律。"

四、重塑企业的商业模式

企业的发展在很大程度上取决于它的商业模式的优劣。 然而，对于广大的企业来说，一些经营者却往往忽视对构造优秀的商业模式的重视。

因此，为应对危机，为谋求企业更大的发展，高明的企业经营者，一定要乘"机"审视自己的商业模式，塑造自己更优秀的商业模式。

1. 掀开商业模式的盖头来

企业赢利靠什么？靠品牌、资金、技术、产品、人才，还有服务。这些要素无不关系着企业经营的成效，然而其中任何一个要素都不能单独发挥作用。企业赢利靠的是由这些要素有机结合而组成的系统。这一系统就是企业的商业模式。面对竞争愈来愈激烈的商海，企业经营者们越来越深刻地认识到商业模式对企业生存、发展是至关重要的。商业模式就如同企业的"基因"破译了企业的基因密码，才能从根本上掌握企业的命运！

在我国，随着网络经济的蔚然成风，商业模式一词也流行起来。在很长一段时间里，商业模式似乎成为网络经济的专有名词。

国内有关商业模式的定义并不太多，有些人只是根据这个词的字面意思拿来即用，并未深究其含义。但随着商业模式越来越多地被提及，一些学者也开始探讨其深层含义。

经过对众多学者观点的考察，我们认为，所谓商业模式，是指将企业经营过程中的各种资源整合起来而形成的一个完整的、具有独特的核心竞争力的运行系统，并通过向客户提供产品和服务，实现企业价值最大化，使企业实现持续赢利的目标。

在上述定义中，商业模式包含以下几个方面的含义。

其一，商业模式是一个整体，有一定的结构，而不仅仅是一个单一的组成因素。 并且商业模式的组成部分之间存在着内在联系，这个内在联系把各组成部分有机地关联起来，使它们互相支持，共同作用，形成一个良性循环的运行系统。

其二，企业商业模式的设计需要围绕着使企业形成核心竞争力来展开的。 如打造自己的核心产品、形成自己的核心技术、组织自己的核心业务、提高自己的核心运营能力等。具有独特核心竞争力的商业模式，肯定是一个能使客户实现价值、使企业赢利的商业模式，也一定是能使企业走向成功的商业模式。

其三，企业商业模式设计是对企业内部与外部资源的有效整合。 "整合"就是协调、组织和融合，使企业的内外部与企业的经营管理系统有机地形成一个整体。通过整合，使系统内外的各种资源与要素高效率地运作，并形成核心竞争力。

其四，企业建立商业模式的目的，是使客户价值最大化和使企业持续赢利。其中，"持续赢利"是企业为实现"客户价值最大化"的客观结果，能否"持续赢利"是对企业实现"客户价值最大化"结果的最直接反映，因此是检验商业模式是否成功的唯一外在的标准。

不同企业的商业模式既表现出一些独特的特性，同时又表现出一些共同的特征。这些本质共性化的特征即是商业模式自身的特点。商业模式具有如下几个方面的特征。

(1) 具有创新性和独特性

任何一个商业模式都是企业经营者创造性思维和创造性工作的成果。它必须是针对市场上还未满足的需求所提出来的，是整合各种资源的结果，既是对企业发展方向的谋划，又是对企业运营方式的规定，因而它本身必然是一种创新。创新并不是一个简简单单的新想法，而是一个实现"人无我有、人有我新、人新我精"的纵深推进过程。因此，**不同企业的商业模式往往截然不同，各具特色**。独特的商业模式，是企业在激烈的市场竞争中赖以生存和发展的核心要素之一。

(2) 反映企业的核心竞争力

只有拥有独特商业模式的企业，才有可能在企业内部环境与外部环境的耦合过程中，获得持续而长久的发展。

优秀的商业模式是企业在既定的市场环境中，不断调整优化和完善的结果。市场环境的不断变化和其他企业的模仿、复制、替代等威胁，对企业的商业模式提出了苛刻的要求，因此企业经营者必须不断地调整、优化、完善自身的商业模式，从而使自身的商业模式，具有稀缺性、异质性、不可替代性等特性。

(3) 以赢利性作为根本目的

赢利性是商业模式最根本的特性，一个商业模式是否有效地在企业的成长过程中发挥作用，关键要看其能否为企业创造价值，获取赢利。企业只有持续获得赢利，才能实现长久发展；倘若不能获取赢利，企业就失去了存在的价值，因此，**追求赢利是企业商业模式的根本特征**。

(4) 具有时代性和动态性特征

商业模式总是随着时代的进步而逐步发展的，具有鲜明的时代特征。当代的商业模式总是与知识经济、网络全球化、证券化等联系在一起的。与时代性相联系的，是商业模式的动态性。没有一成不变的商业模式。任何企业不仅需要伴随着时代的变化而不断地改变自己的商业模式，而且还需要适应市场和竞争对手的状态而不断地修正、完善自己的商业模式。所以，**商业模式的变化是永恒的，具有显著的动态性特征**。商业模式是一个复杂的体系，从企业边界来看，它既涉及企业外部，即企业的宏观环境和微观环境，又涉及企业内部，即企业采购、生产、人事、财务等方方面面；从市场的角度来看，它涉及营销主体、营销客体、营销手段、营销环境等方方面面。

一般来说，一个完整的商业模式，需要解决下列问题：一是"如何获得资本"；二是"做什么"；三是"怎么做"；四是"卖给谁"；五是"怎么卖"；六是"如何管理"。

我们把"如何获得资本"的方法称为融资模式；把"做什么""怎么做"称为生产模式，把"卖给谁""如何卖"称为营销模式；把能使整个系统高效率运作起来的方法称为管理模式。而一个完整的商业模式由融资模式、生产模式、营销模式和管理模式共同构成的，是由上述各个部分所组成的集合体。

可见，**无论是融资模式、生产模式，营销模式、管理模式都是商业模式的组成部分，而不是全部，其中任何一种模式的改变，都能带来商业模式的变化**。如营销模式的任何一次创新，生产模式、管理模式的任何一次改变，融资模式的任何一次突破，以及所创造价值的再发现，客户需求、潜在需求的再满足，或是成功地创造了一个需求等等，都能直接地改变企业的商业模式，这种情况在企业经营实践中是屡见不鲜的。

2. 什么样的商业模式才是优秀的模式

企业需要选择一个适合自己的、优秀的商业模式，那么，什么样的商业模式才是优秀的商业模式呢？

由于行业各异，宏观和微观经济环境不断地变化，没有一个单一的商业模式能够保证在各种条件下都产生优异的经营结果。这在美国埃森哲咨询公司对70家企业的商业模式所做的研究分析中，得到了充分的证明。

优秀的商业模式是丰富和细致的，并且其各个部分要互相支持和促进，改变其中任何一个部分，就会变成另外一种模式。

埃森哲的研究人员指出，优秀的商业模式具有以下三个条件。

（1）成功的商业模式要能提供独特价值

有时候这个独特的价值可能是新的思想，而更多的时候，它往往是产品和服务独特性的组合。这种组合要么可以向客户提供额外的价值，要么使得客户能用更低的价格获得同样的利益，或者用同样的价格获得更多的利益。例如，如家酒店连锁公司，全力拓展其独创的经济型连锁酒店，免去康乐中心等酒店奢侈设施降低投资，以低价、舒适、干净为特色，吸引了大批中小商务人群和休闲游客，常年入住率保持在90%以上。

（2）胜人一筹的商业模式是难以模仿的

企业通过确立自己的与众不同，如对客户的悉心照顾、无与伦比的实施能力等，来提高行业的进入门槛，从而保证利润来源不受侵犯。例如，网络运营模式，人人都知道该如何运作，也都知道盛大网络是此中翘楚，而且每个商家只要愿意，都可以模仿盛大的做法，但能不能取得与盛大相同的业绩，完全是另外一回事。优秀的商业模式必须能够突出一个企业不同于其他企业的独特性。这种独特性表现在它怎样赢得客户、吸引投资者和创造利润。

（3）成功的商业模式是脚踏实地的

脚踏实地就是实事求是，就是把商业模式建立在对客户需求的准确理解和把握上。比如说，企业要做到量入为出、收支平衡，这看似简单的道理，要想年复一年、日复一日地做到，却并不容易。**坚实的基础要求不能玩概念，搞炒作，它需要平淡务实的日常管理和高远的战略眼光的融合。**

3. 企业成功的核心在于拥有优秀商业模式

美国著名管理学家彼得·德鲁克指出：**当今企业之间的竞争，不是产品之间的竞争，而是商业模式之间的竞争。**

企业的生存，有着一些必需的要素。资本、人才、产品、市场、商业模式、技术、贸易等，但在决定企业成败的因素中，当首推商业模式。创办一家企业，要在竞争中立于不败之地，商业模式起着决定性的作用。

世界著名的巴黎商学院，有10条关于企业经营管理的"黄金法则"，其中一条就是：**经商最重要的不是资金，不是人才，而是商业模式。**

为什么认为商业模式比资金、人才还重要？也许很多人都不会认同这一观点。然而，只要作一番深入分析，就会发现其中的真谛。透过对各种企业发展历史的分析，我们不难发现这样的一个"真理"：**经营的根本目的是赚钱，而赚钱的核心在于商业模式。**

我国电子产品销售企业"宏图三胞"，正是依靠独特的商业模式快速成长为专营电子科技产品的"宏图三胞"，是上市公司宏图高科与江苏三胞集团于2000年10月共同组建，当年并无太多亮点。2001年年初，宏图三胞领军人物袁亚非提出，要建立集沃尔玛（WALMART）的连锁低成本，戴尔（DELL）的定制直销和麦当劳（MCDONALD）的标准化服务模式为一体的新模式，即WDM模式。

这三位一体的新兴终端连锁经营模式，让宏图三胞将"W""D""M"拧成了一股绳，找到了卖场井喷式发展的新路径，同时也给传统意义上的赚钱理念带来更新。

宏图三胞有别于传统的电脑城，将自己定位为大型终端零售商，整个卖场自己经营，对终端市场有着巨大的号召力和影响力。战略定位的不同导致规模效应的不同。最终宏图三胞获得的规模利益是：厂家供货量大、价格低；更加优惠的账期以及产品买断、产品特供。这些利益，传统电脑城里面的经销商都不可能获得。宏图三胞采取了直供模式。"上游厂商——宏图三胞连锁店——消费者"这样的扁平直供结构，最直接的好处就是成本降低，使流转速度与效率大幅提升。成本降低、速度提高，终端低价格竞争力立即显现。

刚刚3周岁出头的宏图三胞，实现了自身的爆炸性成长：2001年，宏图三胞以仅有的5个店面，完成了5亿元的销售收入；2002年，店面达到11个，销售收入增加到10亿元；到2007年，宏图三胞的店面突破70个，实现销售收入60多亿元。

经营一个企业，首先应该弄清楚，自己有没有一个独特的优秀的商业模式，如果没有，哪怕是用千金搭建的大厦，也很容易在顷刻间倒塌。但如果找到了一个优秀的商业模式，就算目前状况不算太好，也有起死回生、迎来长久发展的机会。未来企业的竞争，将是商业模式的竞争，优秀的商业模式是企业安身立命之本。

成功的企业有各种成功的理由，而失败的企业最重要的原因却是商业模式的过时。透过企业经营历史可以看到，任何一家成功的企业，当经营结果每况愈下时，其根本原因就在于他们无法从过去的商业模式转变为今天规范的市场经济下的商业模式。

成功的商业模式，造就了许多伟大的企业。20世纪最为经典的商业模式应首推沃尔玛与微软，其所创造的商业模式成就了两个伟大的企业，把人类在创造商业模式方面的智慧发挥到极致。因此，对于商业模式的理解、认识和研究，应当引起企业家们足够的重视。

4. 商业模式创新的贡献，远大于技术创新

毫无疑问，技术创新在企业发展中起着重大作用，有不少企业就是依靠技术创新而发展起来的。然而，有关研究商业模式的专家却指出：**技术创新固然重要，但必须以商业模式创新为先决条件，否则技术创新的市场价值将无法实现。**现在，企业最缺的是成功的商业模式，因此商业模式的创新就已成为当今企业竞争的制胜法宝。

有一个很能说明问题的案例，这就是美国苹果公司技术的失败与模式的成功。

一直以来，美国苹果公司都以技术先锋形象示人：其最负盛名的图形用户界面被微软视窗操作系统抄袭几代之久；无论在桌面PC还是笔记本计算机领域苹果都可谓是"开山鼻祖"。……然而耐人寻味的是，苹果拥

有卓越技术的计算机产品，虽然在技术上傲视群雄，但在市场上却栽了一个大跟头。今天，在拥有750亿美元的家用PC市场，苹果所占份额只有5%。与此相反，在产品上微不足道、技术上并不超前的iPod，却让苹果获得了迄今为止仅次于索尼Walkman的成功。更鲜为人知的事实是，苹果并不拥有多少iPod播放器的内部技术，只是一家名为PortalPlayer的小公司负责其制造核心的芯片和其他一些基础软件。

问题由此就变得有趣而令人深思：拥有领先技术的"主流"产品，却让苹果无利可图，而缺乏技术优势的"边缘"产品，却让它大放异彩。那么，是什么造就了iPod的成功呢？是堪称伟大的商业模式。苹果最大的亮点是开创了"iPod + iTunes"的"产品与内容完美结合"的商业模式，这是iPod成功的首要原因。

在iPod诞生之前，MP3和网络音乐下载技术的出现曾使音乐盗版盛行，当时市场普遍弥漫在MP3"使用音乐不必付钱"的氛围中，全球五大唱片公司一度陷入无计可施的地步。苹果公司总裁乔布斯敏锐地从中发现了市场机遇，他通过各种努力最终与各大唱片公司达成协议，以单曲下载99美分的战略定价创办了iTunes这一网络音乐销售平台，这就为消费者提供了超过100万首的合法音乐下载服务。iTunes在线音乐商店的推出大获成功，使iPod一举跃升全球数字音乐播放器市场龙头。截至2006年2月，累计销售歌曲已超过10亿首，它在合法音乐下载市场占据了2/3的市场份额。

从技术上来看，MP3不是苹果发明的，网络音乐下载技术也并非苹果首创。然而苹果创新性地实现了产品与内容的完美结合，从而为消费者创造了一种前所未有的时尚体验。

苹果的30年起伏所告诉我们一个深刻的商业哲理：**基于独特的商业模式的价值创新是企业发展的核心力量。**

苹果公司的案例并非个别现象，而是具有普遍意义。从企业经营的历史经验来看，商务模式创新为企业和社会创造了不可估量的价值。

美国学者霍华德·罗斯曼在《改变世界的50家公司》一书中，提出了一个在深度和广度上都能代表20世纪给人类生活带来重大影响的50家公司的排序名单。通过对这50家公司的主要贡献进行分析，可以看到，其中主要贡献为商务模式创新的占多数，达 31 家，技术创新的有 14 家，贡献不能明确分类的有 5 家。

由此可见，**企业经营绝不能重技术创新而轻商业模式创新。广大企业完全有能力在此方面有所作为。**

5. 走出危机，企业需要重塑商业模式

为了走出危机，高明的企业经营者，一定会从大处着眼，深谋远虑地为企业的未来进行变革。有关企业经营家指出：**在危机面前，不失时机地重塑企业的商业模式，是企业走向美好未来的重要选择。**

（1）通过重塑商业模式为企业确立新的发展方向

商业模式既是企业经营的策略选择，也是企业的战略谋划，通过对企业的战略谋划，就能为企业的发展确立新的发展方向。

世界著名餐饮企业麦当劳，正是依靠独特的商业模式为其发展指明了方向。

麦当劳的商业模式人所共知，非常成功。然而在创业初期，麦当劳的老板罗克也遇到了很多问题。首先，收取的加盟费太少，加盟店也不稳定；其次，无法约束加盟店遵守统一的管理标准，对不按统一标准执行的加盟店也无强制措施。后来加盟麦当劳的财务专家经过多方努力，设计出了一个新的商业模式，即由麦当劳先盖房子或租房子，然后再租给加盟店。这样既有稳定的租金又可迫使加盟店按统一标准操作，从而也就达到了提升营业收入和经营管理水平的双重目的。找到了这种商业模式后，麦当劳才步入了快速发展的轨道。

一个企业要想基业长青，首先需要制定清晰而正确的企业战略，而后将战略付诸实际，形成企业自己的一套强大的、可操作的、可持续赢利的商业模式。

面对日益全球化、市场化、信息化的新经营环境，对于企业而言，商业模式创新正逐渐成为经营挑战的中心。这就要求人们必须将企业商业模式的设计作为一种预测、思考和情景规划的智力过程，并把它运用于日常的工作和战略思维之中。

（2）通过重塑企业商业模式来加速企业发展速度

速度，从来都是商战的主旋律。一家企业要做大做强，必须以高速度发展为前提，同时快中求稳。而这一切都来自于对商业模式的把握。

让我们来看一看分众传媒的快速成长之路。

2003年5月，分众传媒控股有限公司在上海正式成立，江南春出任CEO，同年6月，国际著名投资机构Soft Bank（软银）和UCI（维众投资）分别宣布对分众传媒投入巨资，推动分众在中国商业楼宇联播网的建设与运营。此后，分众传媒快速发展，相继推出中国高尔夫广告联播网、美容美发机构联播网，并于2005年7月13日，在美国纳斯达克成功上市，成为在美国上市的中国纯广告传媒第一股，并以1.72亿美元的募资额创造了当时的IPO（首次公开募股）纪录。2005年10月，分众传媒以超过1亿美元的价格收购了拥有中国90%电梯海报资源的框架传媒100%的股权，迈出了打造户外生活圈媒体群的重要一步。2006年1月，分众传媒合并中国楼宇视频广告第二大运营商聚众传媒后，继续推进户外视频广告网络的精细化建设。现在，分众传媒作为中国生活圈媒体群平台的创建者，旗下拥有中国商务楼宇联播网、中国领袖人士联播网、中国商旅人士联播网、中国时尚人士联播网、中国医药联播网、中国便利店联播网、中国卖场联播网、公寓电梯平面媒体网络以及在建的手机广告网络和户外大型LED媒体等多个针对特征受众、并可以相互有机整合的媒体网络。分众传媒以独创的商业模式，媒体传播的分众性、生动性及强制性赢得了业界的高度认同，逐渐建立起了自己的传媒帝国。如今，分众传媒、聚众传媒、框架传媒三个主力品牌，已经成为中国都市生活中最具商业影响力的主流传播平台之一。

分众传媒跟其他神秘的网络公司不同，没有任何高科技的"包装"，它看上去也没有什么核心的竞争力——所干的事情似乎就是，把一些廉价的显示器挂到写字楼的电梯口，然后把广告卖给那些品牌商。

为什么一家没有任何新技术含量的传媒公司，会受到纳斯达克的追捧？

答案神秘而简单：因为它拥有了一个独特的商业模式。**由于具备了一**

种独特的商业模式，从而使企业具有很大的活力，获得了惊人的发展速度。

商业模式是关系到企业兴衰成败的大事，企业要想获得成功，就必须从设计独特的商业模式开始，优秀的商业模式一定能助你走向成功之路！

6. 企业商业模式设计的基本要求

由上分析可见，商业模式对企业经营具有十分重要的意义与作用。那么，对广大企业来说，如何来设计一个优秀的模式呢？

首先需要指出的是，每个企业在设计自己的商业模式时，都需要从本企业的实际出发，从解决本企业的发展"瓶颈"着手，整体考虑，整体安排，从而找到一条适合本企业发展的具有创新性的商业模式。

通过对大量成功企业的案例分析，并对其共性问题进行系统研究，我们可以看到，凡是成功的企业，它们所设计的商业模式，必然体现了以下一系列的基本要求。

（1）以价值创造为灵魂

企业经营的核心是创造和实现价值，实现企业价值的最大化。建立商业模式的根本任务，要解决这样的一系列根本问题：向什么客户提供价值，向客户提供什么样的价值，怎样为客户提供价值等。

（2）以客户需求为中心

商业模式必须以客户需求为中心，由企业本位转向客户本位，由占领市场转向占领客户。只有从消费者的角度出发，认真考虑客户期望获得的利益，把竞争的视角不断深入到满足客户需求的层面上，企业才能在竞争空间中游刃有余。

（3）以持续赢利为根本目的

持续赢利是对一个企业是否具有可持续发展能力的最有效的考量标准，是对成功商业模式的最重要的要求。

企业能否持续赢利，是判断其商业模式是否成功的唯一的外在标准。因此，在设计商业模式时，能够赢利、如何赢利和如何持续赢利也就自然成为一个重要的要求。持续赢利是指具有发展后劲，而不是一时的偶然赢利。

（4）将创新视为商业模式的生命

韩国三星集团董事长李健熙说："除了老婆和孩子外，其余什么都要改变！"一个成功的商业模式不一定是在技术上的突破，而是对某一个环节的改造，或是对原有模式的重组、创新，甚至是对整个游戏规则的颠覆。**商业模式的创新，贯穿于企业经营的整个过程，贯穿于企业资源开发、研发模式、制造方式、营销体系、市场流通等各个环节。**

（5）有效地整合各类资源

资源整合就是要优化资源配置，获得整体优势。它通过组织协调，把企业内部彼此相关却又彼此分离的职能整合成一个有机体，把企业外部拥有独立利益的合作伙伴整合成一个为客户服务的系统，取得 $1+1>2$ 的效果。

资源整合的基本要求是，根据企业的发展战略和市场需求，对有关资源进行重新配置，以凸显企业的核心竞争力，并寻求资源配置与客户需求的最佳结合点，增强企业的竞争优势，提高对客户的服务水平。

（6）有效地控制各种风险

设计再好的商业模式，如果抵御风险的能力很差，就会像在沙丘上建立的大厦一样，经不起任何风浪。这个风险指的是系统外的风险，如政策、法律和行业风险，也指的是系统内的风险，如产品的变化、人员的变更、资金的不继等。

7. 企业商业模式设计的基本要素

一个企业的商业模式设计主要包括四个方面的基本要素，即客户选择、价值获取、战略控制和业务范围。企业要取得成功，其商业模式设计，必须保证上述要素之间的协调性，确保各个要素之间是相互促进的。

（1）客户选择

商业模式设计中的"客户选择"，是指确定企业所选择的目标客户群。

根据自己的特长，企业有机会在客户群体中选择和区分最适合它的或它最有能力提供服务的客户。当价值转移到一个新的客户群或一个新的客户子群的时候，企业可能改变它的目标客户群。对一家企业来说，这可能是一个痛苦的变化。**改变目标客户群是一家企业最困难的决策之一**。但这是关键的一步。企业家需要问问自己："应选择谁作为企业的客户？不再将谁作为企业的客户？"

（2）价值获取

商业模式设计中的"价值获取"，是指企业为客户创造价值的时候，如何得到回报。传统的方式是，企业通过出售产品和收取服务费来获取价值。以产品为中心的思维将企业限制在这种获取价值的传统方式上。今天，创新者的企业采取比从前更加广泛的获取价值的方式：提供融资、提供辅助产品、提供解决方案、在价值链下游的合作、价值分享、许可证经营以及许多其他方式。**创新者以高度创新的方式向客户提供价值而得到回报。**

（3）战略控制

商业模式设计的"战略控制"是指企业保护自己的利润流的能力。这里要回答这样的问题：客户为什么应向我们购买？为什么客户必须向我们购买？为了实现一个企业的战略控制，可以有多种不同的方式。**对一项成功的商业模式来说，战略控制的力度是一个重要因素。**

（4）业务范围

商业模式设计中的"业务范围"是指企业从事的经营活动、提供的产品和服务。企业总是在扩大或缩小这个范围。商业模式设计的重要问题是："企业在业务范围上需要做出什么样的变化，以留住恰当的客户，带来高额利润，实现战略控制？"

表 8-1　商业模式设计的基本要素

要素	要解决的问题	具体内容
1. 客户选择	企业希望对哪些客户提供服务？	企业能够为哪些客户提供价值？哪些客户可以让企业赚钱？企业希望放弃哪些客户？
2. 价值获取	企业将如何获得赢利？	如何为客户创造价值，从而获取其中的一个部分作为企业的利润？企业采用什么赢利模式？
3. 战略控制	企业将如何保护利润流？	为什么企业选择的客户要向本企业购买？企业的价值判断与竞争对手有何不同？特点何在？哪些战略控制方式能够抵消客户，或竞争对手的力量？
4. 业务范围	企业将从事何种经营活动？	企业希望向客户提供何种产品、服务和解决方案？企业希望从事何种经营？起到何种作用？企业打算将哪些业务进行分包、外购或者与其他公司协作生产？

商业模式设计中的四个方面的基本要素，每一方面的要素都与其他方面的要素相互联系。例如，企业选择哪些客户，部分地取决于哪些客户可以让企业获利。企业如何获利，部分地取决于企业的业务范围。关于产品差别化和战略控制的决策，取决于客户是谁，以及企业有能力提供的业务范围。关于业务范围的决策，应当适应于向哪些客户提供服务，如何创造利润，以及如何实施战略控制。

创新者们独特的技能就是战略想象力：不断推翻已有的假设，发掘新的可能，做出更有灵感的选择。

如果这些选择适合于客户的偏好，并且具有内在的一致性，以及相互的增强效应，就能够形成一个强有力的企业设计。创新者们通过他们的选择，已经做出了极其优异的企业设计。优秀的商业模式设计就像优秀的产品设计一样。一个极其优秀的产品设计是超级工程技术和伟大想象力的结合。**优秀的商业模式设计则是对客户和利润的完美认识和战略想象力的结合。**

8. 我国优秀企业商业模式介绍

为了让广大企业经营者更好地认识与理解商业模式,并设计出自己的商业模式。下面介绍两家大家都熟知企业的商业模式案例。

(1) 汇源企业起步创业阶段的商业模式

也许人们难以相信,今天已经是大名鼎鼎的汇源集团,在起步创业阶段曾经是空手套白狼,而**正是这种"空手套白狼"的商业模式,使它获得了发展与成功。**

"汇源"创始人朱新礼原是山东省沂源县的外经委主任。1992年辞职下海。当时他并没有钱,而是用开出一张远期期票的方式买下了当地一家亏损超过千万元的罐头厂。将罐头厂买下后,朱新礼由于手头缺钱,便想办法做补偿贸易。补偿贸易,是国际贸易的一种常用做法,在当时国内鲜为人知。他通过引进外国设备,以产品作抵押,在国内生产产品,在一定期限内将产品返销外方,以部分或全部收入分期或一次抵还合作项目的款项,结果他一口气签下了800多万美元的单子。1993年初,在20多个德国专家、工程技术人员的指导下,朱新礼的工厂开始生产产品。恰逢德国举办国际性食品博览会,朱新礼立即前往,在当地华侨的帮助下,他先后在德国慕尼黑和瑞士洛桑签下第一批订单:3000吨苹果汁,合约额500多万美元。朱新礼由此掘得第一桶金,此后便一帆风顺。1994年,他将总部从山东北迁至北京。如今,汇源已成为国内最大的果汁生产厂家。

朱新礼所设计的汇源企业的商业模式可用下图表示:

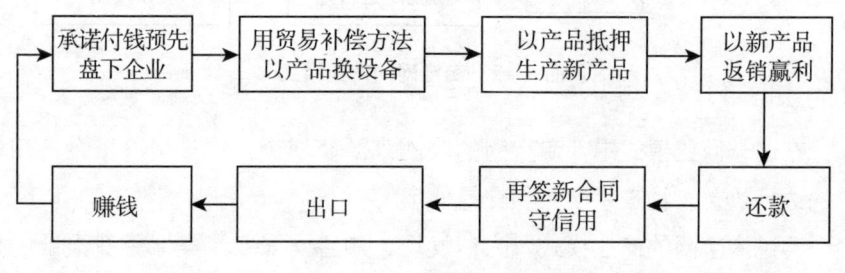

图 8-1 汇源的商业模式

汇源的商业模式的特点是：**盘活库存，把存货当设备，把存货当钱，然后大胆签订新合同，并用新合同融资、还款。**通过这种方式实现了原始积累，并不断滚动发展，最终找到果汁这个在中国还没有形成气候的产品，然后又利用先发优势，迅速做成行业的老大。

(2) 淘宝网的淘宝之路

国内网上个人交易原是 eBay（易趣网）的天下。就在 eBay 踌躇满志欲征服中国时，却半路杀出个淘宝网，不但抢了风头，更挖了 eBay 的墙角。自 2003 年 5 月 10 日成立以来，在短短的半年时间里，淘宝网就迅速占据了国内个人交易市场的领先位置，在互联网企业中创造了又一个发展奇迹。

奇迹是怎样发生的呢？原因在于淘宝网设计了一个独到的优秀的商业模式。

淘宝网的商业模式可用图 8-2 来表示。

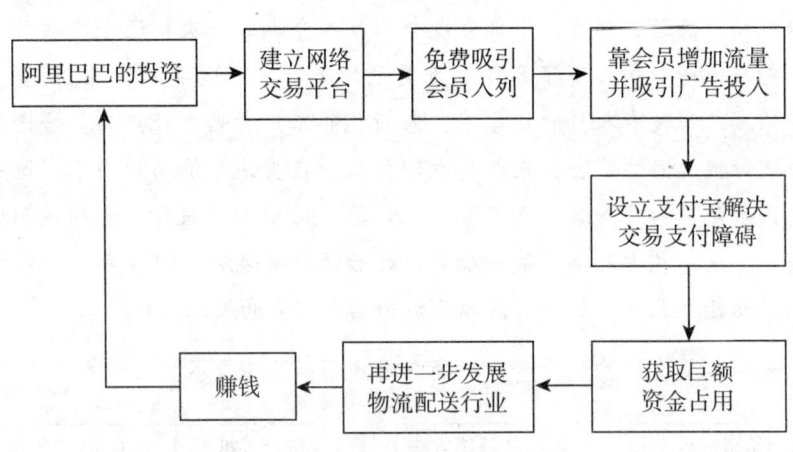

图 8-2 淘宝网的商业模式

在这一商业模式中，淘宝网的收入来源有四个：广告费、资金占用产生的边际效益、物流手续费和交易佣金。

透过淘宝网的商业模式，人们发现，淘宝网采取了类似免费报纸的模式，对会员不设任何加入的门槛，而且还为会员的网上交易支付提供了便利，这样就很容易突破 eBay 难于突破的网上点击率问题，自然也就容易靠巨大的网络流量来吸引广告主的注意和投资。又由于支付宝的首创，客观上带来了大量的现金滞留，为产生边际效益提供了可能。据最新资料，2008 年底淘宝网会员已经突破 1800 万人，每天的交易额也突破了人民币 4 亿元。

五、实施企业的管理变革

企业是舟，管理是水。水可载舟，亦可覆舟，管理可兴企业，亦可毁掉企业。当代企业管理者无不深知：**管理变革是现代企业顺应 21 世纪知识经济时代的客观要求，是企业谋求生存与发展的必然选择**。在当前危机的挑战下，广大企业都必须及时而有效地实施管理变革。

1. 面对危机，必须实施管理变革

所谓企业管理变革，是指企业经营者用新思想、新技术、新方法对企业管理系统进行重新设计与组合，以促进企业管理系统综合效能的不断提高。变革与创新是企业的最大财富、第一资源，新的观念推动着企业的创造实践，企业的创造实践又造就了新的管理思想。

实践证明：企业的发展贵在变革，贵在创新。面对危机态势下多变的市场与激烈的竞争压力，企业唯一的选择是培养和保持自己的竞争优势。而企业优势的主导因素是人才、技术、制度与组织。将这些因素优化组合，合理调配，最大限度地发挥其功能，其核心与根本在于企业的管理变革与管理创新。

在当今社会，如何学会驾驭变革而适应环境的巨变，已成为每个企业经营者最具挑战性的任务之一，只有善于广泛了解企业的外部环境，确定企业面临的威胁和机遇，驾驭组织与市场变化之间相匹配的变革关系，广大企业才能在变革中求得生存和发展。

守业不如创业，企业家应该是永远的创业者。而创业对既有企业来说无疑是一次重大的变革。**不断地激发员工的革新精神和开发全体员工的创**

造力资源,这才是企业生存与发展的最大源泉。

管理变革对于任何一个企业来说都是一个大工程,也是一个企业在发展的十字路口所面临的重大抉择。如何结合宏观经济环境与企业自身的微观环境及其他因素,为企业选好一条新的道路,是每个企业家所要面临的重大抉择。

管理变革的重点就是将有碍企业效能、效率提高,难以适应企业长久生存和发展的思想、行为和习惯进行变革,通过管理重组,创新组织形式、管理程序和制度规范,使企业在市场竞争中充满活力。

2. 面对危机,善变者才能生存

当一种管理模式成为经验的时候,说明它已经过时了,需要不断地创新,大胆地尝试和变革,走一条适合自己的路。

孙子曰:"兵无常势,水无常形,能因敌变化取胜者,谓之神。"其着重强调的是一个"变"字。天在变,道在变,人也应当变。最能变者,就最能生存。而《周易》之"变易"思想是指:宇宙万物、人类社会,无时无刻不在发生变化,市场信息更是变化多端,事物的运动变化就是"变易"。**"变易"的法则是自然法则、社会法则,也是企业管理的法则。**

管理是个动态的变化过程,永远没有最好,只有更好。一旦一种管理模式成为经验的时候,说明它已经过时了,需要不断地创新,大胆地尝试和变革,走一条适合自己的路。福布斯中国内地富豪榜第二位,太平洋建设集团董事局主席严介和说:"企业家不是从学校里培养出来的,企业家是天生的,是拿汗水、鲜血甚至是脑袋换来的。"阿里巴巴的马云,1995年开始创业,他说:"小学考重点没有考上,考大学复读了3年,在我的记忆中所有的比赛、考试、选拔我都没有取得胜利,但是我从来没有放弃过上进和追求。在创业的过程中我总是不顺利,但每次我都会体会其中星星点点好的东西,用我的左手温暖我的右手。"

"变"的特点就是灵活性和变通性。在管理或执行中也要讲究"变",管理者要灵活机动、因人制宜、因时制宜、因地制宜。灵活而不固守,多变而不单一,既能权衡轻重,又能随机应变地运用管理方法,只有这样才能在变化的环境中立于不败之地。

美国著名管理专家彼德·杜拉克有句名言：不创新，就死亡。可见，创新是企业自下而上发展的第一内在动力。在经济全球化到来的今天，创新更是企业能否参与国际竞争的身份证。**凡事不必循规蹈矩，获得成功往往需要打破常规的束缚。**

法国科学家法伯做过一个有名的"毛毛虫实验"。

法伯在一花盆的边缘上摆放了一些毛毛虫，让它们首尾相接围成一个圈，同时，在离花盆周围6英寸远的地方布撒了一些它们最喜欢吃的松针。由于这些虫子天生有一种"跟随者"的习性，因此它们一只跟着一只，绕着花盆边一圈一圈地爬行。时间慢慢地过去，一分钟、一小时、一天……毛毛虫就这样固执地兜着圈子，一爬到底，后来法伯把其中一个毛毛虫拿开，使其原来的环出现一个缺口，结果在缺口头一个的毛毛虫自动地离开花盆边缘找到了自己最喜欢的松针。

毛毛虫的实验告诉我们，在一个封闭的思维模式里，很容易形成盲从和跟随。

无论企业有多老，但产品必须年轻。有经济学家做过统计，50年前的世界500强，70%已经在现在的500强中消失了。企业能够长盛不衰原因很多，其中很重要的一点是要保持生机和活力。生机和活力是什么？就是"与时俱进"。因此，一个企业能够"成活"下来，已经不容易，而百年的"剩者"还能做到长盛不衰就更难得。企业做久了容易做出定式，容易墨守成规。很多企业之所以由盛而衰，都是没能从企业过去的成功中走出来，背负了成功的包袱。时代变了，而自己没有跟着变，最终将被淘汰。

3. 企业家要敢于打破一切常规

在企业经营中，当我们面对难以解开的局面时，只有突破定式，打破常规，以超常思维来解决新问题，才能使企业不断获得新的突破。这对于企业经营的成败具有非凡意义，其功效在于出其不意，独辟蹊径，而这恰恰是现代企业家所应具备的思维品质。

即使像微软这样的巨无霸企业，其成功的因素之一就是一直在不断地进行创新、创新、再创新。正是由于一直坚持打破常规，才使得微软成为全球最大规模的电脑软件公司和最有价值的企业，涉足操作系统、应用软件、开发工具、多媒体及网络技术等许多领域。其软件产品层出不穷，以数十种语言版本畅销上百个国家和地区。其业务机构遍及全球，员工总数达36000多人。在自身迅猛成长的同时，微软更时刻推动着全球个人计算机的广泛应用和电子信息产业的发展。

企业欲求长远发展，必须有一种创新的精神，就像张瑞敏在《创新是海尔持续发展的不竭动力》中所说的那样："**战略创新是方向，观念创新是先导，市场创新是目标，技术创新是手段，组织创新是保障。**"

在今天这个变数极大的市场环境中，凡事都应随机应变，以变应变。如果没有强大而灵活的管理和执行力，企业将难以发展，更谈不上达到目标了。而灵活的管理就是"经过改造的可靠管理技巧"。管理者既要在企业的规章制度建设和企业日常管理上下功夫，同时又不能仅仅拘泥于固有的条条框框，为其所束缚而限制了公司员工的积极性。**管理者应该既保持公司的日常规范能够顺利实施，同时保持一定的变通和灵活性，这样企业才能充满活力。**

4. 企业管理变革的主要内容

概括地说，面对危机，企业管理变革的内容主要有以下几个方面。

（1）提出一种新经营思路并加以有效实施

在危机面前，企业经营者，必须审时度势，提出新的经营思路，新经营思路如果是可行的，这便是管理方面的一种创新。但这种新经营思路并非只针对一个企业而言是新的，而应对所有的企业来说都是新的。

（2）创设一个新的组织机构并使之有效运转

组织机构是企业管理活动及其他活动有序化的支撑体系。一个新的组织机构的诞生是一种变革，但如果不能有效运转则成为空想，不是实实在在的创新。

（3）提出新的管理方式与管理方法

一个新的管理方式方法能提高生产效率，或使人际关系协调，或能更好地激励员工等等，这些都将有助于企业资源的有效整合，进而达到企业既定目标。

（4）设计一种新型的管理模式

所谓管理模式是指企业综合性的管理方式，是指企业总体资源有效配置实施的范式，这么一个范式如果对所有企业的综合管理而言是新的，则自然是一种创新。

（5）进行一项管理制度的创新

管理制度是企业资源整合行为的规范，既是企业行为的规范，也是员工行为的规范。 制度的变革会给企业行为带来变化，进而有助于资源的有效整合，使企业更上一层楼。因此，制度创新也是管理创新之一。

5. 抓住企业管理中的关键

在企业管理变革中，企业决策者应善于抓住企业管理中的关键，实施有效的管理变革，而不是眉毛胡子一把抓。

有这么一则寓言故事：

一位小老板因劳累过度而去世。当他来到天堂时，他遇到了上帝。他见掌管无数人命运的上帝竟然很悠闲，便感到十分诧异。

"上帝，我只是一个小小的企业主，尚且被累死，你成天面对那么多琐事，为什么一点儿也不感觉到累呢？"他忍不住问。

"你被累死，是因为你终日被鸡毛蒜皮的琐事缠身，不知道抓住关键的事情。我虽有很多事，但这些事情中，只有不到20%是关键的，它们决定着天下走势，其余约80%的事情都不关键，我把它们交给我的助手们去处理。所以，我并没有你那么累。"上帝说。

这个寓言故事提出了一个重要的管理法则：80/20法则。

80/20法则就是"有所为、有所不为"的执行方略。换句话说，**就是企业老板在经营管理过程中，不应该面面俱到，而应侧重抓关键的人、关键的环节、关键的岗位、关键的项目。**

每个企业家所要面临的重大抉择是，如何结合宏观经济环境与企业自身的微观环境及其他因素，为企业选好一条新的道路。管理变革对于任何一个企业来说都是一个大工程，也是一个企业在发展的十字路口所面临的重大抉择。

（1）找到企业经营管理中的要务

在80/20法则的运用上，要想使自己的经营管理突出重点，抓出成效，就必须弄清楚企业中20%的经营骨干力量、20%的重点产品、20%的重点用户、20%的重点信息、20%的重点项目等到底是哪些，从而将经营管理的注意力集中到这些20%的重点经营要务上来。如果抓不到20%的关键，工作目标自然就难以明确，又怎么可能集中80%的精力去经营好这20%的关键呢？那么，如何找出关键的20%呢？

通常情况下，**对于可以量化的对象，可以使用统计分析法；对非量化的对象，则采取调查研究法。**

作为企业当家人，不要把经营管理搞得很复杂，抓住关键就行了。根据企业的实际经营状况，找出企业经营管理中20%的关键要务。

（2）采取有效的倾斜措施

在找到企业的20%经营管理要务之后，接下来就是如何采取有效的倾斜措施，确保重点方面得到重点突破，进而以重点带全面，取得企业管理执行力度的整体提升。

美国和日本的一些国际知名企业，经营管理层都很注重运用80/20法则进行企业经营管理运作，不断调整和适时确定企业阶段性20%的重点经营要务，从而使那些重点经营要务在倾斜性管理中得到突出，并有效发挥"龙头"作用带动企业整体性经营全面发展。

（3）制定发展战略，实施重点目标

对一个组织来说，没有重点策略、重点目标是很容易迷失方向的。确定了目标，就等于给火箭安装了制导系统。对企业经营者来说，制定发展战略，思考未来是其关键的20%，整个团队会按照这个目标执行。在具体实施上，要先制定发展策略，进而形成可以操作的目标，并且将目标分解到每年、每月、每日，做到目标看得见、有时限、有监督、有落实。

（4）抓住重点员工，重视核心人才

根据 80/20 法则，企业 80% 的经济效益是由 20% 的企业员工创造的。因此，对那些少数的优秀员工，在工作安排、薪金、培训等方面要有别于其余 80% 的员工。企业管理者要将 20% 的优秀员工列为核心人才，优先培养，重点指导，并且在物质和精神奖励上给予倾斜。

对于那些问题员工，处理的办法有两种：一是调离，二是在职培训。目的就是保证不会因为他们的自身问题而制约了企业管理的整体执行力。

这并不表明企业在营运过程中只保留 20% 的效益创造人员就行了，企业是一个整体，其他 80% 的员工对于企业做强做大也是不可或缺的。

（5）抓住重点顾客，带动中小顾客

在营运及市场方面，80% 的市场效益是由 20% 的顾客带来的；企业效益的下降，80% 的原因来源于企业营运过程中的 20% 的失误。因此，企业可以依照重点顾客的特殊性，采取相应的服务手段和优惠措施，巩固 20% 的重点顾客；同时要注意捕捉 80% 顾客中的潜在顾客，促使他们向 20% 的重点顾客转化，从而提高企业面对顾客的执行力。

6. 让企业的组织机构充满活力

组织其实是对付外在环境的一种手段，一种工具，用以发挥人的长处，抑制人的短处。因此，企业经营者必须努力创造一个最适宜的组织管理模式——重新设计组织结构，重新设计管理制度。

企业组织架构的设立只有一个目的，那就是更有效率地完成公司的任务，不是为了好看，而是为了好用。**小企业的管理和组织机构都要为怎样才能更有效地发展自己的业务而设计，而不是像大企业那样追求组织管理的完善。**

精简的组织结构，可以保证企业的开支远远低于竞争对手，而且企业的整体工作效率也能得到很大的提高，从而，企业的效益远远好于市场的同类企业。

（1）组织结构设计

组织结构设计时，企业的经营者应根据企业的目标和要求，建立起合

理的组织结构。各个管理层次和职能部门，要按照业务性质进行分工，同时确定部门的职责范围及相互关系。

一般来说，**企业的组织结构设计主要应采用直线制，也就是企业的一切管理工作，均由企业的总经理直接指挥和管理，不设专门的职能机构。**

至于总经理这一级别之下，是否设立人事部或者其他部门，则应该根据企业的实际情况及相应的经济实力来考虑。一般来说，对于年赢利不大，而且人数不超过30人的小企业，人事部门或其他部门的设立都可滞后。

（2）组织管理制度设计

企业经营者应组织系统内各部门制定工作目标和工作规范，同时建立科学的检查、考核、提升制度。

企业还要根据自己的规模和实际情况，在国家法律法规规定的范围之内，制定出切实可行的财务制度、营销制度和生产制度以及日常管理规范。企业在进行企业组织管理制度的设计时要优先考虑企业的发展，太多的框架与虚构的管理制度和流程都没有必要。因此必须强调要根据企业的业务需要进行制度设计。

7. 小企业要特别重视财务管理变革

目前，有不少小企业几乎没有正规的财务管理，一些小企业的经营者认为所谓的财务管理就是找一个会计记记账，找一个出纳发发工资。这似乎已经成了小企业财务管理的一种通病。

造成这种状况的主要原因：一是小企业通常没有专业的财务人员，二是正规的财务管理在一定程度上并不适合许多小企业的实际经营状况。

这样的财务管理状况已经越来越不能适应企业发展的需要，特别是发展势头迅猛、市场开拓潜力巨大的企业，已到了必须改革的时候了。那么怎样进行变革呢？

（1）确定财务管理目标

小企业最基本的经营目标是生存，其财务目标应和企业的生存目标相一致，并适合小企业自身特点。**现代企业理财目标是"投资者财富最大**

化"，即企业价值最大化。它是指通过企业的合理经营采用最优的财务决策，在考虑资金的时间价值和风险价值的基础上不断增加企业财富，使企业总价值最大化。这一目标定位的产权基础是"业主产权论"，考虑的是产权所有者——投资者的利益。"企业价值最大化"目标与我国目前很多企业特别是小企业的实际情况不符：一是对小企业而言，"企业价值最大化"目标比较抽象，难以量化和确定。大多数小企业无法进入资本市场，对非上市企业来说，其未来的财富和价值既不能在日常会计核算中揭示，也不能靠股价变化加以显示，只能通过资产评估或并购时的卖价才能确定，这缺少现实意义。二是对小企业中的上市公司而言，我国目前的证券交易还不规范，影响企业股票价格的许多非经济因素不是企业本身可以控制的。三是小企业的组织机构和管理行为相对简单，企业价值最大化的确认成本过高，实用性较差。因此，**小企业的理财目标应该是以安全为基础的利润最大化。**

（2）加强财务制度建设

我国相当多的小企业财务制度极不完善，一些企业根本没有会计机构，一些企业虽设有会计机构，但岗位职责不分，会计人员无证上岗现象严重，会计主管人员不具备岗位资质，账目混乱，会计数据失真现象普遍存在。**企业若无规范的财务制度，必然会造成严重的资产流失。**

2008年，武先生和黄先生共同投资成立了一家公司。武先生出资金，占公司60%的股份；黄先生出技术、市场，占40%的股份。武先生负责公司全面工作并主抓市场、财务；黄先生主管技术与施工。公司会计由武先生的一个同学担任。由于公司人数较少，在两年的经营期内，有长达10个月是会计、出纳一人兼任。

公司发展十分顺利，第一年营业额达1000万元，第二年前10个月营业额就达到1600万元。按理讲营业额不少，每项工程测算也有利润，该挣到钱了，但是公司总是处于资金紧张状况，流动资金缺乏，该分红时分不出来。

这种状况引发了两个投资者之间的矛盾，他们都怀疑对方在财务上做了手脚。但从账面上看，两个财务外行又都找不到问题所在，无奈黄先生提出退股分家。为了做最后清算，双方请了一家财务公司做"第三方财务管理服务"，实施了15天的内部审计工作。结论出来后，两个股东都有点儿傻眼：原来是会计用虚支的手法分批把公司150万元的资金挪为己用长达半年之久。

以上案例正是因为没有正常的财务制度，才导致了公司的财务危机和公司股东的猜疑，也导致了一个正常发展的企业最后的失败。因此，小企业的经营者一定要加强和完善企业财务管理工作。

首先要规范企业的财会制度。一是建立报销制度，规定报销的项目和审批程序；二是建立财产管理制度，对日常用品规定领用登记办法；三是加强现金和银行存款的管理，规范现金和支票的领用和管理办法；四是完善应收账款管理制度；五是建立成本分析制度；六是建立合理的工资、福利制度。

其次是加强对企业的财务管理工作。一是重视财会人员的培训和财会队伍的优化组合，建立内部责任连带制度，对财会工作明确分工，使财务人员之间相互牵制，防止权力"寻租"；二是要加强教育，使财会人员对本职工作有一个正确的认识，同时，还要给会计工作创造一个宽松的环境。

最后是完善会计监督机制，建立内部控制制度和内部审计制度。企业为了保证业务活动有效进行，保护资产的安全和完整，防止舞弊并及时发现、纠正错误，必须建立完善的财务审计监督机制。内部控制制度和内部审计制度应贯穿于会计制度的每个方面，企业只要存在经济业务活动，就需要有这两个制度给予监督。

六、在危机中寻找和抓住难得的商机

危机之下，应如何发展？很多专家纷纷为此献策支招。精明的企业家总是认识到，危机在给企业带来困难的同时，也带来了难得的发展机遇。当然，危机与商机之间并不能直接画等号，商机仍然需要寻找和发现，需要识别和把握。只有那些眼光准、反应快的企业，才能抢先一步抓住难得的机遇，才能乘机发展，借势而为。

1. 调整市场目标，以特色经营制胜

企业在市场上的独特优势，突出体现在以市场为导向的随机应变战略上。

中小企业通常具有规模小、工艺单一、技术创新快、决策效率高等特点，在经营战略上最适宜随时根据市场变化情况调整目标和采取市场跟进的策略，只要有销路的商品就要及时出手，没有销路的商品应该及时淘汰，并且按市场要求及时更换新的经营项目或商品。

（1）及时调整目标市场

虽然危机冲击下的市场已经严重萎缩，但消费者的需要和欲望依旧是丰富的，商品及其细分的市场也是丰富的。企业要注意观察顾客不断变化的需求，善于发现别的企业没有开拓的市场领域，准确地定位自己的目标市场，适时地调整目标市场，调整本企业的产品、服务和分销方式，以适应新的需求。

目标市场的调整是企业发展进程中的一个重要转折点，它往往伴随着企业生产、投资、经营重心的转移，也特别需要企业决策的果敢。 在这方面，企业有着它天然的优势。

另外，中小企业及时调整目标市场，在营销上宜向以下方向努力。

一是寻找和创造新市场，寻找产品的新用户、新用途。例如，香水制造商开发出男士使用的香水；凡士林最初不过是一种简单的机器用的润滑油，但若干年后，一些企业对其开发了许多新用途，包括用作皮肤软膏、痊愈剂和发蜡等。

二是有一块能守得住的细分市场，利用本企业低成本、低价格、经营方式活、产品小巧等优势，与其他企业抗衡，并不断扩大细分市场的市场占有率。

（2）发扬个性优势

需求的个性化为企业在市场低迷时寻找商机提供了可能。企业只要能够按照细分后的子市场的需求特征和消费个性，把企业定位在消费者心目

中所期望的位置上，就可以在竞争中发挥精、特、专、绝的竞争优势。有了这种竞争优势，企业就会表现出高超的战略艺术，从而战胜其他企业。

西方发达国家许多小企业以弱胜强，依靠集中战略战胜大企业的事实早就证明了这一点。而我国也不乏一些小企业看准一点、全力奋战、走向成功的精彩案例。例如，在美国电子计算机行业里，当初苹果、英特尔、惠普等小型厂家之所以能够和规模巨大的 IBM 对抗，并且能够在局部的子市场（如个人电脑）战胜 IBM，其原因就是这些小企业在微电脑市场上集中了资源，并以满足顾客需求个性为宗旨，在竞争中充分发挥小企业的个性，成功地开发出差别优势。

形成差别优势，展示企业个性，要求企业在实施集中战略时，在产品开发、技术创新、成本控制、价格和服务、促销等一切竞争手段上选择几项，加以组合，突出重点，加以包装，形成独具特色的经营方式与经营行为。**企业取胜的条件，就是要使自己的公司与竞争对手有所不同，始终保持自己的长处，致力于独创，打入能取胜的市场。**

(3) 坚持特色经营

特色经营往往是小企业的专利。传统的老字号，如北京同仁堂的大活络丸、武汉老通城的豆皮、大中华酒家的武昌鱼、美国肯德基等，无不都是以特色产品来吸引特定的顾客群的。这种特色经营策略一经建立起来，就具有很强的竞争力，而且与大企业没有直接关系，很容易博得顾客信任，并且能较长时间地保持竞争优势。

特色化经营策略包括提供特色产品和争取特定顾客群。**聚集有绝活的人才，用特色技术开发特色产品，是特色经营的基础**。要在加强广告宣传和美化装潢上做文章，如盛装巧克力糖的精美包装——铁盒能在巧克力吃完以后用做其他器皿。

特色经营要有特色服务。例如，在美国，一家无论规模还是实力都远逊于麦当劳连锁快餐店的伯格金公司，发现麦当劳的标准化服务无法满足顾客的"特殊口味"要求，于是该公司决定选择这一弱点作为进攻麦当劳的阵地。集中力量开发特色服务，并在广告中反复强调"各式特殊口味"和"尊重您的消费习惯"，从而吸引了大部分顾客群体。

企业创造自己的竞争优势，应以独创的商品来决定胜负。在商品过剩的时代，商品的品质相同就会产生价格的竞争，如果价格相同就会产生品质和服务的竞争。要动脑筋创造一些独特的商品和销售法，把有缝可钻的市场作为本企业的独占目标。这个独占目标就是打入小市场，在轻、薄、小、特、优上做足文章，做大企业不愿做的生意，从而体现小企业"小而特""小而专""小而优""小而精""小而新"的强势。例如，新中国成立前西安市城隍庙的买卖，大都是小店小铺，但却家家顾客盈门，生意兴隆，其原因就在于他们经营的商品大多为大商店所没有的，且特色突出。此外，在销售方式方法上、资金运用、价格核算等方面都要发挥其小的特点，变小为巧，以巧促销。

2. 引入新人改造文化，变革管理

在残酷的市场环境中，尤其是处在危难困局中的企业，只有求变才能求生存，只有主动地去面对，乘着市场动荡时局变革之机，改变企业生存的常态，才能在危机的考验中完成过渡。

不少企业在发展中形成了具有自己风格和特色的企业文化。而这些传统的企业文化要么把新来的人变成自己人同化掉；要么把新来的人变成"敌人"，把作为异己的不可能同化的力量消灭掉、排除掉。实践证明，这种文化导致的结果就是企业的新鲜血液不足引发出企业的活力衰减。而要彻底打破这种"要么同化，要么消灭"的传统悲剧，让新的力量在企业中生存下来，就必须在引进新人的同时改造企业文化，变革企业管理，计企业真正拥有一种新陈代谢的正常能力。

危机的到来，使企业的管理意识有所觉醒。尤其是企业的老板，开始意识到新人的进入是企业文化改造的催化剂，是刺激和打破企业文化自闭症的手段。

新人真正的不可替代之处在于：**只有新人的进入才能刺激和震撼自闭的企业文化**。这一点，再有经验的、忠诚再高的旧人也是无法做到的。因为这些企业传统文化的既得利益者、也是维护者的旧人，在很大程度上也是企业发展的落后者，企业变革的反对者。

纵观中国企业发展的历史，每一个成功的企业都是能聚集一批有为人才的企业。从中可以发现这样一个规律：**要成就企业的未来，必须有一群**

充满了事业心能与企业同舟共济的人追随。企业要进行管理变革,就必须改造企业文化。要改造企业文化,就必须引入新鲜的血液、新生力量。对于一个企业而言,不断引入新的人才,就等于抓住了企业成长的机遇。

做到这一点关键是企业管理要跳出原来的框框,以新的意识、新的文化、新的管理来感召人、凝聚人,从而成就企业大计。

新人的引入并不意味着他们比企业原有的人员更有经验,更有能力,更懂管理,尽管这些引入的新人原则上在能力、素质、管理水平上是要明显优于老的管理人员的。但让他们真正进入企业的目的是为已经僵化的企业机制内引入一阵新鲜空气,注入一股新鲜活力,在改造与变革中让新与旧在有限的合理的冲突内和平共处,打破以往那种非此即彼、非亲即敌的用人模式,最终使整个企业有资本、有能力应对任何新的挑战。这应当成为目前所有企业走出困局谋求未来的共识。

3. 千方百计吸引优秀人才

人在企业经营的资源中是最活跃的因素,人力资源是企业组织生存发展的命脉,企业管理的根本任务之一就是打造优质的人力团队,拥有更多的人才和更需要的人力资源以实现企业的远景及目标,并使自身能够应对危机的挑战和竞争的威胁。**企业的竞争,归根到底是人才的竞争**。如何吸引更多的优秀人才到企业工作,是企业生存和发展必须解决的问题。

企业要做到吸引优秀人才并不难,只需要从以下几个方面着手就行了。

(1) 更新人才理念

树立正确的人才理念是企业吸引人才、用好人才的前提。首先,管理人才也是人才,包括企业决策者、策划者及市场营销者等。生产要素只有经过有效的组织才能发挥最大的效能,而且我国需要更多的企业经营战略家。

其次,要重视自有人才。这是一个非常重要的人才理念。各大企业在拥有人才方面可以用藏龙卧虎来描述,但关键是要充分调动他们的积极性和创造精神。不能别人的都是人才,自己的都不是人才,甚至在本企业不是人才，到了别的企业就变成了人才。人才浪费是最大的浪费。

最后，不拘一格。这是人才理念的最高境界。在用人问题上，我们的"格"太多，看文凭、看资历、论资排辈，却不重视能力和贡献，导致学历热、靠年头等现象的出现，使很多人丧失奋斗精神。

选人方式、标准要不拘一格，用人的方式也要不拘一格。企业的员工，固然可以为企业服务；不是企业的员工，同样可以为企业发展服务。有些企业可以做到把人才纳入企业，而有些企业因各种因素无法做到这一点，那么就要有不拘一格的精神，千方百计让人才为我所用。这方面，一些私营企业做得很好，也取得了巨大成功。

(2) 革新用人机制

第一，在吸引人才方面，企业首先必须解决好使用人才与决策者（层）的关系问题。也就是决策者（层）吸引人才、用好人才的积极性问题。

第二，要解决好激励机制问题。长期以来，特别是计划经济时期，多数企业调动员工积极性的方法都有一种思维惯性，即靠主人翁责任感，产生紧迫感，带动积极性，而员工切身利益与工作成果联系不紧密，结果造成动力不足。市场经济运行机制较好地解决了人的工作原动力问题，这就是利益驱使。利益驱使产生危机感，形成责任感，最终构成员工的积极性。利益驱使不是万能的，但在现实生产力水平和人的思想觉悟水平上，在绝大多数情况下却是行之有效的。**没有良好的激励机制就难以吸引人才，更用不好人才。**

第三，现代企业制度要有科学的方法，正确处理好各种人才的利益关系。企业应根据自身的实际情况和市场环境，确立合理的分配制度，做到科学、合理、公平、公开。

第四，要给各类人才一个施展才华的舞台、一个成就事业的良好环境。凡是人才，都有强烈的事业心，经济利益不是他们唯一所求，有些人才把创造业绩视为生命。只求有高薪、不求有作为的人不是人才。**用好人才是吸引人才、留住人才的关键所在。**

(3) 调整用人政策

现在许多企业常抱怨没有合适的人才。但是这些企业的领导者或许没有想过，人才不能单凭外表、学历、工作经验来鉴别。人才效应不能急功近利，领导者不能操之过急。许多公司在外聘人员时，招聘负责人一般就是仅通过初试、复试、再复试的几次交往，对应聘者产生的一种表面上的好坏感觉来做出判断。如此选才，不仅使许多能胜任此职的人才被置于门外，而且对于被录用者来说也是一种人力的浪费，也许佣金上省了点儿，但从经营上看，人才在一开始就没有被提供一种可创造更大价值的环境，这是极不经济的行为。在现实中，一些企业往往重视人才的现实能力而忽略了人才的潜在能力，乃至推卸了企业培养的责任。因为重视现实能力有一个最直接的功效：人到即能顶岗。但别忘了在今天这样创新的时代，同一个行业中如果总是那些有经验的人去干，那在这个行业里将只会因循守旧，毫无创新活力可言。因此，企业在引入人才中千万别因为以实际能力为门槛，而放弃了很多大有潜力的人才。

(4) 树立企业形象

树立企业形象对国内的大中企业来讲，大多是不被注意的，而且越是成名的公司越不注意。企业吸引人才的手段，不一定是靠高薪，更应靠企业所树立的形象。目前所有企业的烦恼，都在于不易吸收人才，甚至于某些大企业也有同样的隐忧。因此，企业如想雇用合适的人才，就必须使企业有吸引人的魅力，企业唯有培养这种吸引人的魅力，才能逐渐地争取到所需要的人才。

所以说，**企业在择才时形象的塑造，对于企业吸引人才是至关重要的。**

4. 抓住时机实施资产重组

企业在发展过程中，为了适应市场竞争和扩张的需要，不断对现有资产结构进行改造，使资产结构达到最优，是获得发展壮大的一个常规手段。在企业面对危机时，资产重组又以新的形式发挥着新的作用。企业资产重组有以下四种方式。

(1) 脱胎换骨式的资产重组

脱胎换骨式的资产重组，多发生在主营低迷、亏损严重，靠公司自身能力已经很难"扭转乾坤"的企业。这种资产重组比较彻底，其效果也往往能够迅速显现。

原重庆川仪公司，企业机制不活，主营业务盈利能力低，导致公司连续两年亏损，难以回生。公司与中国最大的电工仪表企业浙江华立集团进行资产重组。而后，控股方华立集团将重庆华立电能表公司和西南地区三省一市的销售网络等优质资产整体置换引入重仪，新的华立控股公司实现当年扭亏，并恢复了在资本市场的融资功能。

这种脱胎换骨式的重组，通过先转让股权，再对原有不良资产进行置换，引入优质资产和先进管理，往往能在短期内使企业迅速好转。

（2）居安思危式的重组整合

重庆市原三爱海陵公司是居安思危式重组的典型。该公司主营汽摩配件及摩托车整车的生产及销售，效益不错。为了促进产业升级，该公司从1999年底以来进行了一连串大手笔重组：合资组建重庆奔腾科技发展有限公司；控股重庆连丰通信有限公司；与中国汽车销售总公司等设立中汽汽配电子商务有限公司等。公司也一跃成为涉足电子商务、网络技术、移动通信等多元化产业的新型上市公司。

（3）扩张式的直接重组

企业之间的直接重组以优势企业的存在为前提，即有经济实力、有管理能力、有扩张意愿的企业作为资产重组的主角，能够发现有待重组的资产价值，在政策许可的范围内找到进行重组的适宜对象。**企业中的资产重组一般在强弱企业之间发生。**一方面，重组中的对象企业因市场、管理、技术等原因，经营不善而难以为继，希望通过某种形式的重组改变自身的艰难处境；另一方面，该类企业因占有土地、地理位置有利、部分设备可重新利用、有可开发利用价值的无形资产等原因，优势企业经考察判断有可能为自身的扩张提供大于一般投资的比较收益，而将其选定为重组目标。重组的形式和内容多种多样，一般取决于优势企业的选择，表现为优势企业的融资行为。

与此同时，发生在强强企业之间的资产重组也不乏其例。不过，发生在弱弱企业之间的资产重组几乎没有成功的案例。

(4) 借助中介的间接重组

通过某种中介间接重组，所谓中介包括政府、专门机构（如：托管部门或公司、资产管理公司）、金融机构、基金等。这种间接式的重组，可以看作是一种过渡或是转手。**中介的使命在于，发现资产的价值，并通过一定技术手段进行援助，使现实中的无效或低效资产重组成为有效率的企业资产后退出。**

由于市场环境千变万化，企业运营情况千差万别，旨在提高资产效率的重组做法在实践中层出不穷。根据那些在企业的资产重组中，由于采取了适当措施，使得原企业资产的经济效益和社会效益获得明显提高的案例，可以总结出一些取得成功的共性特征。

第一，具有某种优势的主导重组者。主导重组者无论是企业、机构或政府，都需要具有着眼于战略考虑的明确目标，制订出资产重组的实施方案，有对于重组内容进行经营管理的总体设计。

第二，以一定的环境为依托。包括可供选择利用的资本、证券市场，指导重组的有关法律规章，进行资产评估及财务预算，法律机构的配合，必要的政府政策支持。

第三，能够因地制宜地选择适当实施手段。包括正确的策略、合理的途径和必要的操作技术。以较为完善的后续工作保证重组的成效。包括对新纳入部分的资产、业务、财务、组织、管理等方面进行必要的改造与整合。